山东省社会科学规划项目"新时代网络意识形态斗争阵地建设研究"（编号19CKSJ03）的结项成果

山东省鲁东大学马克思主义学院出版资助

政治与哲学

新时代网络思想阵地建设研究

郭同峰 著

新华出版社

图书在版编目（CIP）数据

新时代网络思想阵地建设研究 / 郭同峰著 . —北京：
新华出版社，2022.7
ISBN 978 - 7 - 5166 - 6366 - 0

Ⅰ.①新⋯　Ⅱ.①郭⋯　Ⅲ.①互联网络—意识形态—
思想政治教育—研究—中国　Ⅳ.①D64

中国版本图书馆 CIP 数据核字（2022）第 143273 号

新时代网络思想阵地建设研究

作　　者：郭同峰

责任编辑：张　谦　　　　　　　　　　封面设计：中联华文

出版发行：新华出版社

地　　址：北京石景山区京原路 8 号　　邮　　编：100040

网　　址：http：//www.xinhuapub.com

经　　销：新华书店

购书热线：010-63077122　　　　　中国新闻书店购书热线：010-63072012

照　　排：中联学林

印　　刷：三河市华东印刷有限公司

成品尺寸：170mm×240mm

印　　张：16.5　　　　　　　　　　字　　数：277 千字

版　　次：2024 年 1 月第 1 版　　　　印　　次：2024 年 1 月第 1 次印刷

书　　号：ISBN 978 - 7 - 5166 - 6366 - 0

定　　价：95.00 元

前　言

从蒸汽机到互联网，不仅是技术上的革命，更是思想上的革命。随着互联网络和手机媒介的普及，世界上越来越多的人正参与到随时随地的交流与传播之中。中国接入互联网20多年来，得到了快速发展。"互联网越来越成为人们学习、工作、生活的新空间，越来越成为获取公共服务的新平台。"以互联网为代表的信息技术日新月异引领的社会生产，变革创造了人类生活新空间，拓展了国家治理新领域，极大提高了人类认识、改造世界的能力。信息技术革命推动下的社会变革，要求国家治理体系治理能力建设要顺应数字化浪潮的挑战。在新冠肺炎疫情严峻的时刻，西方某些国家仍然以老大自居，利用他们的话语权在各种场合抹黑中国，用话语霸权为他们的制度霸权做辩护，其实骨子里还是体现了它们的文明优越论和西方文化中心论的陈词滥调。

信息革命的发展进一步解放了人们的大脑，促进了生产力质的飞跃。要适应人民对美好生活的需要，加快信息服务的普及，降低使用成本，要让人民群众用得上、用得起、用得好互联网，在互联网发展成果上有更多的获得感。今天的互联网世界，亿万人民在互联网上获得信息，交流信息，对于他们的求知途径、思维方式、价值观念产生重要影响，特别是会对让他们对国家、对社会、对工作、对人生的看法产生重要影响。

2020年是极不平凡的一年，不论是在中国历史上，中华民族历史上，还是在人类历史上都是不寻常的一年。不管是新冠肺炎疫情防控，还是在决胜全面建成小康社会、决战脱贫攻坚等任务上，都取得了令世人瞩目的成就。这一年是"十三五"规划圆满收官之年，全面建成小康社会取得历史性成就，很好应对了新冠肺炎疫情所带来的冲击，统筹新冠肺炎疫情防控与经济社会发展工作卓有成效。

中国共产党迎来百年华诞，党之所以能够带领中国各族人民取得历史性成就和发生历史性的变革，最根本的原因就在于坚守初心和使命。旗帜鲜明讲政治，是中国共产党一以贯之的政治优势，也是马克思主义政党的鲜明特征。中国共产党带领中国人民治国理政的历史经验，最重要的是坚持正确政治方向，始终保持中国共产党的政治本色，始终不渝地沿着中国特色社会主义道路前进。

时代发展到今天，互联网已经成为舆论斗争的主战场。中华人民共和国成立后，西方反华势力一直图谋通过各种方式颠覆新生的中国社会主义国家政权，武装颠覆行不通，就图谋和平演变。人类进入互联网时代，西方反华势力妄图利用互联网"扳倒中国"。面对中国突破西方势力的打压不断发展的势头，西方政要声称"有了互联网，对付中国就有了办法""社会主义国家投入西方怀抱，将从互联网开始"，互联网成了他们对付中国的救命稻草且为达此目的无所不用其极，从美国的"棱镜""X—关键得分"等不可告人的项目看，他们利用互联网活动的能量超出了我们以往的想象。在硝烟弥漫的战场上，我们用自己的牺牲精神证明了我们的力量，在没有枪炮硝烟的互联网战场上，我们能顶得住、打得赢吗？需要我们不断做出回答，答题效果如何，直接关系到我国意识形态和政权是否安全。网络文化霸权主义是以往的文化霸权主义的新样态，各种奇谈怪论说到底是服务于美国的经济、政治等战略需求。他们往往采取实用主义的立场，背离了客观公正的国际道义，对于与美国有重大利益关系的国家，不管这些国家制度或者说压制反对派的做法多么不符合西方国家宣扬的价值标准，美国等国家依然维持同他们的关系，积极维护这些国家的政权，对他们的问题选择性的视而不见。因此，不管这些国家在有些问题上的调门喊得多高，说到底国家的利益是起根本性的决定作用的。如果看不到这一点，就会做出误判，容易被虚假的现象所迷惑。

2015年5月20日，习近平总书记在中央国安办一份报告上的批示中指出："网络意识形态安全风险问题值得高度重视。网络已是当前意识形态斗争的最前沿。"掌控网络意识形态主导权，就是守护国家的主权和政权。各级党委和党员干部要把维护意识形态安全作为守土尽责的重要使命，充分发挥制度体制优势，坚持管用防并举，方方面面齐动手，坚决打赢网络意识形态斗争，切实维护以政权安全、制度安全为核心的国家政治安全。意识形态安全是国家安全的核心要素，加强网络意识形态建设，需要正确地认识和把握网络意识形态斗争的特点，了解网络技术革新对于网络文化渗透所带来的挑战和变化，正确地把握网络语言的特点、网民的心理倾向，以及我们之间的交互性等，这些都给网络意识形态的传播以及内容的演变带来了挑战和机遇。有些国家利用其具有的技术优势，对其他国家的意识形态建设和文化建设指手画脚，兜售其所谓的普世价值，搞文化殖民主义。大数据的到来、数据信息的自由传递，意识形态的斗争更加激烈，阵地的攻防战也更加激烈。有些西方国家，甚至于把大数据作为实现中国和平演变的泉源，妄图通过关注精英、关注基层、培植所谓"代理人"的方式，来达到其不可告人的目的。网络空间传播的特点以及控制的难度，使得人们的思想在开放的网络空间中，一方面扩大了自由度，另一方面扩大了辨识的难度，增加了国家意识形态的控制难度。特别是微空间中意识形态的多样化信息，裂变式与碎片化的传播路径，导致了舆论的控制难度越来越大，各种各样的网络意识形态安全漏洞也不断爆发。

本书从五个方面对网络意识形态阵地建设做了有针对性研究。第一章重点研究了网络意识形态阵地的基本问题。互联网这一"最大容量"是中国共产党治国理政面临的重大问题，网络阵地关乎网络意识形态安全。第二章结合互联网的发展历史，探讨互联网与意识形态的关系，论述了网络安全观以及在斗争中要走网络群众路线等问题。第三章围绕网络舆论阵地建设展开研究，新闻舆论工作是党的意识形态工作的重要组成部分，党性与人民性的关系的厘清至关重要，尤其是坚持党管所有媒体原则是今天的中国迫切需要解决的问题。新闻舆论宣传既可以成为正面的，又可以成为负面的力量。好与坏关键得看新闻舆论掌握在谁的手里。新闻舆论的方向由谁来掌控，正确就能起到凝聚人心推动事业发展的作用，导向错误就会动摇人心，危害党和国家事业。互联网时代到来，我们的舆论环境、传播方式的格局都发生了巨大的变化。敌对势力也通过网络的手段进行意识形态的渗透，同我们党和政府争夺舆论阵地，争夺舆论阵地说白了就是争夺人心。作为意识形态斗争最直接的、最突出的领域，占领新闻舆论已经成为紧迫的任务。要增强主动性、打好主动仗，在复杂多变的形势中把握好网络舆论的方向。第四章围绕互联网、人工智能的发展对于思想政治课建设的影响展开研究，重点对网络爱国主义教育以及坚持高校网络思政的领导权问题进行了探讨。意识形态作为社会意识形式的一个组成部分，其重要性在于，对于社会心态的走向、社会价值的导向、社会的思想观念都具有重要的影响。马克思曾经指出："如果从观念上来考察，那么一定的意识形式的解体足以使整个时代覆灭。"毛泽东曾经讲过："凡是要推翻一个政权，总要先造成舆论，总要先做意识形态方面的工作。革命的阶级是这样，反革命的阶级也是这样。"习近平总书记也曾经指出："任何新闻宣传都是为一定的党派和社会团体服务的，都是他们经济政治利益的集中反映。"第五章论述了网络核心价值观与国家形象塑造问题，特别是对新冠肺炎疫情期间西方敌对势力对我国的诋毁、抹黑进行了批判，讲好中国故事提升国际话语权，展现中国社会主义制度优势，树立良好中国形象。

　　不管是在经济领域还是在意识形态领域，如果我们的工作应对不当，就有可能会出现风险隐患，而不同领域中的风险有可能相互作用，交织在一起。风险防范需要早识别、早预警、早发现、早处置。着力防范化解重点领域的风险，金融市场如此，在意识形态特别是网络意识形态斗争中同样如此，要打主动仗，防患于未然。在意识形态工作中，统筹各个领域有可能出现的风险点，不能单纯地把意识形态斗争局限于思想教育和宣传部门，各个领域都要有风险意识，不同领域中的风险可以相互作用，有时经济问题爆发往往是政治问题和社会问题，影响不容小觑。

目　录
CONTENTS

前　言 ··· 1

第一章　网络思想阵地概述 ·· 1
　一、网络意识形态概述 ··· 2
　二、互联网是中国共产党治国理政面临的最大变量 ··· 25
　三、意识形态的竞争力是国家文化软实力的重要组成部分 ··· 40
　四、网络意识形态斗争阵地建设 ····························· 46

第二章　互联网与网络思想阵地建设 ····························· 52
　一、互联网的历史发展 ··· 53
　二、互联网的影响 ·· 59
　三、互联网新科技的意识形态属性 ····························· 69
　四、新时代的中美网络安全观 ····························· 89
　五、妥善应对网络意识形态斗争 ····························· 97

第三章　网络舆论阵地建设 ·· 111
　一、新闻舆论工作是党的意识形态工作的重要组成部分 ··· 111
　二、网络舆论宣传的理论概述 ····························· 120
　三、网络舆论的党性与人民性 ····························· 125
　四、网络舆论的管理 ··· 128
　五、坚持党管所有媒体原则 ····································· 143

第四章　网络思想政治教育阵地建设 ·············· **154**

一、高校思政教育的根本目的在立德树人 ·········· 155

二、网络思政教育话语建设 ·············· 158

三、人工智能下的思政教育 ·············· 170

四、网络爱国主义教育 ·············· 180

五、高校网络思政的领导权问题 ·············· 188

第五章　网络核心价值观与国家形象塑造 ·········· **202**

一、国家形象中的核心价值观 ·············· 203

二、新冠肺炎疫情下的国际传媒斗争 ·········· 210

三、讲好中国故事，提升国际话语权 ·········· 230

四、制度优势与大国担当 ·············· 241

后　记 ·············· **251**

第一章　网络思想阵地概述

对于互联网来说，中国尽管是后来者，但是中国在互联网的发展中正确处理了安全和发展、开放和自主、管理和服务的关系，有力推动了中国互联网事业的发展，取得了举世瞩目的成就。中国特色社会主义进入新时代，我国正在构建新发展格局，互联网在这方面可以大有作为。

当今全球互联网治理体系进入了一个变革关键时期，网络空间命运共同体的构建已经成为国际社会的共识。无论哪个国家，无论何种制度，世界上的人民都生活在同一片蓝天下。从马克思主义的基本理论来看，生产力的发展，客观上要求各个国家互相协作、优势互补，各个国家在发展中彼此联系，逐步形成"利益共同体、责任共同体、命运共同体"。2018 年 11 月 30 日，习近平总书记在二十国集团领导人第十三次峰会第一阶段会议上的发言中指出："携手合作、互利共赢是唯一正确选择。这既是经济规律使然，也符合人类社会发展的历史逻辑。"①

文化对于一个国家的兴盛、民族的富强具有至关重要的作用，"文化是一个国家、一个民族的灵魂"②。从历史发展的经验看，中华民族的伟大复兴有赖于文化的繁荣兴盛。对于一个国家来说，文化的发展道路是由意识形态决定的，所以必须要牢牢掌握意识形态工作的领导权，决不能大权旁落。今天的中国意识形态建设，"必须推进马克思主义中国化时代化大众化，建设具有强大凝聚力和引领力的社会主义意识形态，使全体人民在理想信念、价值理念、道德观念

---

① 习近平：《登高望远，牢牢把握世界经济正确方向》，《人民日报》2018 年 12 月 1 日 第 2 版。
② 习近平：《论党的宣传思想工作》，中央文献出版社 2020 年版，第 10 页。

上紧紧团结在一起"①。正如中国古人所言，万物并育而不相害，道并行而不相悖。在网络意识形态的斗争中，我们必须要站高望远。要树立你中有我我中有你的命运共同体意识，彻底摒弃意识形态争论，跨越文明冲突陷阱，在求同存异的基础上，相互尊重各国自主选择的发展道路和发展模式，为建成多样性的世界做出我们的贡献。在 2020 年新年贺词中，习近平总书记特别强调："大道不孤，天下一家。经历了一年来的风雨，我们比任何时候都更加深切体会到人类命运共同体的意义。"②

一、网络意识形态概述

意识形态是一个学界有不同认识的比较复杂的一个概念，依照马克思主义的意识形态分析，所谓的意识形态，从外延上包括了政治法律思想、道德、社会科学、宗教、艺术、哲学等等。意识形态是一种观念体系，一定社会中意识形态特别是统治阶级的意识形态，在整个社会中占有统治地位，意识形态的概念系统当中处于核心地位的是政治意识形态。环顾当今世界，社会区分为不同的阶级，不管在哪一个国家，居于统治地位的阶级需要通过意识形态来巩固自己的统治地位，通过意识形态论证自己统治地位的合法性，从而使得社会按照统治阶级的要求运转，并维护其根本利益。

中国共产党自 1921 年成立就高度重视意识形态工作，并把马克思主义写到了旗帜上，作为自己的指导思想。在革命战争年代，重视意识形态工作的主要体现是高度重视党的思想宣传工作。《中国共产党第一个决议》中专门就宣传工作作了规定："一切书籍、日报、标语和传单的出版工作，均应受中央执行委员会或临时中央执行委员会的监督。"③ 其规定特别强调宣传工作必须加强党的领导。

（一）意识形态与网络意识形态

1. 意识形态

意识形态，英文 ideology，观念学。可以分为政治意识形态、社会意识形态

---

① 习近平：《论党的宣传思想工作》，中央文献出版社 2020 年版，第 11 页。
② 《国家主席习近平发表二○二一年新年贺词》，《人民日报》2021 年 1 月 1 日版。
③ 中共中央宣传部办公厅、中央档案馆编研部编：《中国共产党宣传工作文献选编（1915—1937）》，学习出版社 1996 年版，第 325 页。

等。正确理解意识形态的概念，是把握意识形态斗争以及构筑意识形态斗争阵地的基础。意识形态的概念 200 年来仍然有不同的观点和看法，并在现今世界的文化讨论中呈现不同的面目。意识形态这个概念在不同的语境中主要有三个角度可以做界定：一个是描述性的，一个是贬义的，一个是褒义的。用来做描述的时候意识形态是一个中性的概念，是反映社会群体在一定社会结构中所了解到的客观现实，不管是何种社会群体，都有指导其思考行动的意识形态。作为贬义的意识形态，曲解了行为者与现实世界的关系，通过让人产生错觉，掩盖了统治体系的矛盾。作为褒义词的意识形态是指为了实现一定的目标而采取一致行动的思想驱动力，对群体则有益无害。

第一，意识形态是一种虚假的意识

金民卿认为："虚假性是意识形态家的意识形态而非一般意识形态的特征。"意识形态的虚假性只是一个特指的问题，如果加以普遍化是对马克思主义意识形态理论的误读或歪曲。

1893 年 7 月 14 日，恩格斯在给梅林的信中指出："意识形态是由所谓的思想家通过意识、但是通过虚假的意识完成的过程。推动他的真正动力始终是他所不知道的，否则这就不是意识形态的过程了。"① 张奎志等认为造成的原因，一是来自认识过程的主观性难以避免错误；二是观念层面的虚假性来自人的理性主观构造；三是政治层面的来自统治的需求故意编造出来的。②

在资本主义条件下，由于资产阶级占有了生产资料，成为占统治地位的阶级，由此基础在精神领域他们也占有了支配地位，即意识形态作为欺骗被压迫的阶级、维护整个资产阶级的利益的工具。占统治地位的资产阶级的意识形态，代表了资产阶级根本利益，资产阶级把自己的利益虚构为社会的共同利益，所以说马克思认为资产阶级的意识形态是虚假的社会意识。按照马克思主义的历史唯物主义理论，社会意识是由社会存在决定的，作为社会存在的资本主义私有制是资产阶级赖以安身立命的根基，要确保资产阶级的统治的合法性，必须要论证私有制的天然合理性，为达此目的，由此发展起来一整套的理论体系就形成了资本主义社会的主流意识形态，所以说马克思特别强调资本主义条件下

① 中共中央马克思恩格斯列宁斯大林著作编译局：《马克思恩格斯文集》第 10 卷，人民出版社 2009 年版，第 657 页。
② 张奎志：《准确理解马克思意识形态"虚假性"的三重根源》，《学习与探索》2018 年第 12 期，第 162 页。

的资产阶级的意识形态具有高度的欺骗性。马克思对资本主义意识形态的欺骗性的论证，在《资本论》一书中得到了深刻的揭示，比如，马克思对商品拜物教等的深刻分析给我们以深刻的启迪。从物的崇拜到以后随着科学技术在经济社会中发挥的作用越来越大，思想家们对科学技术在资本主义社会中的作用又有了不同的认识。正如麦克里兰曾经评价的："社会实际上已被阶级利益的冲突撕裂，但为了不让它们崩溃，这些对立被掩盖以思想观念。这些思想观念为社会的和经济的权力的不平衡分配辩护。"① 资本主义国家内部的一切斗争都具有虚幻的性质，只有阶级斗争才是客观真实的存在。

人类在历史发展中的物质劳动与精神劳动的分离，促成了人类文明的发展繁荣。"现实的人过去和现在如何行动，都始终取决于他们所处的历史条件。"② 在《德意志意识形态》中："分工也以精神劳动和物质劳动的分工的形式在统治阶级中间表现出来，因此在这个阶级内部，一部分人是作为该阶级的思想家出现的，他们是这一阶级的积极的、有概括能力的意识形态家，他们把编造这一阶级关于自身的幻想当作主要的谋生之道，而另一些人对于这些思想和幻想则采取比较消极的态度，并且准备接受这些思想和幻想，因为在实际中他们是这个阶级的积极成员，很少有时间来编造关于自身的幻想和思想。"③ 因此，物质劳动和精神劳动的分工必然会带来阶级内部工作职能的分化，一部分人作为该阶级的"意识形态家"积极编造服务该阶级利益的思想和幻想；而另一部分人只能消极地接受这些所谓思想家编造的思想和幻想，在历史的发展中可能会分道扬镳。这也应了马克思曾经所说的："'思想'一旦离开'利益'，就一定会使自己出丑。"④ 尽管统治阶级内部的成员各有自己的不同利益，但是当生存于其中的阶级本身利益受到威胁的时候，作为个人利益就暂时地服从于共同的阶级利益，原来剑拔弩张的统治阶级内部之间的对立被压制。在利益面前，看起来独立于物质力量的精神力量，事实完全是由物质力量决定的，是物质力量的

---

① [英] 大卫·麦克里兰著：《意识形态》，孔兆政、蒋龙翔译，吉林人民出版社 2005 年版，第 17 页。

② 中共中央马克思恩格斯列宁斯大林著作编译局：《马克思恩格斯文集》第 9 卷，人民出版社 2009 年版，第 355 页。

③ 中共中央马克思恩格斯列宁斯大林著作编译局：《马克思恩格斯文集》第 1 卷，人民出版社 2009 年版，第 551 页。

④ 马克思、恩格斯：《马克思恩格斯全集》第 2 卷，人民出版社 2005 年版，第 103 页。

反映。所以，马克思深刻指出："占统治地位的思想不过是占统治地位的物质关系在观念上的表现，不过是以思想的形式表现出来的占统治地位的物质关系。"① 从整个社会的阶级结构来看，物质力量的决定作用会看得更为清楚。每一个时代占统治地位的思想都是统治阶级的思想，这是因为"一个阶级是社会上占统治地位的物质力量，也是社会上占统治地位的精神力量。支配着物质生产资料的阶级，也支配着精神生产资料，因此那些没有精神生产资料的人的思想，一般是隶属这个阶级的"②。

按照马克思和恩格斯的看法，资本主义条件下的意识形态，是"意识形态家"制造出来的虚假意识，是对社会关系歪曲的、颠倒的、虚幻的反映，之所以虚假是因为没有正确地解释意识与存在的关系，是错误的、不科学的。马克思和恩格斯把自己创立的唯物史观称为真正的实证科学，而没有称为意识形态。马克思认为，科学观念"必须从物质生活的矛盾中，从社会生产力和生产关系之间的现存冲突中去解释"③。之所以在资本主义条件下，意识形态作为一种虚假的意识存在，主要是因为，资本主义条件下的意识形态，是对资本主义条件下资产阶级利益关系的掩盖，并没有真实地反映真实的阶级利益关系。

按照马克思主义的观点，为一定的利益集团服务的虚假意识是意识形态。在现实中并不是所有虚假意识属于意识形态。在自然界的认识当中产生的错误认识一般不属于意识形态。在社会生活中产生的虚假意识也未必全是意识形态。对意识形态的界定应该是从社会政治的维度进行界定的。只有服务于特定的社会集团的利益的虚假意识才属于意识形态。如果说有关自然现象的错误意识反过来统治阶级更好地为实现他的统治来服务，那么具有意识形态的特点；如果不是为特定的集团服务的虚假意识，那应该不属于意识形态。一般来说，自然科学中产生的错误认识大多不是意识形态，即使是在社会生活当中形成的虚假意识也比较复杂。如果今天由于认识上的错误形成了虚假意识，就不一定属于意识形态。因为，人们在社会生活当中，由于认识上或者社会政治上的原因而

---

① 中共中央马克思恩格斯列宁斯大林著作编译局：《马克思恩格斯文集》第 1 卷，人民出版社 2009 年版，第 550—551 页。

② 中共中央马克思恩格斯列宁斯大林著作编译局：《马克思恩格斯文集》第 1 卷，人民出版社 2009 年版，第 550 页。

③ 中共中央马克思恩格斯列宁斯大林著作编译局：《马克思恩格斯文集》第 2 卷，人民出版社 2009 年版，第 592 页。

产生的虚假认识不是很容易区别，所以有学者提出："是否直接为特定利益集团服务应该被看作判断意识形态的标准。"① 我个人比较赞成这个观点。关于虚假意识的问题，在社会科学研究中经常出现，但是只要不是为明确的特定的利益集团服务，就不是意识形态。有人认为一切人文社会科学的研究成果都是意识形态，不管是正确还是错误的，卡尔·曼海姆（Karl Mannheim）的知识社会学就持这种观点。曼海姆的观点所持的理由在于，在社会科学研究中，人的认识在一定程度上有局限性，这种有局限性的认识，都具有意识形态的特点。

马克思在《德意志意识形态》一文中所批判的意识形态主要是指脱离实际的虚假意识。在马克思的文本中有两种不同意义上的脱离实际：一种是观念学意义上的虚假意识；另一种是思想脱离了实际的虚假意识。第一种虚假意识和青年黑格尔派提出的观念学有关系，他们认为思想完全是概念的构造，并由这个构造的理论来统治世界。脱离实际的虚假意识也被马克思称为意识形态，这种脱离实际的认识，也就是说是用历史唯心主义的态度对待人和事，这种唯心主义的学说和马克思提出的唯物主义理论是不相同的，唯物主义认识论认为人的思想观念是在客观实际中产生的，来源于客观世界。马克思把脱离实际的思想本身说成是意识形态，这个意义上的意识形态，主要是针对的统治阶级的意识形态，统治阶级之所以特别重视意识形态工作主要是因为，统治阶级需要为了维护自己的统治地位，把自己的局部的利益说成全体公众的利益，而统治阶级在夺取政权的时候需要为自己夺取政权做这样的论证。这种观念的产生发展一定程度上脱离了客观的社会基础的制约。关于被统治阶级的意识形态，从理论来讲统治阶级有自身的意识形态，被统治阶级也有自己的意识形态。在一定的社会条件下，掌握统治权力阶级的思想成为主流的和主导地位的意识形态。

马克思恩格斯经常使用"意识形态家"这一概念，这些意识形态家具有的共同点是抱有唯心主义的观念，以为思想独立于或脱离物质而存在，不懂得意识对物质的依赖性。这些人不是从客观现实中理解意识形态的根源，看到的只是意识形态的虚假现象。而马克思主义的基本观点认为社会存在决定社会意识，理解社会意识脱离不开社会存在。

虚假性只是剥削阶级意识形态的特点。马克思在《德意志意识形态》中指出："每一个企图取代旧统治阶级的新阶级，为了达到自己的目的不得不把自己

---

① 王晓升：《"意识形态"概念辨析》，《哲学动态》2010 年第 3 期，第 6 页。

的利益说成社会全体成员的共同利益，就是说，这在观念上的表达就是赋予自己的思想以普遍性的形式，把它们描绘成唯一合乎理性的、有普遍意义的思想。"① 历经朝代更迭或更高层次的社会革命以后，统治阶级获得了政权以后，为了维护自身的统治，又编造出具有欺骗性的意识形态，把本阶级的价值观美化为普世价值，把自己的团体利益美化为凌驾于全社会的普遍利益，从而遮掩矛盾，欺骗被剥削阶级。所以马克思批判道："资产者的假仁假义的虚伪的意识形态用歪曲的形式把自己的特殊利益冒充为普遍的利益。"② 在以往的阶级社会中，这是常态，并不稀奇。

作为没有自己的特殊利益的无产阶级政党思想是为大多数人谋利益的，所以他们从来不需要隐瞒自己的观点。他们的思想观念都是公开的，不带有任何的欺骗性。马克思在《共产党宣言》中指出："无产者没有什么自己的东西必须加以保护，他们必须摧毁至今保护和保障私有财产的一切。""无产阶级的运动是绝大多数人的，为绝大多数人谋利益的独立的运动。"无产阶级政党的性质和他们的追求决定了，"共产党人不屑于隐瞒自己的观点和意图"。③《共产党宣言》的发表就是无产阶级政党向全世界公开说明自己的目的意图，不具有任何虚假性的成分。随着共产主义的实现，人类从必然王国进入自由王国，"这种意识形态上的颠倒是应该消除的"。④

在当今社会各种各样的思潮碰撞竞争中，主要有自由主义、历史虚无主义、民族主义等，这些社会思潮之所以影响比较大，主要是它们具有鲜明的政治特色，他们的立场和他们的主张带有鲜明的政治性。政治意识形态在意识形态的概念体系当中所处的地位和作用不可忽略，并且在整个的话语体系当中政治话语发挥重要的政治功能，能否掌握一定社会的政治话语权力，在有些情况下对于一个国家的政权存亡具有很重要的意义。所以，对于意识形态工作的重视，是所有的国家的统治阶级明确认识到的。作为世界头号强国的美国，可谓在这

---

① 中共中央马克思恩格斯列宁斯大林著作编译局：《马克思恩格斯文集》第 1 卷，人民出版社 2009 年版，第 552 页。

② 马克思、恩格斯：《马克思恩格斯全集》第 3 卷，中共中央马克思恩格斯列宁斯大林著作编译局译，人民出版社 1960 年版，第 195 页。

③ 中共中央马克思恩格斯列宁斯大林著作编译局：《马克思恩格斯文集》第 2 卷，人民出版社 2009 年版，第 42、66 页。

④ 中共中央马克思恩格斯列宁斯大林著作编译局：《马克思恩格斯文集》第 4 卷，人民出版社 2009 年版，第 298 页。

方面走在各个国家的前列。特别是在对外传播方面，美国通过何种方式，向世界促销所谓民主自由等价值观，尤其是谋求在全球化的时代意识形态领域的话语霸权。他们通过的意识形态传播，特别是借助于互联网，对其他国家的民众进行洗脑。

意识形态终结论代表是日裔美籍弗朗西斯·福山，福山（Francis Fukuyama）认为，历史将终结于永恒的资本主义制度，对资本主义制度进行辩护。其实，马克思主义未来社会的设想是未来的阶级和国家必然消亡，意识形态也终将消亡。恩格斯在《路德维希·费尔巴哈和德国古典哲学的终结》中提出："任何意识形态总是把思想当作独立发展的存在物，然而人们头脑中发生的这一思想过程，归根到底是由人们的物质生活条件决定的，这一事实对这些人来说必然是没有意识到的，否则，全部意识形态就完结了。"[1] 恩格斯是从人们的思想认识是由物质生活决定的展开的，他们的理论认为人类社会的发展到了资本主义，资本主义意识形态掩盖了资本主义制度的剥削本质，所以要推动资本主义被消灭，就必须批判资本主义的意识形态。意识形态终结论者认为资本主义的意识形态是人类社会发展的最完美的状态，资本主义制度也是最好的制度。从意识形态的斗争来说。意识形态斗争在一个相当长的时间内将始终存在，意识形态不仅要批判封建的意识形态和资本主义的意识形态，而且需要解决束缚人类自由全面发展的异化问题。在当今世界，发达资本主义国家具有先进科学技术的优势，国家之间的发展鸿沟依然比较深，科学技术在国家较量当中被意识形态赋予了更多的政治因素，所以说要解决意识形态的虚假性问题，任重道远。

从人类历史发展的长远来看，最终要从必然王国走向自由王国，今天的人类正处在从必然王国走向自由王国的路途当中。人类的思想观点都要受到一定历史条件的限制，凡是科学的、正确的认识都应该是跟客观实际相符合的。今天世界大多数国家仍处于资本主义社会，马克思所批判过的私有制条件下的劳动异化仍然普遍存在，马克思的异化劳动科学阐释了人类社会发展不平等的根源，劳动者与自己的劳动产品，劳动者的活动与人的类本质相异化，结果就是人与人关系的异化。其实，我们说科学技术的异化，说到底根本原因是因为资本主义私有制，一定社会的制度决定科学技术的价值导向。社会主义制度与资

---

[1] 中共中央马克思恩格斯列宁斯大林著作编译局：《马克思恩格斯选集》第4卷，人民出版社1995年版，第254页。

本主义制度的较量是一个长期的过程。生产力的发展，科学技术的进步，为人类社会的发展奠定建设的基础，没有物质的极大丰富很难有精神境界的极大提高。我们正处在向自由而全面发展社会进步的历史进程当中，共产主义最终必然会实现。共产主义的思想观念就体现了自然科学与社会科学、哲学与科学之间的有机统一，共产主义意识形态真正回归了认识的本质，人们的认识达到了主体与客体、主观与客观的统一，意识形态真正的回到了"观念的科学"的本来状态。

意识形态发展是有规律可循的，对于意识形态的发展演变一定要坚持马克思主义的基本观点，作为上层建筑之组成部分是由经济基础所决定的，尽管它的发展具有相对的独立性。没有社会的健康发展就没有意识形态的顺利发展。2020 年有一个年度热词，那就是内卷化，这个概念是由美国的文化人类学家克利福德·吉尔茨（Clifford Geertz）提出的一个概念。内卷化是指一种社会和文化模式在某一发展阶段达到一种确定的形式以后，便停滞不前或无法转化为另一种更高级模式的现象。也就是说，某一事物看起来热热闹闹，但并没有实质性的进步。

第二，作为意识形态的价值观念体系。

虚假意义上的意识形态回答的是意识形态的虚假与正确。如果把意识形态定位为特定的利益集团服务的虚假意识，那么会带来一个问题，如果通过意识形态的斗争，分化、瓦解、推翻了这些利益集团，那么这些利益集团的意识形态应该会被消灭。那么带来了一个问题，原来的统治阶级被消灭，它的意识形态是不是也被消灭了？按照马克思主义的观点，意识是由物质决定的，不论是正确的还是虚假的意识。所有的虚假意识的产生是在一定基础上的社会形成的。意识形态的斗争不仅仅局限于文化领域观念交锋，意识形态的斗争要取得根本胜利，要从根本上消灭它赖以形成的客观经济社会基础。作为价值观念体系意义上的意识形态是反映在一定历史条件下的一定社会集团利益诉求的价值观体系，这是从价值论的角度考察意识的正当性的问题。从这个角度来讲，非价值观体系的认识应该不属于意识形态，如科学技术的规则。作为虚假意识的意识形态是一否定性的概念，价值观念体系的意识形态是一种中性的概念。按照这样的理解，马克思主义是一种意识形态，跟其他的价值观念体系并存于现实社会当中。在社会上并存的价值观念体系并不是地位相同的，在一定社会条件下，有些意识形态具有正当性，有一些缺乏正当性。

王晓升提出来判断意识形态正当性的标准有两个：一个是理性标准，另一个是价值标准。理性标准是指一种理论是不是具有充分根据基础上的说服力，价值标准指的是能否满足大多数人的价值需要。这两个标准并不是始终一致，作为价值观念反映了一定社会社团的利益诉求，都有一定的理论说服力。意识形态上的斗争就是理性标准和价值标准这两个理论说方面的斗争。① 这其实也就是真理性与价值性之间的关系，作为意识形态的理论体系是不断地完善发展的，通过增强自身的理论说服力，以理服人，一定的价值观体系要能够满足更多人利益上的诉求，大众才能来接受价值观体系。

马克思主义在意识形态中的领导地位，一方面是指在法律上的主导地位，这个在我们国家是明确规定在宪法和有关的法律政策当中的。另一方面，只在理论上的强大说服力和被广大的人民群众普遍接受，才能确立起真正的指导地位。所以说，马克思主义在意识形态领域中的主导地位要更好地确定，除了增强理论上的说服力，必须最大限度满足最广大人民群众的根本利益，并且这种利益必须被人民群众充分地认识到。在任何一个社会当中都有不同的利益集团、不同的诉求，而这种诉求都会体现在不同的价值观体系当中。在意识形态斗争当中，如何对待各种不同的意识形态，要采取马克思主义的态度和方法，从而取得更好的斗争效果。

现实生活中我们经常说马克思主义是科学意识形态，对于这句话我们必须要从两个方面理解。虚假意识意义上的意识形态和价值观念上的意识形态是两个不同的问题。马克思主义是科学，是指马克思主义和虚假意识意义上的意识形态是完全对立的，我们说马克思主义是意识形态的时候是从价值观念上来讲的。马克思主义是科学，解释的是马克思主义的正确性，是真理还是谬误的问题。科学性是基础，反映最广大人民的利益诉求是根本。

意识形态概念内涵比较广泛，界定比较复杂，所以说要正确地把握网络意识形态斗争就必须要做一个科学的分类和认识，不能简单化。

在资本主义社会条件下，意识形态通过掩饰矛盾，服务于统治阶级的利益，统治阶级通过意识形态，说明现有的秩序是合理的自然的，符合全社会各个阶级各个阶层的利益，这样有利于实现统治阶级的利益，也就是说，统治阶级把

---

① 王晓升：《"意识形态"概念辨析》，《哲学动态》2010 年第 3 期，第 8 页。

自己的统治利益用整个社会的共同利益的形式表现出来。作为意识形态对于统治者起到了保驾护航的作用。从结构主义角度看，意识形态论证了组织结构的合法化，从而使得权力集团合法化。路易丝·阿尔都塞（Louis Althusser）的意识形态理论，有很大的代表性。从结构主义角度出发，他认为意识形态来自客观的物质现实本身，而不是来自行动者的主观意识形态，资本主义社会意识形态作为社会超结构的一部分，与经济基础之间存在辩证的关系，尽管说意识形态和政治结构由经济基础决定，意识形态又有相对的独立性并且对于经济基础有一定的反作用。要实现对社会的统治，国家机器与意识形态是不可或缺的。国家机器包括了警察、军队、监狱等强制力量，国家意识形态的工具由教育、家庭、传媒、宗教信仰等组成。意识形态所起的作用是培养服从命令的具有熟练技术适应经济社会发展的劳动力。

马克思与恩格斯作为马克思主义的奠基人，完成《德意志意识形态》以后，他们对于意识形态这个概念使用越来越少，在他们的晚年这个概念基本上不再使用。在马克思和恩格斯对资本主义以及未来社会的分析当中，他们所使用的最多的分析方法和分析框架，就是社会基本矛盾的理论。马克思在《政治经济学批判》序言一文中对他的思想变化做了梳理，马克思对他的分析框架是这么讲的："人们在自己生活的社会生产中发生一定的、必然的、不以他们的意志为转移的关系，即同他们的物质生产力的一定发展阶段相适应的生产关系。这些生产关系的总和构成社会的经济结构，即有法律的和政治的上层建筑竖立其上并有一定的社会意识形式与之相适应的现实基础。"①

物质生活的生产方式制约着整个社会生活、政治生活和精神生活的过程。不是人们的意识决定人们的存在，相反，是人们的社会存在决定人们的意识。社会的物质生产力发展到一定阶段，便同它们一直在其中运动的现存生产关系即财产关系（这只是生产关系的法律用语）发生矛盾。于是，这些关系便由生产力的发展形式变成生产力的桎梏，那时社会革命的时代就到来了。随着经济基础的变更，全部庞大的上层建筑也或慢或快地发生变革。在考察这些变革时，必须时刻把下面两者区别开来：一种是生产的经济条件方面所发生的物质的、可以用自然科学的精确性指明的变革；一种是人们借以意识到这个冲突并力求

---

① 　中共中央马克思恩格斯列宁斯大林著作编译局：《马克思恩格斯文集》第2卷，人民出版社2009年版，第591页。

把它克服的那些法律的、政治的、宗教的、艺术的或哲学的，简言之，意识形态的形式。我们判断一个人不能以他对自己的看法为根据，同样，我们判断这样一个变革时代不能以它的意识为根据；相反，这个意识必须从物质生活的矛盾中，从社会生产力和生产关系之间的现存冲突中去解释①。马克思的有关论述确定了唯物史观的基本理论基础，生产力决定生产关系，作为生产关系总和的经济基础决定其上的上层建筑，上层建筑包括了政治上层建筑和思想上层建筑，意识形态的内容就被包含于思想上层建筑中。这里的一般意义上的意识形态已经没有了以往阶级社会条件下作为虚假意识的意识形态的含义了。

马克思从学习法律到以后研究哲学和政治经济学，对资本主义的认识深入社会生产方式的深层次中，从而发现并揭示了资本主义真实面目，为无产阶级反抗资产阶级的统治提供了强大的思想武器。今天的世界，仍然存在着社会主义和资本主义，两条道路和两个制度之间的竞争依然存在。资产阶级的思想家也在通过各种方式论证资本主义制度的永恒合理性，以此来否定和打击社会主义。在新的形势下，讲清楚社会主义的优越性，深刻批判资产阶级思想家所杜撰的看起来冠冕堂皇的理论，正确引导社会大众特别是青年学生正确认识社会和人生就显得更为迫切。

对于意识形态的一般定义，综合马克思和恩格斯在不同场合的表达。可以从以下四点进行分析，第一点，意识形态是一种被意识到现实生活的存在。第二点，意识形态是人为创造的虚假意识。"意识形态是由所谓的思想家通过意识、但是通过虚假的意识完成的过程。推动他的真正动力始终是他所不知道的，否则这就不是意识形态的过程了。"② 第三点，一般意义上的意识形态属于观念的上层建筑。政治上层建筑不属于意识形态，单纯的科学技术也不属于意识形态。意识形态在资本主义社会表现为幻想的哲学、宗教、法律等具体的意识形式出现。第四点，意识形态是抽象化的意识形式。并不是所有的意识形式具有意识形态性，只有"那些使宗派关系永恒化的部分才是意识形态"③。

---

① 中共中央马克思恩格斯列宁斯大林著作编译局：《马克思恩格斯文集》第2卷，人民出版社2009年版，第591—592页。

② 中共中央马克思恩格斯列宁斯大林著作编译局：《马克思恩格斯文集》第10卷，人民出版社2009年版，第657页。

③ ［英］大卫·麦克里兰：《意识形态》，孔兆政、蒋龙翔译，吉林人民出版社2005年版，第24页。

　　现代政治学认为，意识形态是政治体系用来解释自身合法性和权威来源，为政治组织提供行动目标和方案、凝聚社会共识、获取社会认同的价值理论体系。

　　意识形态作为一套系统的价值体系。在一定社会条件下，要维持社会稳定和社会秩序，统治阶级要为整个社会提供一套系统的愿景、蓝图、价值观念等等。比如，中国古代社会儒家思想中的小康、大同社会等的设计；从资产阶级启蒙时代开始，西方资本主义国家所宣扬的自由、民主、公平、正义的社会理想；今天的社会主义国家提倡的社会主义信念和共产主义理想等等。

　　意识形态也是一套为权力正当性进行辩护的理论体系。人类社会自从有了阶级和国家，意识形态就粉墨登场了。在阶级社会的早期，作为官方的意识形态的理论体系性有待完善。中国自汉代以来，董仲舒提出的"罢黜百家、独尊儒术"主张被当政者所采纳，从此儒家思想成为唯一的官方标准意识形态。在西方资本主义政治理论中，强调自由民主政治、权力来自人民、通过竞争性选举获取权力，这些主张成为其主流意识形态。社会主义社会则强调人民当家作主的民主思想，强调统治阶级要全心全意为人民服务。

　　意识形态对于执政合法性来说至关重要，从中外政权更迭的历史看，政权的变更往往和意识形态的演变密切相关。中国共产党执政以来，简要说主要依靠软硬两种力量：一个是组织力，另一个是宣传力。中国共产党具有自上而下的庞大而严密的组织，革命年代的夺取政权与和平建设年代的建设事业都发挥了重要作用。中共党员队伍和组织队伍发展到今天已经成为破解中国发展的密码所在。有学者认为今天的中国意识形态处于真空状态，这种判断严重误判中国的现实。不论是革命、建设还是改革新时期，中共一直重视并加强意识形态工作，并取得了卓有成效的业绩。不同的历史时期，我们所面临的任务不同，意识形态工作的重点有所不同，但意识形态工作的目标走向是一致的，为党和国家的中心任务服务一直是毫不动摇的。今天的中国要面临各种挑战风险，在某些阶段由于对面临的问题缺乏明确的认识，因而在某些意识形态问题上有时走一段弯路也是难免的，求全责备不是实事求是的态度。

　　意识形态是一套引领社会、组织社会的政策体系和行动方案。意识形态集中体现在执政党的路线方针政策之中，是维护政权安全、维护政治统治、获取社会认同、凝聚社会共识、引领社会行动的价值、观念、理论体系。

导向功能。作为一种总结历史、面向未来的理论体系，为所有成员指明前进的目标和方向，确保社会成员步调一致，拥有共同的信仰和价值追求。

动员功能。实现一个政党和国家的奋斗目标，必须要激发起所有成员发自内心的信心和热情，并能在实践中坚定他们实现行动目标的意志与决心。意识形态通过塑造凝聚力、向心力，可以确保政党的长远目标更具吸引力、说服力，从而赢得目标群体成员的全力支持。

辩护功能。在政治生活中，要确保长期执政和政治安全，为执政党及其国家的统治等提供"合理性""正当性""合法性"的辩护尤为重要。郑永年指出，意识形态的功能就是论证执政党执政的合法性、引导执政党的政策并作为人民评判执政党成绩单的标准。

当前我国正处于全面深化改革的关键时期，经济发展从高速增长转向更注重高质量发展的时期，中国对外开放在新时代进一步扩大。在这样一个中国快速崛起的历史节点，西方敌对势力，不断地对我国进行西化分化，意识形态领域斗争形势空前复杂。意识形态斗争领域当中存在着各种各样的杂音，如否定四项基本原则，冲击中国特色社会主义理想信念；对中国共产党领导地位进行否定的历史虚无主义以及民族虚无主义曾有市场；在经济各领域，新自由主义对私有化的吹捧意图削弱公有制经济的主体地位；在思想政治领域坚持双重标准，对成年人的世界观、价值观有着重要的影响，这些关系到国家的前途命运和长治久安。

2. 网络意识形态

对于网络意识形态的认识，人们在运用网络这一词语的时候，有时候讲网络意识形态，有些人把网络意识形态等同于网上意识形态。其实，网络意识形态与网上意识形态的含义有区别，网络意识形态是指在网络社会条件下意识形态的一种新样态，是意识形态发展到信息时代所呈现的一种新的存在方式和样态。

对于网络意识形态的认识，学者们有不同的看法，一种观点认为网络意识形态，只不过是传统意识形态在网络中的进一步延伸和拓展。这个观点把网络看作意识形态存在于发展中的一个载体或者工具，而在实际上，网络意识形态的承载者，更重要的是这种新的载体，与以往传统社会中的意识形态有着巨大的差异。有学者认为网络意识形态，是基于网络信息工具的使用而产生和发展起来的新的意识形态领域，是传统意识形态要素在网络信息时代的延伸和呈现，对现实世界产生一定的影响。又有学者认为，所谓网络意识形态，并非是指空间中自然形成的各种意识形态以及所构成的观念体系，是指现实社会意识形态在网络空间的表现方式和传播方式。还有学者认为网络意识形态是有各种意识形态倾向的信息的网络生存现象，这种观点认为，这种新的形式依托网络这个载体，离开载体的存在就难以成长。[1]

随着互联网在整个社会生活中的应用越来越普及，对于网络意识形态这一问题的研究也越来越深化。学界对这个问题的研究主要表现在以下几个方面，一个是对于网络意识形态基本内涵的研究，学者们主要是从含义、类型、功能等方面进行了探讨。对于何谓网络意识形态的含义，国内学者主要有四种看法，第一种是网络意识形态是网络空间中的意识形态。第二种是比较传统的意识形态的含义，认为网络意识形态就是一种思想体系。第三种是从阶级属性的角度阐发，强调网络意识形态的阶级性，认为价值观念是网络意识形态的核心。第四种认为，网络意识形态是广大网民在网络空间中具有符号意义的观念与信仰的总和。对于网络意识形态的类型的研究，有学者认为可以从国家性质的角度划分。社会主义意识形态和非社会主义意识形态，从所占所处的地位来划分可以分为非主流与主流网络意识形态，其他的还有一些从价值所作的划分，分为正向意识形态与负向意识形态[2]。

网络意识形态斗争不能仅仅狭隘地理解为你死我活的阶级之间的斗争，意识形态斗争体现在政治、经济、文化、社会、生态、外交、国防等各个领域，在不同领域都有其思想文化领域方面的分歧斗争，网络加剧了这种分歧和斗争，并具有了广泛的影响性。要正确区分意识形态斗争和一般意见分歧，一般思想分歧的双方在根本问题的看法上是一致的，在有关问题的某些方面存在不同认识的意见。特别是涉及价值理念和价值判断等方面，在不同的历史阶段，不同的国家或地区，因为时代观念的不同，对于同样的事情看法大相异同，如中国古代讲孝，孩子要做到父母在不远游以尽孝道。

---

[1] 吴满意、黄冬霞、苗国厚：《网络意识形态相关问题初探》，人民出版社 2019 年版，第 41 页。

[2] 吴满意、黄冬霞、苗国厚：《网络意识形态相关问题初探》，人民出版社 2019 年版，第 181—182 页。

（二）政治意识形态

1. 概念

政治观念的上层建筑与作为政治制度的上层建筑，都属于上层建筑的范畴。但意识形态与政治上层建筑双方之间并不存在等同的关系。恩格斯在《卡尔·马克思》与《致约·布洛赫》中曾经讲过，是法律制度决定社会意识形态，社会意识形态反映政治法律制度。政治意识形态与政治上层建筑之间的关系是，政治上层建筑决定政治意识形态，这样一个推论是成立的。政治属性是政治意识形态和作为上层建筑政治制度共同的属性。

意识形态和意识形式这两个概念，应该说马克思和恩格斯作出了区分。他们对这两个概念的使用也不相同，意识形态属于意识形式的范畴，并且进行了不同的描述。不管意识形态还是意识形式，马克思和恩格斯都指出了他们的共同点，也就是说，意识形态是统治阶级的思想，是统治阶级从特定阶级利益出发对社会生活的反映。而意识形式是社会存在物质关系的直接产物，并不一定归属于特定的阶级。马克思和恩格斯对于意识形式的概念内涵做了如下表述："人们的想象、思维、精神交往在这里还是人们物质行动的直接产物。"[①] "政治意识形态涵盖的内容是，一定阶级和社会集团尤其是统治阶级在政治思想层面对于社会经济基础的反映，它具有鲜明的阶级性。"[②]

李艳艳这个观点完全符合马克思主义意识形态的基本原理。她同时认为，相比较而言，"政治意识形式涵盖的内容则是，哲学认识论层面上由社会政治生活决定的一般性、普遍性的社会政治思想，它是对社会生活的直接的、客观的规律性反映，并不具有鲜明的阶级属性"。关于这个观点，我个人认为政治意识形式并不因为对社会生活的直接反映，就忽略了它的阶级性。凡是对政治生活的反映，不管是直接的还是间接的，都具有鲜明的阶级性。只不过，政治意识形态是更系统和更具体的反映而已。比如西方政治哲学、西方政治思想等课程，反映了西方政治发展的历史与现实，但不能否定其阶级性。合规律性与体现阶级性并不矛盾，在人类历史的发展中，这样的例子比比皆是。

---

① 中共中央马克思恩格斯列宁斯大林著作编译局：《马克思恩格斯文集》第1卷，人民出版社2009年版，第524页。

② 李艳艳：《美国互联网政治意识形态输出战略与应对》，社会科学文献出版2018年版，第20—21页。

2. 网络意识形态的斗争主要是政治意识形态的斗争

对于网络意识形态中的政治意识形态，李艳艳认为，政治意识形态是一个独立的概念，这个我是赞成的。但是，对于政治意识形态到底应该包括哪些内容？不同的学者其看法并不相同。张秀琴认为，政治意识形态是作为意识形态的政治，它至少包括三个方面的具体内容，即"作为意识形态的政治理论（思想）""作为意识形态的政治制度（组织）"与"作为意识形态的政治（实践）"。政治意识形态不能做广义的理解，政治意识形态主要就是指作为意识形态中的政治理论思想体系。比如说政治制度和政治实践，不应该属于政治意识形态的范畴。① 也有学者认为："政治意识形态概念包含两个层次：第一是哲学信念，即社会和政治的本质以及秩序是什么；第二是工具信念，即如何实现和达到这样的社会和政治。"② 关于信念这个概念，这里的使用并不规范，存在把政治意识形态泛化的问题。在网络意识形态斗争的过程中。意识形态斗争的焦点主要是集中在政治意识形态方面，围绕着道路、制度、理论、文化等层面的斗争展开，在斗争中包括了哲学、宗教、艺术、哲学、法学等的纷争。对于政治意识形态这个概念界定，李艳艳对这个问题的分析可以做进一步研究的参考。她从来源、内容、功能等几个方面，对政治意识形态概念展开分析。③ 政治意识形态安全属于国家意识形态安全中的重要方面。今天的世界，对意识形态安全有深刻认识的恐怕没有哪一个国家会超过美国。美国对于向其他国家输出政治意识形态，有着异乎寻常的热情。马克思说过："如果从观念上来考察，那么一定的意识形式的解体足以使整个时代覆灭。"④

政治意识形态看起来是无形的东西，但它发挥着远超许多物质的重要功能，对于一个国家的经济基础与上层建筑发挥着重要的引导作用。美国是一个移民国家，既没有共同的血缘关系，又没有深远的公认的文化传承。构成美国人政治认同的很重要的标志，就是所谓"自由""民主"等政治意识形态。再加上

---

① 张秀琴：《政治意识形态的理论、制度与实践》，《北京大学学报》（哲学社会科学版）2007 年第 4 期，第 46—51 页。
② 刘取芝、孙其昂、施春华等：《政治意识形态：影响因素、心理机制及作用》，《心理科学进展》2013 年第 11 期，第 2073—2081 页。
③ 李艳艳：《比较视域中政治意识形态概念探析》，《思想教育研究》2017 年第 2 期，第 48—51。
④ 中共中央马克思恩格斯列宁斯大林著作编译局：《马克思恩格斯文集》第 8 卷，人民出版社 2009 年版，第 170 页。

基督教文化的影响，美国人具有强烈的忧患意识和使命意识。热衷对外传播自由民主意识形态，希望改造甚至颠覆其他的专制、集权国家。互联网作为一个没有边界的开放平台，有效地促进了人类信息的传播，成为各种各样政治意识形态高地和洼地。而位居互联网技术顶端的美国，在网络意识形态的控制以及意识形态斗争的过程中，占据了网络主阵地，掌握了话语主动权。

3. 政治意识形态的功能

政治意识形态是对一个国家国民认同的建构，从而把自己与他者区别开来，具有重要意义。如果一个国家的国民认同度高，那么对自己的道路充满自信，对于国家的安全和维护国家的利益就会发挥重要作用。美国国民除了土著印第安人，大多数是来自世界各地，他们主要是靠共同的价值观维持在一起。这种政治意识形态为基础的价值观，其价值观的主要内涵体现在《独立宣言》《1787年宪法》当中。作为一种意识形态，在其他的《独立宣言》《美国宪法》《权利法案》《联邦党人文集》当中又被发扬光大。在法国人亚利西斯·托克维尔（Alexis Tocqueville）所写的《论美国的民主》中，他作为一个旁观者，认为以自由精神为核心的美国政治意识形态与英国殖民者所带来的新教文化结合得非常好，这成为美国政治意识形态发挥社会黏合剂作用的重要保障。

美国通过自身的政治实践表明，"不同民族、文化的人们可以组成一个国家，国家的稳定也不必依赖共同的历史。通过公民权利与自由的法理建构，我们也可以借此确立公民对国家的认同"[①]。美国虽然不是一个真正的民族国家，但是通过构建的政治意识形态的强大凝聚力，美国成了一个极其意识形态化的政治国家。美国的爱国主义教育深度地融入美国国民教育体系中，从小对国民进行爱国主义的灌输，使对于美国的宣誓效忠成为国民的自觉选择。

美国的民众对于其意识形态高度自信，这也成为影响其他国家政治意识形态的重要的思想前提。伴随着美国的地位扩张，其意识形态从一国走向多国，在国际舞台上服务于美国的国家利益，避免了外来的政治意识形态对美国的影响。美国的政治意识形态的形成，有其历史渊源。美国人建国以前，来自欧洲的清教徒认为自己是上帝的选民，具有与生俱来的使命感和责任感。美国建国之初，联邦党人提出的美国伟大的观念，在以后的发展中成为美国政治传统的

---

① 李艳艳：《美国互联网政治意识形态输出战略与应对》，社会科学文献出版 2018 年版，第 28 页。

思想，这一点在对外关系领域表现得很突出。"美国伟大"观念一代一代的传承下来，被赋予了神圣的地位。唐纳德·特朗普（Donald Trump）"让美国再次伟大"的口号，还是有其历史渊源的。

在美国历史的发展过程中，美国的对外政治意识形态输出理论处于不断完善和发展的过程。不同历史时期的政治家为这个探索发展过程做出了贡献。汉密尔顿主义主张自由贸易，在国际关系中与其他国家结盟，以应对共同的敌人。威尔逊主义则认为，维护美国的利益，就需要让其他的国家接受美国的价值观，在全球范围内推广民主和自由。杰斐逊主义则认为要从最小的角度界定美国的国家利益，反对在国外承担过多的责任。杰克逊主义则主张现实主义的外交政策，强调先发制人，特别强调捍卫美国的国家荣誉观念。

在 2001 年的"9·11事件"以后，美国更加强调了杰克逊主义所强调的以军事实力作为后盾，贯穿政治意识形态输出的整个过程。强调要有充分的实力来保卫自己，并用美国的力量来改造这个世界。要达到这一个目的，美国必须要进一步加强自己的实力，特别是美国的军事力量。在达到这一目的的过程中，可以使用包括单边主义、先发制人等各种手段。总而言之，美国的政治意识形态外交，在二战结束以后把文化价值观的输出推到了前台，而军事硬实力为影响价值观的输出提供坚强的后盾。美国前国务卿约翰·杜勒斯（John Dulles）在20 世纪 50 年代初提出的"和平演变 10 条"，主要是针对社会主义国家，特别是苏联和中国。总而言之，美国被政治意识形态所左右的外交方针，强调攻心为上来实现地区或者国家的目标。征服目标国家与地区的人心，成为美国维护自身政治安全、意识形态安全的主要方式。

美国政治意识形态外交向目标国家和地区介绍本国的文化价值观，一方面可以提升本国的形象；另一方面，可以通过民间外交促成国家利益的实现。美国的公共外交，其核心的内容是对外输出美国的文化价值观。在美苏争霸时期，美国通过公共外交，成功实现了对苏联国内的舆论控制，摧毁了苏联人对社会主义道路和制度的自信。相反，在苏联民众心目当中塑造了美国的良好形象。通过攻心为上的战术，对美国赢得冷战的胜利，推倒苏联这个超级帝国发挥了极为重要的作用。苏联解体的原因有多种因素，但是美国实施的"和平演变"战略发挥了很大的作用。公共外交作为政治意识形态输出的核心内容，需要借助媒体这个媒介。按照传播学的理论，媒体对什么报道得多，公众就对什么感兴趣，而公众感兴趣的事情必然就会让政府给予更多的关注。通过媒体、公众、政府三者关系的信息传导链条，美国进行政治意识形态输出，将会实现对目标国家和地区施加政治影响的目的。美国斯坦福大学传播学教授西奥多·格拉泽（Theadore Glaser）的观点具有代表性，他认为"新闻说到底，就是一种政治活动。新闻是有关社会变迁、社会变革的东西。"①

美国对其他国家的意识形态输出，往往是从媒体入手，通过实现对目标国或地区大众媒体的控制开始的。利用传播媒体，进行针对性的策划，通过对某些细节的发挥对有关国家和地区进行责难和攻击。从而利用公众心理，不断推进对有关国家对政府或者对政治人物的不信任，从而充当了赢得战争胜利的有利武器。对于意识形态在其中的重要性，美国驻意大利前大使理查德·加得勒（Richard Gaddler）早在1983年曾经说过："决定美国资本主义命运和前途的是意识形态，而不是武装力量。"技术的发展促成了传媒工具的不断创新，互联网媒体的诞生受到了美国政府的高度重视。从实验室到军事部门、到科研部门、到科学研究机构，互联网从来到这个世界上就深刻改变了世界。

（三）文明冲突视域下的网络意识形态斗争

1. 人都是意识形态熏陶的产物

意识形态斗争的过程说到底是争取人心的过程，不管是在革命还是在建设改革时期，不管是在中国还是在外国，不管是在古代还是在近现代，政治斗争中包含的一个很重要的内容就是思想文化的斗争，而思想文化斗争中的核心，其实也就是意识形态斗争。为了维持一个社会存在和健康的发展，对社会成员进行意识形态的教化就具有了天然的合理性。生物学意义上的人来到这个世界上以后，必须要有一个从自然的存在物，转化为社会存在物的过程，也就是说要成为这个时代合格的社会成员，必须要按照一定的社会价值取向进行教育熏陶。人刚生下来，家庭教育特别是父母的言传身教是一个很重要的教育过程，而这个教育过程在不自觉当中，体现的意识形态导向与父母的价值取向和意识形态观紧密相连。因此，每一个人的教化过程并不是一种空洞的说教，而是在语言交流中内在的包含的意识形态的传播过程，古今中外，概莫能外。一个人要融入社会当中，成为合格的社会成员，必须要通过各种各样的途径和方式，

---

① 周琪：《意识形态与美国外交》，上海人民出版社2006年版，第633页。

得到一定社会的主流意识形态的教化，从而产生意识形态的认同，这样的人才能真正地成为社会的正式成员。格奥尔格·威廉·弗里德里希·黑格尔（Georg Wilhelm Friedrich Hegel）曾经说过，一个人在社会中，获得社会教化越多，他在这个社会中所具有的现实力量就越大。我们讲的意识形态教育，一个很重要的作用，就是我们倡导的社会主义核心价值观以及道路和制度等需要获得社会成员的认同。社会成员越认同某一种社会意识形态，那么，在这种指导思想的社会当中，这个人越有发挥作用的空间，在从事各种各样的社会活动中，就会应对自如、得心应手。

生活在特定的社会历史条件下的个体，社会化的过程实际上就是意识形态教化的过程。随着人类作为主体从客体当中分化出来，当具有了和强调"我"这个概念的时候，所谓的"我"其实就已经和意识形态紧密相关。

俞吾金先生在认为："真正的具有独立见解的我已经被淹没在意识形态的硫酸池中，消失得无影无踪了。这就是历史中人类发展辩证法，当人类在历史演变中，不断地突出主体区别于客体的时候，人们所看到的是无我自我，真正的我其实已经消失了，或者说原来的我已经死了。"马克思在谈到意识形态的时候曾经讲过，"通过传统和教育承受了这些情感和观点的个人，会以为这些情感和观点是他的行为的真实动机和出发点"。

无论在认识还是实践中，作为主体的个人，其实那已经是通过各种各样的教化，而在内心当中已经形成一定的权威意识形态作为个人认识和实践的主宰。

在意识形态斗争中，我们必须要认识到，参与斗争的个人其实都具有意识形态属性，有些以所谓的价值中立面目示人，自认为可以不受约束的为所欲为来思考任何问题，其实这都是认识上的误区，因为人们思考问题的方式方法，以及对问题加以表达的话语，其实都是在意识形态熏陶下打下的基础。可以说，人刚来到这个世界上时，只是作为一个单纯的生物学意义上的人，以后的教育过程，其实就是一个意识形态熏陶的社会化过程。长期的受教育过程中，人们确立了符合社会主流的立场、观点和方法。社会当中的人只有比较清醒地认识到，自己所受到的某种意识形态支配的时候，才能够真正地超越自己。不管是在现实的社会中还是在虚拟的网络世界，参与的主体如果过于强调某件事物客观性，以为这样就能摆脱主观性的束缚，其实背后暴露出来的是无法摆脱的主观性。

在人类历史发展的过程中，人们由于所处的社会地位以及所处的时代等因素的影响，可能有一些人在历史的转折关头，发挥了引领时代风骚的中流砥柱作用，这些人往往被称为影响历史发展的英雄人物。但占人口绝大多数的普通群众在历史发展中并非一无是处，从历史的发展来看总是或多或少地发挥了一定的作用，当然在历史教科书中并没有留下他们的名字，因为在历史的舞台上，往往呈现的是伟大的人物或英雄人物演绎的历史话剧。所以说，在以往的历史发展中，人们往往过于夸大了英雄人物在历史发展中的作用，而对于普通的个人的作用没有给予足够的重视。在网络的世界中，容易通过网络的放大效应，迅速造就一个在短时间内为社会大众所知的人物，但如同潮来潮去，往往是来得快去得快，在大浪淘沙中销声匿迹。

中国的总体国家安全观已经在内容和范围上做了拓展，包括了文化和意识形态安全等各方面的内容。维护国家的文化安全，需要巩固壮大一个国家的核心价值观，保持国家的文化独立性和自主性。当下中国，作为主流的意识形态遭到了内部和外部的双重挑战，中国现在属于文化大国，但并不是文化强国。相比较于我们的近邻韩国，前几年在亚太地区包括在中国形成的强大韩流就是他文化强大的一个表现。

冷战结束以后，美国萨缪尔·亨廷顿（Samuel Huntington）提出了文明冲突理论。应该说在近代以来，关于国与国之间的冲突模式经历了不同的变化。他认为，冲突的主体已经变为文明，并以文明作为标准将世界划分为不同的阵营。在人类历史发展过程中，冲突归根结根到底是利益出发的。引起冲突爆发的利益，包括物质的利益，也包括非物质利益，比如说，信仰、文化等，在历史的发展进程中都可能成为利益的组成部分，但在这两种利益中，物质的利益是最基本的。利益的冲突，往往遵循小利益服从大利益、小冲突服从大冲突的原则。亨廷顿所讲的文明比以往的民族国家有更大的利益范围，是一种比国家更大的利益实体。

在人类历史的发展中，不仅仅是经济也包括文化文明等只有在交融中才能不断发展，没有文明的碰撞交融就没有人类的向上发展。在不同群体发展过程中，人类文明是共同创造的产物。不管是远古神话里面所记载的华夏文明之间的冲突，还是现代西方文化与东方文化交锋，应该说，不同人类群体之间的冲突在一定程度上出现了文明之间的交流、碰撞、融合。再说真正的冲突由不同利益的人类群体所引发，在这些群体在冲突当中也不断地碰撞融合。

2. 意识形态斗争的主战场现在已经转到了互联网上

互联网时代的快速发展，有些人认为，作为科技进步的载体互联网具有意识形态的属性，有些学者认为互联网承载着各种行为准则、价值取向以及政治纲领，所以互联网就带有了意识形态的属性。我个人认为，互联网只是一个载体，互联网和意识形态双方之间就是一个内容及其载体的关系。网络意识形态就是意识形态和互联网的结合，互联网已经成为意识形态斗争的主战场和主阵地，在今天的时代，如何认识网络意识形态的斗争，是必须要解决的一个重要问题。

3. 网络意识形态斗争的主要特点

网络意识形态斗争并不等同于具有阶级性的意识形态斗争在网络上的展开。网络意识形态斗争，体现了不同阶级属性的意识形态，通过互联网的空间而产生了新的斗争的样态，跟传统的意识形态斗争具有完全不同的特点。网络意识形态斗争的主体具有隐蔽性，传统的意识形态斗争，主体比较明确，表现为不同现实主体思想的对抗，如不同制度之间的意识形态斗争主要是有社会制度不同的国家来主导的意识形态斗争。而网络意识形态斗争和传统的现实的意识形态斗争很大的一个变化是网络意识形态斗争的主体容易辨别，在一定程度上网络意识形态斗争的主体具有去中心化和去政党化的特点。网上的各种政治势力也好，不同的利益主体也好，可以利用各种各样的网络媒介，规避了监管主体对参与者的审核，通过比较隐蔽的方式发布各种各样的意识形态信息。网上意识形态的斗争隐蔽性，在一定程度上造成了民众放弃自己的社会权力和对以往的价值观念的敬畏，增强了意识形态传播的广度和深度。

意识形态斗争体现在不同的社会领域，既包括了政治思想文化，又包括经济、科技、外贸等各领域。意识形态斗争的表现是在思想文化领域，如马克思主义的历史唯物主义理论，意识形态作为上层建筑是受经济基础所决定的。所以说，要想看到不同政权或阶级之间的较量，就要看到思想文化领域冲突，更要预防经济基础领域所出现的问题，经济领域中的意识形态问题在开放的时代，变得越来越复杂。美国对中国高科技公司的打压行动至今在进行！

文化竞争的激烈程度是前所未有的。实现中华民族伟大复兴的中国梦，需要物质基础和精神文化的基础。当今中国所面临的很大的问题，是在经济快速发展、人民生活日趋丰富的情况下，文化领域的信仰问题变得越来越突出。在人类历史发展中信仰与文化紧密相关，文化对于社会中的每一个个体乃至全体都具有不可或缺的重要意义。可以说有什么样的文化积淀就有什么样的信仰，信仰在一定程度上反映了一个社会的文化变化发展。当今世界，国家之间的竞争乃至战争，无形的文化竞争发挥了举足轻重的作用，以文化载体作为武器平台所进行的斗争，能达到不战而屈人之兵的目的。文化战争是看不见硝烟的战争，其作用不亚于以往的武力。在当今世界，文化优越性的或者说文化霸权的国家，通过对文化产品的输出以及价值观的传播，在潜移默化中改变竞争对手的信仰，瓦解对方的精神支柱。冷结束以后，各国文化在全球化的背景下，前所未有地相互融合与碰撞，西方发达国家借助其强大的经济实力和科技等力量，对于发展中国家的意识形态阵地发起进攻。发展中国家的民族文化面临着严重的挑战。作为文化载体的电影，承载着社会一定阶级的价值观，美国从二战以来，通过文化的输出、国家价值观念和生活方式的传播，意图使得美国的价值观能成为其他国家公认的价值观，美国不断地推行着文化上的霸权主义。

在意识形态建设中，具有核心地位的是社会主义核心价值观，"社会主义核心价值观是当代中国精神的集中体现，凝结着全体人民共同的价值追求"[1]。有了核心价值观做基础，人民的信仰才不是无源之水。"人民有信仰，国家有力量，民族有希望。"[2] 2021 年是中国共产党成立 100 周年，这 100 年来，中国共产党不管时代风云如何变幻，始终是中国先进文化的积极引领者和践行者，带领人民走在文化发展的时代前列。同时，立足博大精深的中华文化，在忠实继承中华优秀传统文化中不断发扬光大。

文化的渗透、文化的入侵、文化的战争，这三个基本是同一层面的概念。1840 年鸦片战争开始，西方世界不仅对中国进行经济和军事上的侵略，其实也对中国的文化进行侵略。毛泽东在 1959 年 11 月杭州会议期间曾经说过，我们是不怕打的，帝国主义要想和平演变我们这一代人也难，可下一代再下一代就不好讲了……直到我们的第三代、第四代人身上，情形又会是个什么样子啊？我不想哪一天，在中国的大地上再出现人剥削人的现象，再出现资本家、企业主、雇工、妓女和吸食鸦片。如果那样，许多烈士的血就白流了。

---

① 习近平：《论党的宣传思想工作》，中央文献出版社 2020 年版，第 11 页。
② 习近平：《论党的宣传思想工作》，中央文献出版社 2020 年版，第 12 页。

毛泽东在中华人民共和国成立后一直比较关注文化和意识形态的工作，欲灭一国，必先去其史。中国作为一个有五千多年历史的文明古国，走好今后的道路，我们必须要让青年人认同自己的文化，爱国首先要爱护自己的历史和文化，没有文化的认同，其他问题的认同都是靠不住的。

在网络斗争中，我们必须坚持马克思主义的唯物史观对于个人的作用，无论是在现实的世界还是虚拟世界，从根本上说都遵循着同样的规律。恩格斯在1890年9月党的《致约瑟夫·布洛赫》的信中，对于历史发展中的英雄人物和个人的作用做了科学的阐述。马克思对于意识形态的作用有过如下概括："如果从观念上来考察，那么一定的意识形式的解体足以使整个时代颠覆。"① 网络意识形态斗争就如同现实的斗争一样，首先要分清谁是我们的朋友？谁是我们的敌人？革命年代，阶级之间的斗争相对容易划分不同的阶级，尽管如此，我们仍然在革命中付出过惨痛的代价，最后走出了一条胜利的道路。

今天的国内和国际形势，沿用传统的阶级分析方法在国内的政治生活中明显不合时宜。党的十一届六中全会的决定正确概括了当时中国的阶级状况，为以后的改革开放打下了良好的政治基础。

意识形态的斗争性是由其自身的性质决定的。经济基础的不同必然会在上层建筑中体现为性质不同的意识形态的矛盾斗争。即使是在中国的社会主义制度条件下，由于社会主义公有制为主体，还存在其他的非公有制经济成分，这样在作为上层建筑的意识形态方面必然会存在这样那样的矛盾，斗争也就不可避免。意识形态对个人成长关系尤重。不同意识形态的选择和教化对个体的影响差异很大。意识形态本身的发展规律也决定了斗争不可避免。社会主义国家的实践，意识形态出问题就会失去人心。

二、互联网是中国共产党治国理政面临的最大变量

意识形态工作是做人的工作。马克思、恩格斯在《共产党宣言》（1847年12月—1848年1月底）中讲过："资产者唯恐失去的那种教育，对绝大多数人来说是把人训练成机器。"②

---

① 马克思、恩格斯：《马克思恩格斯全集》第46卷下，中共中央马克思恩格斯列宁斯大林著作编译局译，人民出版社1980年版，第35页。

② 中共中央马克思恩格斯列宁斯大林著作编译局：《马克思恩格斯文集》第2卷，人民出版社2009年版，第48页。

马克思在 1847 年的《哲学的贫困·答蒲鲁东先生的〈贫困的哲学〉》中指出，在资本主义条件下，他们的论证方式是很奇怪的，"他们认为只有两种制度：一种是人为的，一种是天然的。封建制度是人为的，资产阶级制度是天然的"①"哲学把无产阶级当作自己的物质武器，同样，无产阶级把哲学当作自己的精神武器；思想的闪电一旦彻底击中这块素朴的人民园地，德国人就会解放成为人"②。

（一）习近平总书记高度重视互联网

习近平总书记在浙江乌镇考察时指出，互联网是 20 世纪最伟大的发明，给人们的生产生活带来巨大变化，对很多领域的创新发展起到很强带动作用。互联网的快速发展所引起的经济、社会、思维方式的变革，对中国共产党的治国理政形成了新的挑战和机遇。党的十八大以来，以习近平总书记为核心的党中央高度重视网络信息化工作，在 2013 年 2 月 27 日中央成立网络安全和信息化领导小组，2018 年 3 月党和国家机构改革，中央网络安全和信息化委员会成立，取代了原来的领导小组，习近平总书记担任该委员会主任。党的十八大刚刚闭幕的时候，习近平总书记指出："现在人类已经进入互联网时代这样一个历史阶段，这是一个世界潮流，而且这个互联网时代对人类的生活、生产、生产力的发展都具有很大的进步推动作用。"③ 他提出的"人类社会进入互联网时代"的命题具有重要的里程碑意义。在 2013 年 8 月 19 日召开的全国宣传思想工作会议上，习近平总书记又一次强调："在互联网这个战场上，我们能否顶得住、打得赢，直接关系我国意识形态安全和政权安全。"④

在党的十八届三中全会上，习近平总书记指出："网络和信息安全牵涉到国家安全和社会稳定，是我们面临的新的综合性挑战。"习近平总书记把网络信息安全跟国家安全、意识形态安全等紧密地联系在一起。习近平总书记 2015 年 12 月在第二届世界互联网大会上发表的主旨演讲中提出了"共同构建网络空间命

---

① 中共中央马克思恩格斯列宁斯大林著作编译局：《马克思恩格斯文集》第 1 卷，人民出版社 2009 年版，第 612 页。

② 中共中央马克思恩格斯列宁斯大林著作编译局：《马克思恩格斯文集》第 1 卷，人民出版社 2009 年版，第 17—18 页。

③ 《习近平纵论互联网》，《人民日报（海外版）》2015 年 12 月 16 日第 1 版。

④ 《习近平关于社会主义文化建设论述摘编》，中央文献出版社 2017 年版，第 29 页。

运共同体"的号召，阐述了全球互联网治理的四大原则和五点主张。在 2016 年党的新闻舆论工作座谈会上，他又一次强调，"我多次讲，过不了互联网这一关，就过不了长期执政这一关"①，互联网是我们面临的"最大变量"②，把互联网与中国共产党的执政前途命运紧密联系在一起。

在 2016 年的中央网络安全和信息化工作座谈会上，习近平总书记强调指出，网信事业代表着新的生产力和新的发展方向，这是中华民族的一个重要历史机遇，我们必须牢牢抓住，决不能同这样的历史机遇失之交臂。这段话中，习近平总书记将互联网与中华民族的伟大复兴紧密联系在一起。在 2017 年党的十九大报告中，提出了建设"网络强国"的号召，在这个报告当中，有十次提到了网络和互联网。总而言之，自党的十八大以来，习近平总书记对于网络的认识愈加全面，对于互联网的作用认识愈发深刻。有人概括为"六个一"，有一定的道理。认准一个方向：谋求竞争新优势的战略方向。占领一个高地：网络信息技术是全球技术创新的竞争高地。拓展一个空间：网络新空间是生存的新空间、经济新沃土、精神新家园、治理新领域。提高一个能力：维护网络空间安全能力。维护一个主权：网络空间主权. 聚焦一个战略：网络强国战略。

（二）互联网是意识形态斗争的制高点

作为看不见的手，互联网聚集和控制着各种各样的思潮和意识形态，是未来意识形态斗争的制高点。对于当政者来讲，互联网的时代，得互联网者、得网民者得天下。

在互联网空间中，各种各样的社会思潮相互碰撞激荡，在特定的时间节点上很容易形成热点，吸引着网民的眼球，网络的特殊性特别容易形成"茧房效应"。与以往的现实中的政治斗争、军事斗争相比，网络意识形态斗争更具有隐蔽性、持续性、猛烈性，往往在不知不觉中潜移默化地影响和分化网民，最终有可能瓦解政权、分裂国家，郑永年先生认为："互联网的发展，很可能会对中

---

① 中共中央文献研究室：《习近平关于社会主义文化建设论述摘编》，中央文献出版社 2017 年版，第 42 页。

② 中共中央文献研究室：《习近平关于社会主义文化建设论述摘编》，中央文献出版社 2017 年版，第 28 页。

国造成巨大的社会—政治影响。"①

在今天的意识形态斗争中，西方的敌对势力借助他们所具有的互联网优势，并把这种优势千方百计地发挥到极致。他们对于互联网达成的未来对付其对手目标充满了期待。曾经有美国政客就讲过："有了互联网，就有了对付中国的办法。"可以说，西方的反华势力在两种制度的较量中，对于互联网寄予厚望，成为他们在发展中国家包括中国，进行颜色革命、"和平演变"的一张王牌。中国共产党在革命年代就重视意识形态工作，中华人民共和国成立以后，尤其是改革开放以来，中国共产党将意识形态工作作为中国共产党治国理政的重要法宝，"是党的一项极端重要的工作"。习近平总书记对于网络意识形态工作高度重视，在中央网络安全和信息化领导小组第一次会议上，就特别强调："做好网上舆论工作是一项长期任务，要创新改进网上宣传，运用网络传播规律，弘扬主旋律，激发正能量。"②

2015年5月20日，习近平总书记在中央国安办一份报告上的批示中指出："网络已是当前意识形态斗争的最前沿，网络意识形态安全风险问题值得高度重视。掌控网络意识形态主导权，就是守护国家的主权和政权。各级党委和党员干部要把维护网络意识形态安全作为守土尽责的重要使命，坚决打赢网络意识形态斗争，切实维护以政权安全、制度安全为核心的国家政治安全。"③

习近平总书记对于互联网未来的发展具有明确的要求，"网络空间是亿万民众共同的精神家园，网络空间天朗气清、生态良好，符合人民利益。网络空间乌烟瘴气、生态恶化，不符合人民利益。""互联网不是法外之地，利用网络鼓吹推翻国家政权，煽动宗教极端主义，宣扬民族分裂思想，教唆暴力恐怖活动，等等，这样的行为要坚决制止和打击，决不能任其大行其道。"④ 习近平总书记对于网络意识形态，有着深刻的洞察和考量，他指出："现在，媒体格局、舆论生态、受众对象、传播技术都在发生深刻变化，特别是互联网正在媒体领域催

① 郑永年：《技术赋权——中国的互联网、国家与社会》，邱道隆译，东方出版社2014年版，第23页。
② 《习近平谈治国理政》第1卷，外文出版社2018年版，第198页。
③ 习近平：《论党的宣传思想工作》，中央文献出版社2020年版，第22页。
④ 习近平：《在网络安全和信息化工作座谈会上的讲话》，《人民日报》2016年4月26日第2版。

发一场前所未有的变革。"①

习近平总书记站在时代发展的潮头，高度重视传统媒体与新兴媒体的融合问题。2016年就特别强调，要推动媒体融合发展，主动借助新媒体传播优势，要抓住时机、把握节奏、讲究策略，从时度效着力，体现时度效要求。""要顺应互联网发展大势，勇于创新、勇于变革，利用互联网特点和优势，推进理念、内容、手段、体制机制等全方位创新。中央还专门制定下发《关于推动传统媒体和新兴媒体融合发展的指导意见》（新广发〔2015〕32号）。

2019年1月25日，习近平总书记把中央政治局的第十二次集体学习安排在了人民日报社，在这次学习的时候他强调，科学认识网络传播规律，提高用网治网水平，使互联网这个最大变量变成事业发展的最大增量。要让"主流媒体借助移动传播，牢牢占据舆论引导、思想引领、文化传承、服务人民的传播制高点"，② 习近平总书记登高望远，对于网络时代意识形态的发展走向有清醒的估计，对于挑战有正确的应对，为我们提供了根本遵循。

习近平总书记在2018年4月20日的全国网络安全和信息化工作会议上的讲话中提出，自主创新推进网络强国建设。信息革命为中华民族今天的转型发展带来了难得的机遇。今天的世界信息化对经济发展的引领作用越来越凸显。2012年党的十八大以来，党中央高度重视互联网的发展和治理。统筹协调涉及各个方面各个领域的信息化和网络安全的重大问题，作出了一系列的重要决策和举措。中国在实践中走出了一条中国特色的治网之路，形成了一系列的新思想、新观点、新论断，形成了网络强国战略思想。"要提高网络综合治理能力，形成党委领导、政府管理、企业履责、社会监督、网民自律等多主体参与，经济、法律、技术等多种手段相结合的综合治网格局。"③

今天的互联网上信息纷繁复杂，必须要加强网上正面宣传，坚持正确的政治方向、舆论导向、价值取向，更好地凝聚亿万网民。要推动网上宣传的理念、内容、形式、方法、手段的创新，把握好时度效，构建网上网下同心圆，凝聚社会共识，不断巩固全党全国人民共同奋斗的共同思想基础。必须要发挥

---

① 《坚持军报姓党坚持强军为本坚持创新为要为实现中国梦强军梦提供思想舆论支持》，《人民日报》2015年12月27日第1版。

② 习近平：《加快推进媒体融合发展 构建全媒体传播格局》，《人民日报》2019年3月16日第1版。

③ 习近平：《论党的宣传思想工作》，中央文献出版社2020年版，第301页。

企业的主体作用，承担主体责任，不能让互联网成为传播有害信息，造谣生事的平台。加强互联网行业自律，调动各方面的力量参与网络治理。"没有网络安全就没有国家安全，就没有经济社会稳定运行，广大人民群众利益也难以得到保障。"①

身处互联网快速发展的时代，必须要有正确的网络安全观，加强互联网信息基础设施的建设和维护。加强网络安全事件应急指挥能力建设，积极发展互联网安全产业，防患于未然。互联网企业、行业作为关键信息基础设施运营者承担着主体防护责任，主管部门要履行好监管责任，依法打击网络黑客、电信网络诈骗，侵犯公民个人隐私等的犯罪行为。

在网络技术发展中，核心技术是国之重器。网信事业代表着新的生产力和新的发展方向，应该在践行新发展理念上先行一步。今天的时代数字技术对各个方面的发展起着放大、叠加、倍增的作用。

网信事业的正确发展，有赖于正确的领导和各方面的积极参与。在互联网发展中要"强化互联网思维，不断提高对互联网规律的把握能力、对网络舆论的引导能力、对信息化发展的驾驭能力、对网络安全的保障能力"。② 在互联网意识形态斗争的过程中，我们要与时俱进，发扬革命年代的优良传统作风，群众路线是我们赢得胜利的重要法宝。要适应新形势，不断提高通过互联网组织群众、宣传群众、引导群众、服务群众的本领。有人的地方就需要秩序，互联网不是法外之地。要推动依法管网、依法办网、依法上网，确保互联网在法治的轨道上运行。

在新的时代，网络信息技术的发展与任何一个国家的发展密切相关。互联网成为全球的核心基础设施。互联网跨越了国家和地区之间的物理界线，国家之间有了越来越紧密的联系。网络世界的联系紧密，并不意味着国家与社会安全，相反在一定意义上讲，互联网是当今世界政治经济文化社会等最新的竞赛平台。互联网本身在安全方面具有它的脆弱性。随着互联网的快速发展，这些年网络安全成为备受全球瞩目的议题。对于网络安全以及网络空间国家安全的属性，不同的学者从不同的角度出发，存在不同的认识。有人认为，网络空间安全就是一个技术问题，又有人认为就是一个社会问题。对于网络空间的界定，

---

① 习近平：《论党的宣传思想工作》，中央文献出版社 2020 年版，第 301 页。
② 习近平：《论党的宣传思想工作》，中央文献出版社 2020 年版，第 304 页。

简单地说网络空间不是以往的物理空间，是基于信息技术而形成发展起来的虚拟空间。这种虚拟空间出现以后，国家安全，就从原来的实体性的安全走向了各种衍生性的虚拟空间。

从国家安全的角度来说，国家网络安全与网络空间国家安全并不完全等同。国家网络安全，更多的是强调一个国家领土范围内网络硬件与网络信息的安全，而网络空间国家安全是指国家安全与网络相结合的各种形态。网络空间国家安全，包含了网络信息内容所具有的国家安全的内涵和作用。在网络空间中影响国家安全主体比较多，各类信息在空间内展开话语以及价值观念的对抗。对于互联网的政治作用，学术界有技术决定论与非技术决定论，两种观点各有侧重。为了更好地界定网络新媒体在政治上的影响作用，学者们提出的网络政治概念已经成为西方文件中的常用词。由于以互联网为代表的信息技术的快速发展，信息沟通与传播成为新时代安全的核心主题。一个国家的网络发展战略，一方面要保证从技术的角度网络空间安全，另一方面，从政治和观念的角度而言，体现美国的民主与市场的观念他的软实力，通过观念吸引影响其他的国家民族。国家安全领域和经济安全等不同，关于网络空间国家安全主要体现为三个方面，其中一个是国防军事网络系统，网络设施的安全，网络空间军事信息安全面临各方面的挑战。网络黑客通过各种手段对一个国家的军事信息安全造成一定的威胁。网络空间的军事欺骗和军事心理战的威胁。

网络空间意识形态安全是属于网络空间的国家政治安全的一个组成部分。网络资源主要是被发达国家特别是美国所控制，全球互联网13台域名根服务器，10台直接被美国所掌握，从理论上来讲，在根服务器屏蔽某个国家的最高域名，就能够让这个国家在网络空间消失，在这一点上，美国具有强大的网络干涉力。

网络空间的国家意识形态安全是目前相当多的国家所面临的安全挑战，网络空间意识形态安全，挑战的主体的可能是外国，也可能是国内的意识形态挑战者，或者说某一些跨国的行为主体。当今时代，国家仍然是网络空间威胁特他国意识形态安全的主体，非国家行为体在网络平台中的实力也在日益增强。在当今世界美国，高举意识形态的大旗，是向世界其他国家推销自己价值观念的头号国家。利用互联网的优势，通过互联网向全球发动意识形态攻势，通过各种方式进行网络意识形态动员比如，讲述美国人的成功故事等等，不断进行政治的渗透与颠覆。约瑟夫·奈（Joseph Nai）所讲的，信息优势结合美国外交、美国的软实力，美国民主和自由市场的吸引力一样成为美国重要的力量放大器。这是在有些国家选举过程中以及出现的一些特殊事件的背后，都体现了网络空间中国家与国家之间的意识形态的斗争。客观来说，有一些企业的商业行为，也包含了意识形态的竞争，比如，美国谷歌公司退出中国内地市场就被赋予了意识形态斗争的意义。希拉里·克林顿（Hillary Clinton）担任美国国务卿的时候，两次发表了网络自由的演讲，动员美国市场力量和美国的社会力量推进网络自由的事业。

网络主权安全与传统的国家主权，有很大的差别，因为网络空间并不属于传统意义上的物理性空间，没有比较确切的国家主权边界。互联网不受传统的领土边界的限制，国家对互联网的管制可能会对其他国家网络产生影响。外部国家通过互联网干涉其他国家和地区的内政，美国在一些国家通过互联网展开的颜色革命，以及美国通过中国的互联网煽动某些分裂国家的力量。通过互联网，进行宣传，招募人员，挑战一个国家的主权和领土完整。有些民族分裂势力和地区分裂势力借助于互联网，来推进他们的分裂活动。

网络意识形态安全与挑战，是当今中国面临网络国家安全中的重大威胁。在网络中的中国国家安全的挑战，主要是意识形态的安全挑战。中美作为世界上的第一和第二大国双方之间的冲突，是显而易见的。美国为了保护其霸权权力，通过网网络空间，采用直接和间接的手段。威胁网络安全的直接的手段，主要包括通过网络和平演变以及各种各样的议题向中国施压。美国成立了专门的机构监控世界各国网络的运营状况，并通过经费支持的方式，包括支持中国网民突破政府的网络限制和过滤审查。间接手段主要包括西方国家通过互联网故意发布错误的或者虚假的信息，误导受众，或者说通过各种方式给中国政府或者中国的国际形象抹黑。西方国家的一些势力利用互联网，发送的某些信息挑战中国的主流意识形态，美国政府和有关势力曾经利用谷歌退出中国内地市场大做文章。对于中国的主流意识形态，西方的有些研究机构或者媒体通过贴标签的手法，混淆视听。

有些西方国家支持中国政治生活中的一些分裂势力、持不同政见者，通过互联网的途径与政府进行对抗，从而威胁国家的政治安全。有一些国家鼓励分裂势力利用互联网威胁中国的政治安全。在中国政治安全的重大挑战中，国家分裂势力是一个重要的方面，特别是疆独、藏独。这些分裂势力建立自己的网站，招募成员，进行网络动员。中国境外的疆独分裂组织有五十多个，这些疆独组织都拥有自己的网站，进行恐怖主义、极端主义与民族主义的网络宣传，煽动使用暴力手段。也有部分网民发布不良信息以及错误的言论也可能威胁到中国的政治安全。有一些所谓的意见领袖在政治军事的论坛，利用一些人的不满，别有用心的引导部分网民攻击中国的制度以及党和国家领导人。网络空间中各种各样的政治言论，使得主流意识形态的整合引领功能面临很大的考验。讨论中国的主流意识形态在网络空间下的存在问题，我们必须要全面慎重看待。

在网络空间下，一些拥护爱国主义精神的网民，通过得体批评的方式表达他们对国家的热爱，引起某些所谓爱国人士的不满。讨论中国主流意识形态在新时代网络斗争中的不足，是要在意识形态建设中加以注意解决的问题。

在应对网络意识形态斗争阵地建设所面临的严峻形势面前，有关部门要加强对风险的评估，比如，对网络空间中的政治、军事、经济等分门别类地做出评估，探索通过互联网不断地提升中国的话语软实力。一个政府要善于利用市场的力量，重点扶持和建设一批具有重大影响力的网络公司与门户网站，提高互联网的话语权和影响力。另外，政府部门应该高度重视在网络空间内外，优化意识形态宣传和教育工作，提升社会主义核心价值观的影响。在多元文化共存的价值斗争中，体现主流价值观的影响力。对于网络群体事件舆情危机等，要建立相应的预警机制引导机制，加强网络意识形态安全的体制制度保障。

（三）意识形态工作是党的一项极端重要的工作

1949 年中华人民共和国成立以后，西方的敌对势力针对中国的"和平演变"一直没有停止，他们通过各种各样的意识形态渗透传播西方的思想观念，力图达到瓦解社会主义制度的目的。以马克思主义为核心的社会主义意识形态是科学的理论体系，是颠扑不破的真理。但与资本主义的意识形态相比较而言，历史比较短，传播工具不是很丰富。社会主义意识形态不仅面临着资本主义意识形态的攻击，而且面临着封建主义意识形态余孽在某些阶段某些场合死灰复燃的风险。应对各种意识形态对社会主义意识形态的挑战，是一个长期的过程，完善和发展社会主义意识形态也是一个长期的过程。毛泽东同志曾经说过："我国社会主义和资本主义之间在意识形态方面的谁胜谁负的斗争，还需要一个相当长的时间才能解决。"

两种社会制度的较量已经告一段落，但意识形态的较量依然在路上。社会主义的意识形态不占领思想阵地，资本主义的思想意识形态就会去占领，这中间没有空白地带。苏联的解体原因当然有各种各样，但是意识形态的问题最终导致苏联的亡党亡国，这是我们应该引以为鉴的。斯大林去世以后，从赫鲁晓夫一直到戈尔巴乔夫，在意识形态问题上，从修正马克思主义开始，否定列宁主义，否定了无产阶级专政的必要性，谋求把无产阶级专政的国家变为全面国家，把无产阶级政党变为全民政党。直到戈尔巴乔夫的时候，鼓吹"人道的民主的社会主义"，在一定程度上配合西方的分裂势力，颠覆无产阶级专政的社会主义制度，最终导致苏联的分崩离析。戈尔巴乔夫所谓的民主化公开性，背离了马克思主义的指导，鼓吹意识形态多元化，不仅在舆论上思想上，而且在政治上把苏共推上了绝路，最后葬送了苏联的社会主义事业。习近平总书记正确认识把握意识形态领域的斗争，解决了抓而不紧、抓而不实的问题，避免了无可挽回的历史性错误。

毛泽东同志总结中国共产党领导中国革命取得胜利的经验，强调思想政治工作是经济工作和其他一切工作的生命线。"一定的文化（当作观念形态的文化）是一定社会的政治和经济的反映，又给予伟大影响和作用于一定社会的政治和经济；而经济是基础，政治则是经济的集中表现。"① 中国共产党在领导中国革命的过程中之所以能最终取得胜利，从建党伊始的 50 多个党员，历经 28 年由小变大，由弱变强，在硬件设施处于不利的条件下，关键就是靠着包括宣传在内的卓有成效的意识形态工作，通过富有主观能动性精神力量弥补我们的物质力量不足。

改革开放后的中国，我们党审时度势，不断解放思想，实现了党和国家的工作重心的转移。适应新的时代发展要求，意识形态工作不断与时俱进，不断提出适应形势变化的社会主义意识形态工作的新理念、新思路和新方法。

马克思主义在同中国革命、建设和改革相结合的过程中，不仅改变了中国、影响了世界，而且理论本身在实践中不断丰富和发展，形成了中国化的马克思主义，习近平新时代中国特色社会主义思想是马克思主义中国化的最新理论成果，是当代中国的马克思主义，是 21 世纪的马克思主义。

---

① 《毛泽东选集》第 2 卷，人民出版社 1991 年版，第 663—664 页。

人的行动都是有目的的，都是在一定的利益支配下进行的。但社会发展有其自身的规律，不以任何人的意愿为转移。在网络斗争中，我们必须坚持马克思主义的唯物史观，对于个人的作用，无论是在现实的世界还是虚拟世界，从根本上说都遵循着同样的规律。恩格斯批判了把经济因素作为历史发展唯一决定性因素的错误观点，深刻阐明了历史发展的客观规律和个人主观动机之间的关系。在1890年9月21—22日《致约·布洛赫》的信中，阐明了历史发展的合力说，指出，"历史是这样创造的：最终的结果总是从许多单个的意志的相互冲突中产生出来的，而其中每一个意志，又是由于许多特殊的生活条件，才成为它所成为的那样。这样就有无数互相交错的力量，有无数个力的平行四边形，由此就产生出一个合力，即历史结果，而这个结果又可以看作一个作为整体的、不自觉地和不自主地起着作用的力量的产物。因为任何一个人的愿望都会受到任何另一个人的妨碍，而最后出现的结果就是谁都没有希望过的事物。所以到目前为止的历史总是像一种自然过程一样地进行，而且实质上也是服从于同一运动规律的。"①

思想意识形态作为意识形式的核心，承担着对社会发展的阐释以及指引。不同学科的理论承载着不同学科的使命，但都指向一个共同的主题，那就是让明天变得更美好。有人认为，经济学是社会科学的核心，这一学科是要让人类更自由、更繁荣，帮助人们更好认识世界把握世界的真相。在人类社会的发展中，我们所能看到的往往是表象，真相一般不能被人们直接观察到，需要在去伪存真的超越现象中去理解认识。我们既要坚信人类理性的力量，但又要有清醒的认识。正如弗里德里奇·哈耶克（Friedrich Hayek）曾经讲过的，社会运行的规则仅靠人的理性是无法完整建构的，这些规则其实是无数个体行动的"非意图结果"。现实世界如此，网络世界给人们认识世界增添了更多的不确定性。我们不满足于今天已有的一切，我们希望有一个更美好的明天，指导社会发展的理念是超前的，这种前瞻是必要的，是社会发展所必需的。如何保证理念的正确性，避免陷入悲剧性的乌托邦，人类有过许多教训。要清醒认识到，时代的悲剧往往是由普遍的错误认识导致的。在人类历史的发展中，出现的很多灾难不是天灾而是人祸，归根结底和错误的认识有关。背离了事物的发展规律，往往会陷入盲人骑瞎马、夜半临池深的窘境。

---

① 《马克思恩格斯文集》第10卷，人民出版社2009年版，第592—593页。

  党的十八大以来，习近平总书记高度重视意识形态工作。执政党重视意识形态工作天经地义，并不输理。从人类社会摆脱蒙昧阶段，进入阶级社会以来，统治阶级都把自己的思想体系作为这一社会的行动指南，任何一个时代的统治阶级的思想，都是这个社会的统治思想。资产阶级掌握政权以后，把自己的意识形态标榜成超阶级的、全民的思想意识，否认他们意识形态的阶级性，认为其意识形态代表了全民的利益，目的就是更好地实施资产阶级统治。无产阶级登上历史舞台以后，毫不隐瞒自己所宣扬的意识形态的阶级性，把为最广大的人民群众谋利益作为自己的奋斗目标。无产阶级不仅是这么说的，也是这么做的。无产阶级旗帜鲜明坚持自己的意识形态阶级属性，才能把广大人民群众团结在党的周围。习近平总书记在担任地方领导人的时候就很重视意识形态问题，在有关社会科学研究、舆论宣传和文创作风问题上发表了一系列的真知灼见，直到今天仍有重要指导意义。

  中国共产党作为马克思主义政党高度重视意识形态工作，从毛泽东到习近平。从我们党的历史实践来看，意识形态工作，如果出了问题，就会导致社会风气的败坏，意识形态导向正确就会国泰民安。我们党历来高度重视意识形态工作。毛泽东说："马克思列宁主义的普遍真理一经和中国革命的具体实践相结合，就使中国革命的面目为之一新。"他还说："凡是要推翻一个政权，总要先造成舆论，总要先做意识形态方面的工作。革命的阶级是这样，反革命的阶级也是这样。"邓小平在南方谈话中语重心长地强调："在整个改革开放的过程中，必须始终注意坚持四项基本原则""资产阶级自由化泛滥，后果极其严重。特区搞建设，花了十几年时间才有这个样子，垮起来可是一夜之间啊"。江泽民则指出："舆论导向正确，是党和人民之福；舆论导向错误，是党和人民之祸。"胡锦涛告诫全党："世界范围内社会主义和资本主义在意识形态领域的斗争和较量是长期的复杂的，有时甚至是非常尖锐的。""必须保持高度警觉，做到警钟长鸣。"习近平非常重视意识形态工作，他指出，意识形态工作是党的一项极端重要的工作，能否做好意识形态工作，事关党的前途命运，事关国家长治久安，事关民族凝聚力和向心力。

  2013年8月19日，全国宣传思想工作会议在北京召开。经济建设是党的中心工作，意识形态工作是党的一项极端重要的工作。做好意识形态工作，事关党的前途命运，事关国家长治久安，事关民族凝聚力和向心力。四个关乎：意识形态工作关乎旗帜、关乎道路、关乎国家政治安全、关乎人心向背。

在中国特色社会主义现代化建设的过程中，我们始终坚持以经济建设为中心，坚持四项基本原则，坚持改革开放。意识形态工作属于四项基本原则中的重要内容，是党的一项极其重要的工作。

随着改革开放和社会主义现代化建设的不断发展，我们所面临的矛盾日趋复杂多样，其中就包括社会思想意识日趋多元化以及媒体格局发生的深刻变化。在坚持以经济建设为中心工作的同时，"一刻也不能放松和削弱意识形态工作，必须把意识形态工作的领导权、管理权、话语权牢牢掌握在手中，任何时候都不能旁落，否则就要犯无可挽回的历史性错误"①。

在 2013 年 8 月 19 日的全国宣传思想工作会议上，习近平强调："一个政权的瓦解往往是从思想领域开始的，政治动荡、政权更迭可能在一夜之间发生，但思想演化是个长期过程。思想防线被攻破了，其他防线就很难守住。把意识形态工作的领导权、管理权、话语权牢牢掌握在手中，任何时候都不能旁落，否则要犯无可挽回的历史性错误。"② 这一重要论断，揭示了一个被历史反复证明的真理：意识形态工作事关国家兴亡盛衰；一个没有军事实力、经济实力的国家，难免一打就败；而一个没有意识形态防线的国家会不打自败。即使是在非重大政治变故时期，意识形态工作也非常重要。中华人民共和国成立以来的历史告诉我们：什么时候意识形态工作导向失误、措施不当，什么时候就国乱民怨风气歪；什么时候意识形态工作导向正确、措施得当，什么时候就国泰民安风气正。所以说，对于一个执政党来说，要重视满足人民群众的物质生活的需要，同时要把精神的地基打牢。"经济总量无论是世界第二还是第一，未必就能够巩固住我们的政权。经济发展了，但精神失落了，那国家能够称为强大吗？"③

中国特色社会主义进入新的时代，我们所面临的问题不是更少了而是更多了，应对重大挑战、抵御重大风险、克服重大阻力三大任务摆在我们面前。

谈到加强意识形态工作，有人往往不自觉地把意识形态和以往的"左"的时代联系在一起。作为上层建筑中的意识形态，反映了经济基础的要求。在一

---

① 习近平：《论党的宣传思想工作》，中央文献出版社 2020 年版，第 21 页。
② 中共中央文献研究室：《习近平关于社会主义文化建设论述摘编》，中央文献出版社 2017 年版，第 21 页。
③ 习近平：《做焦裕禄式的县委书记》，中央文献出版社 2015 年版，第 35 页。

个社会当中，经济基础和意识形态都是客观存在。在社会生活中，人们对世界与社会等问题的看法、信仰等都是意识形态的具体体现。社会生活中，由于经济地位、政治利益和立场不同，人们的意识形态倾向也有所区别。不同国家、不同民族具有不同的主流意识形态。即使同一国家民族，不同的历史时期，它的意识形态也有所不同。不同社会制度的国家、不同利益群体的个人有时在意识形态上存在尖锐的对立，这是一个客观存在。世界经济全球化和政治格局多极化的今天，各种思想文化的交流交锋。意识形态斗争理论是我们观察有关问题的基本视角。

经济基础决定上层建筑，作为上层建筑的意识形态对社会存在具有反作用。在某一个国家特定的历史阶段，比如说，在转型变革时期，反作用可能会更大。对于意识形态的作用的发挥，引导是否得力差别很大。自从二战结束以后，西方有些国家对社会主义国家开始实行西化分化战略，通过各种方式，包括通过电台、电视台以及各种传媒工具，不断进行反共宣传。到了互联网时代，各种各样的进攻花样不断翻新，无中生有、移花接木、恶意炒作不断上演，无所不用其极。我们从苏联解体、东欧剧变到世界各地的颜色革命，从中国台湾的"太阳花"学潮到中国香港上演的违法"占中"，在这些行为的背后无不看到西方某些势力所发动的意识形态战争。西方某些国家在意识形态交锋中，惯常的做法是，通过炫耀西方的价值观打击对手的思想体系，对对手进行抹黑栽赃，故意混淆是非判断的标准，不断地进行意识形态的进攻，造成意识形态的困扰纷争，从而达到制造政治动乱的目的，推翻他们认为自己不喜欢的或者潜在的对手。从历史的发展来看，意识形态领域的矛盾斗争，从来就是不以人的意志为转移的客观存在。意识形态问题，并不是人为操作的一个伪命题，而是一个客观存在的真命题。

党的十九届四中全会把马克思主义指导地位明确为意识形态领域的根本制度，并作出一系列重大部署。改革开放以来，国内外敌对势力通过各种方式，特别是在互联网上歪曲历史事实，他们在中国革命史、中华人民共和国历史的有关问题上打着所谓研究的旗号，捕风捉影，颠倒黑白、兴风作浪，对中国共产党的缔造者和革命先驱不择手段攻击、丑化、污蔑，他们的险恶用心就是要搞乱中国的人心，进而达到推翻中国共产党的领导和我国社会主义制度的图谋。习近平总书记对此高度警醒，一再告诫全党吸取苏联的历史教训，习总书记在

2013年1月5日的讲话中指出："苏联为什么解体？苏共为什么垮台？一个重要原因就是意识形态领域的斗争十分激烈，全面否定苏联历史、苏共历史，否定列宁，否定斯大林，搞历史虚无主义，思想搞乱了，各级党组织几乎没任何作用了，军队都不在党的领导之下了。最后，苏联共产党偌大一个党就作鸟兽散了，苏联偌大一个社会主义国家就分崩离析了。这是前车之鉴啊！"①

时隔五年后他在《推进党的建设新的伟大工程要一以贯之》中再次指出："我们常说，基础不牢，地动山摇。信念不牢也是要地动山摇的。苏联解体、苏共垮台、东欧剧变不就是这个逻辑吗？苏共拥有20万党员时夺取了政权，拥有200万党员时打败了希特勒，而拥有近2000万党员时却失去了政权。我说过，在那场动荡中，竟无一人是男儿，没什么人出来抗争。什么原因？就是理想信念已经荡然无存了。"②

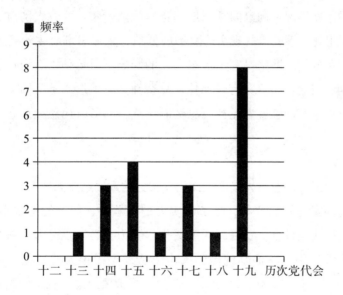

图1 党的十二大至十九大历次党代表大会报告意识形态使用频率

党的十九大报告是历次党代会中对意识形态工作的论述最多的，涉及的范围广、频率高，对意识形态工作各方面内容都有规定部署。

---

① 《十八大以来重要文献选编（上）》，中央文献出版社2014年版，第113页。
② 中共中央党史和文献研究院、中央"不忘初心、牢记使命"主题教育领导小组办公室：《习近平关于"不忘初心、牢记使命"论述摘编》，中央文献出版社、党建读物出版社2019年版，第87页。

报告第一部分包含了对过去五年意识形态工作成就的全面总结。加强党对意识形态工作的领导，马克思主义在意识形态领域的指导地位更加鲜明。意识形态领域斗争依然复杂，国家安全面临新情况。报告第三部分中的基本方略的第七条提出，不断增强意识形态领域主导权和话语权。报告第四部分中的文化建设战略部署方面，专门论述了如何在新时代做好意识形态工作。牢牢掌握意识形态工作领导权，建设具有强大凝聚力和引领力的社会主义意识形态，落实意识形态工作责任制，特别强调加强阵地建设和管理。有些人对于意识形态的认识不足，甚至有误区。比较典型的错误观点有意识形态淡漠化、意识形态边缘化、去意识形态化、非意识形态化、"无为论""取消论"等，认为意识形态可有可无。意识形态碎片化、意识形态空心化。如主流意识形态被侵蚀，社会失去共同奋斗目标和理想价值，社会道德滑坡等。意识形态领域斗争依然复杂，国家安全面临新情况。国家间意识形态竞争依然严峻，西方大国对我国进行分化、西化、丑化、淡化等的现实危险不可低估，多元思潮对主流意识形态的侵蚀和挑战不可低估。网络对意识形态工作的影响不可低估，意识形态领域是一场没有硝烟的暗战，斗争具有长期性、复杂性。意识形态是大国竞争的重要领域，党的意识形态面临着多元社会思潮的挑战，网络时代意识形态工作面临新的环境。

三、意识形态的竞争力是国家文化软实力的重要组成部分

国家与国家之间的竞争，除了硬实力的竞争外，更多的是软实力的竞争。在当今网络时代条件下，要提高国家文化软实力，必须要努力传播当代中国价值观念，今天的中国所面临的国际国内形势发生了很大的变化，我们正处在"两个一百年"奋斗目标的交汇点，"当代中国价值观念，就是中国特色社会主义价值观念，代表了中国先进文化的前进方向"①。

在网络意识形态阵地建设的过程中，要加强提炼和阐释我们的核心价值观，不断拓展对外传播平台和载体。在国际交流和传播的方方面面，贯穿当代中国的价值观念。当代中国的价值观念，是中华民族团结奋斗的最大公约数，充分展现了中华文化的独特魅力。中国 5000 年的文明史，中华民族光辉灿烂、博大精深的文化，在新的时代要不断地发扬光大。"要使中华民族最基本的文化基因

---

① 习近平：《论党的宣传思想工作》，中央文献出版社 2020 年版，第 49 页。

与当代文化相适应、与现代化相协调，以人们喜闻乐见、具有广泛参与性的方式推广开来，把跨越时空、超越国度、富有永恒魅力、具有当代价值的文化精神弘扬起来，把继承传统优秀文化又弘扬时代精神、立足本国又面向世界的当代中国文化创新成果传播出去。"①

在网络文化传播中，要适应网络传播规律的要求，"要以理服人，以文服人，以德服人，提高对外文化交流水平，完善人文交流机制，创新人文交流方式，综合运用大众传播、群体传播、人际传播等多种方式展示中华文化魅力"②。

（一）国家总体安全观中的意识形态安全

在人类社会发展中社会基本矛盾是社会发展的根本推动力。矛盾无时不有，无处不在，有矛盾就会有斗争，在思想领域，正确的思想同错误的思想相互斗争，在斗争中不断发展。"实现伟大梦想，必须进行伟大斗争。"③ 有一些人不承认或者说不愿意承认社会主义社会经济、政治、思想文化等各个方面存在矛盾。毛主席明确地讲："没有矛盾的想法是不符合客观实际的天真的想法。"④ 在人类社会中，思想领域中的矛盾是现实社会矛盾的反映，因此在社会发展当中要正确地认识思想领域的矛盾斗争，特别是在现实的复杂多变的时代。在不同的社会条件下，不同国家之间以及每个国家内部，存在价值观念之争是不可避免的。习近平总书记讲："价值观念在一定社会的文化中是起中轴作用的，文化的影响力首先是价值观念的影响力。世界上各种文化之争、本质上是价值观念之争，也是人心之争、意识形态之争。"⑤ 在社会主义条件下，社会处于不断的改革和完善当中，社会主义国家既有好的一面，也有不完善的一面。在文艺工作方面，如果只是单纯记录现状，原始展示丑恶，没有对光明的歌颂和对理想的颂扬，就很难起到推动人民前进的作用。要使真善美战胜假恶丑，就必须"旗帜鲜明反对和抵制各种错误观点"⑥。社会当中特别是在网络时代，有一些

① 习近平：《论党的宣传思想工作》，中央文献出版社 2020 年版，第 49—50 页。
② 习近平：《论党的宣传思想工作》，中央文献出版社 2020 年版，第 50 页。
③ 《中国共产党第十九次全国代表大会文件汇编》，人民出版社 2017 年版，第 12 页。
④ 《毛泽东著作选读（下册）》，人民出版社 1986 年版，第 757 页。
⑤ 中共中央文献研究室：《习近平关于社会主义文化建设论述摘编》，中央文献出版社 2017 年版，第 105 页。
⑥ 《中国共产党第十九次全国代表大会文件汇编》，人民出版社 2017 年版，第 34 页。

人对错误的观点麻木不仁，缺乏敏锐性，认为强调与错误思想作斗争，这是没事找事，许多人存在多一事不如少一事的思想，应该说这很危险，错误思想在网络空间的作用必须引起高度重视。在网络空间当中许多争论，其实从深层次看是价值观的分歧。在文化多元化的今天，有一些哗众取宠的错误观点有一定的市场，在思想文化领域，存在"马克思主义被边缘化、空泛化、标签化，在一些学科中'失语'、教材中'失踪'、论坛上'失声'"①。从个体来看人性，人既具有向善的一面，也具有向恶的一面，在一个人的身上，存在着善恶两种趋向，不可避免地会有思想领域的斗争。善恶的选择上，决定着一个人在未来的发展道路，如果选择了恶，"思想的口子一旦打开，那就可能一泻千里"。所以，自我的思想革命与反思就显得很重要。人都不是孤立存在的，都是生存于现实的社会和国家制度中。意识形态领域的思想斗争，不以任何一个人的主观意志为转移，是一种客观存在。毛泽东在三大改造完成以后，一直很关注思想领域的斗争。毛泽东指出："正确的东西总是在同错误的东西作斗争的过程中发展起来的。真的、善的、美的东西总是在同假的、恶的、丑的东西相比较而存在，相斗争而发展的。当某一种错误的东西被人类普遍地抛弃，某一种真的被人类普遍地接受的时候，更加新的真理又在同新的错误意见作斗争。这种斗争永远不会完结。这是真理的发展的规律，当然也是马克思主义发展的规律。"②

中华人民共和国成立以后，以美国为首的西方国家对中国的新生的国家政权进行封锁和打压，毛泽东对西方敌对势力对我国的和平演变战略十分警惕，特别强调培养社会主义事业的接班人，1978 党的年十一届三中全会以后，我国拉开了改革开放的序幕，邓小平同志在强调以经济建设为中心的同时，他指出："在意识形态领域中，同各种妨害四个现代化的思想习惯进行长期的、有效的斗争。要批判剥削阶级思想和小生产守旧狭隘心理的影响，批判无政府主义、极端个人主义，克服官僚主义。要恢复和发扬我们党和人民的革命传统，培养和树立优良的道德风尚，为建设高度发展的社会主义精神文明作出积极的贡献。"③

邓小平同志对文化领域当中正确和错误东西的鉴别予以高度关注，他指出：

---

① 习近平：《在哲学社会科学工作座谈会上的讲话》人民出版社 2016 年版，第 10 页。
② 《毛泽东著作选读（下册）》，人民出版社 1986 年版，第 785 页。
③ 《邓小平文选》第 2 卷，人民出版社 1994 年版，第 209 页。

"属于文化领域的东西，一定要用马克思主义对它们的思想内容和表现方法进行分析、鉴别和批判。"① 邓小平同志特别强调，物质文明建设和精神文明建设要两手抓两手硬。苏联解体、东欧剧变，很重要的原因就在于苏联共产党意识形态上出了问题。当时的苏联主管意识形态工作的中央政治局委员雅科夫列夫（Yakoulev）本人就不相信马克思主义，这是一件很危险的事情。习近平总书记对此有清醒的认识，"一些苏共党员甚至领导是层成员成了否定苏共历史、否定社会主义的急先锋，成了传播西方意识形态的大喇叭，苏共党内从思想混乱演变到组织混乱"②。

传统的国家安全观与总体国家安全观相比较，所包含的内容上有比较大的差别，传统的安全观的内容主要包含政治和军事安全等内容。苏联解体、东欧剧变以后，非传统安全威胁越来越上升。传统国家安全观的局限性逐步显露出来，作为新安全观的总体国家安全观，既兼顾到了传统安全观的内容，又把一些非传统安全观的因素纳入其中，是对传统安全观的发展和超越。

总体国家安全观所涉及的安全主体比传统安全观安全主体的范围进一步扩大，国家是传统安全观的主体，总体国家安全观关注国家作为一个主体安全，也充分考虑社会以及公民个体等主体的安全，当然在总体国家安全观中最核心的安全主体还是国家。

传统的安全观更多的关注来自国家外部的威胁，而新的总体国家安全观，对于国家的外部和内部威胁都充分兼顾。影响安全的领域，总体国家安全观基本上把各个方面全部涵盖，既包括了传统上的政治、军事和国土的安全，更包括了来自经济、文化、社会、科技、网络、生态、资源、核安全以及海外利益等非传统领域的安全考虑在内。

意识形态安全属于总体国家安全观的一个组成部分。在全球化越来越深入的时代，意识形态安全更多地表现为，来自外部和内部的挑战和威胁，主要是受到非主流的意识形态以及其他外来文化的冲击。意识形态领域的安全是一个国家政策安全的重要组成部分，涉及了政治安全、文化安全等多个领域。有些学者认为意识形态安全统合了政治安全和文化安全两个领域，我个人认为是有

---

① 《邓小平文选》第3卷，人民出版社1993年版，第44页。
② 中共中央文献研究室：《习近平总书记重要讲话文章选编》，中央文献出版社、党建读物出版社2016年版，第23页。

所偏颇的。

网络意识形态安全既有传统安全的属性又有非传统安全的属性。何为网络意识形态安全，是否安全的判断标准，并不依据作为统治阶级或者其统治集团的主观感受来判断。网络意识形态斗争就是要确保作为统治阶级的网络意识形态安全，意味着统治阶级意识形态能够发挥其应有的作用，其作用主要体现在两个方面：一是在思想领域当中，社会主流意识形态在网络思想观念领域中发挥其主导性，能够对其他的社会思潮发挥引领和控制作用；二是在非思想的层面，发挥的作用主要是对经济、政治、社会生态等领域发展起到积极有效的促进作用，表现为政治上的认同、社会的整合和更好的组织动员等等。那么网络意识形态斗争，主要是在国内作为主流意识形态同其他的非主流意识形态斗争之间的分歧交锋。在国际上就是一个国家的主导地位的意识形态和国外的其他社会制度下的意识形态之间的交锋。

最近也随着中国的崛起，有些西方敌对势力把中国的发展崛起视为对他们的制度模式以及价值观的挑战。为了应对中国的快速进步，有些西方国家采取了各种方式，比如说，试图通过意识形态渗透的手段对中国进行文化瓦解，用西方的理论话语作为标准模板，对中国的道路、中国的制度进行解读，把西方的发展模式、价值观等作为普世标准，对我国独立自主、走自己道路进行妄加批判，给我们国家的社会主义制度安全带来了很大的威胁。有些人迷信西方的学术话语，在不知不觉中上当受骗。意识形态斗争，最重要或者第一位的就是要维护国家的政权安全以及社会主义制度的安全。意识形态阵地建设，我们要旗帜鲜明地宣扬社会主义制度以及中国共产党领导的合理性与合法性。意识形态特别是网络意识形态，对于一个政党对于一个国家的政权安全很重要，意识形态对政党政治和国家政权的合法性提供有效的辩护，西摩·马丁·李普赛特（Seymour Martin Lipset）认为："合法性意味着政体具备提出并维持一种信念——现有的政治制度是最适合所在社会的制度——的能力。"在不同社会制度哪一种更优越的交锋当中，主流意识形态，如果失去了对自己政权合法性辩护的功能，这个国家的安全就会面临很大的威胁，特别是在敌对国家进行意识形态战争的时候，后果会更严重。

在网络意识形态歧见纷争的情况下，如何正确研判网络意识形态斗争形势，应该说是网络时代的新的问题。网络的特殊性，在一定程度上加剧了意识形态面临的严峻性，小问题还容易在短时间内酿为大的冲突，甚至会产生战争。毕竟人的理性是有限的，理性有时不可避免受文化所支配，由于不同的文化特质，理性的互动就会受到很大的影响，很容易产生错误的判断以及彼此之间的误解，由此产生冲突与战争。

中美两国之间的关系，从1979年1月建交到今天，已经进入一个相当严峻的时期，美国政府已经把中国视为最主要的挑战者，并且，在联合国大会上，美国前总统特朗普公开呼吁抵制中国为代表的社会主义和共产主义。特别是在新冠肺炎疫情期间，这些论调产生的影响越来越大，再加上美国面临大选的时刻，为吸引选民要求，以中国作为议题的问题越来越多。

（二）新时代的伟大斗争

社会发展的根本动力是生产力和生产关系、经济基础和上层建筑的矛盾，它们共同推动了人类社会的发展。在人类社会发展中，有矛盾就必然会有斗争。中国共产党在新的时代，清醒地认识到我们所要完成的宏伟目标。正如恩格斯所指出的："一个知道自己的目的，也知道怎样达到这个目的的政党，一个真正想达到这个目的并且具有达到这个目的所不可或缺的顽强精神的政党——这样的政党将是不可战胜的。"这段话很好阐释了要实现我们的奋斗目标与需要具备的精神状态的关系，必须要有斗争精神，要保持昂扬的精神状态，中国共产党才能实现中华民族伟大复兴的宏伟目标。

斗争不是抽象的，而是具体的。今天的中国共产党必须要带领全国各族人民，有效地应对重大挑战、抵御重大风险、克服重大阻力、解决重大矛盾，必须进行具有许多新的历史特点的伟大斗争。中国共产党100年的历史，就是在斗争中不断前进的。靠着英勇斗争锐意进取的拼搏精神，才能扭转危局转危为安。中国共产党人越是艰险越向前，不仅不讳言斗争，反而会主动投身到各种斗争中去，在大是大非面前敢于亮剑，在矛盾冲突面前敢于迎难而上，在危机困难面前敢于挺身而出，在歪风邪气面前敢于坚决斗争。

当然我们不是为了斗争而斗争，而是要坚持马克思主义的辩证法，正确处理好同一性和斗争性的关系。矛盾的基本属性是同一性和斗争性，他们两者相辅相成，共同推动着事物的运动变化发展。当然必须清醒地认识到，同一性是有条件的、相对的，矛盾的斗争性是无条件的、绝对的。中国共产党人在新时代的斗争当中，既要有原则的坚定性，又要有策略上的灵活性，调动一切可以团结的积极因素，服务于我们要实现的奋斗目标。经过改革开放几十年的发展，中国特色社会主义进入了新时代。我们一方面取得了各方面的显著成绩，另一方面我们也面临越来越多的挑战和风险，所以说必须要有斗争策略，讲究斗争艺术。

党和国家在斗争中发展壮大，"今天，社会主义中国巍然屹立在世界东方，没有任何力量能够撼动我们伟大祖国的地位，没有任何力量能够阻挡中国人民和中华民族的前进步伐"。今天的社会主义中国正以她的蓬勃发展向世界宣告，中华民族将为人类作出应有的贡献。马克思曾说："如果斗争是在极顺利的成功机会的条件下才着手进行，那么创造世界历史未免就太容易了。"中国共产党人不惧风险挑战，必须要有顽强的斗争意志和高超的斗争本领，来应对不断增加的风险挑战，安然度过风险挑战不断积累甚至集中显露的时期。

今天的中国共产党，有清晰的斗争方向和明确的斗争对象。在网络意识形态斗争中，斗争的"大方向就是坚持中国共产党领导和我国社会主义制度不动摇"。

四、网络意识形态斗争阵地建设

意识形态安全是国家安全的核心要素，加强网络意识形态建设，需要正确地认识和把握网络意识形态斗争的特点，了解网络技术革新对于网络文化渗透所带来的挑战和变化，正确地把握网络语言的特点，网民的心理倾向，以及我们之间的交互性等，这些都给网络意识形态的传播以及内容的演变带来了挑战和机遇。全球化、网络化、信息化、数据化交织在一起，在一定程度上改变了传统的国家政治生态和意识形态。有些国家利用其具有的技术优势，对于其他国家的意识形态建设和文化建设，指手画脚，兜售其所谓的普世价值，搞文化殖民主义。大数据的到来、数据信息的自由传递，意识形态的斗争更加激烈，阵地的攻防战也更加激烈。有些西方国家，甚至把大数据作为实现中国和平演变的泉源，希望通过关注精英、关注基层、培植所谓代理人的方式，来达到其不可告人的目的。网络空间传播的特点以及控制的难度，使得人们的思想在开放的网络空间当中，一方面扩大了自由度，另一方面扩大了辨识的难度，增加了国家意识形态的控制难度。特别是"微空间"中意识形态的多样化信息，裂变式与碎片化的传播路径，导致了舆论的控制难度越来越大，各种各样的意识形态安全漏洞也不断爆发。

（一）网络斗争阵地关乎网络意识形态安全

意识形态安全事关国家有序发展，涉及国家的核心利益。当前我国正处于中华民族伟大复兴和百年未有之大变局的历史交汇点，传统安全和非传统安全交际，面临这样错综复杂的安全形势，意识形态安全特别是网络意识形态安全就成为今天的中国所面临的一个重要问题。学术界对于网络意识形态有关的研究中，大多数体现在斗争的层面上，并没有更好地上升到国家安全战略的全局高度研究。2014 年 4 月 15 日，习近平总书记第一次提出了"总体国家安全观"的概念。当时他讲："当前我国国家安全内涵和外延比历史上任何时候都要丰富，时空领域比历史上任何时候都要宽广，内外因素比历史上任何时候都要复杂，必须坚持总体国家安全观，以人民安全为宗旨，以政治安全为根本，以经济安全为基础，以军事、文化、社会安全为保障，以促进国际安全为依托，走出一条中国特色国家安全道路。"① 《中华人民共和国国家安全法》是在总体国家安全观指导下确立起来的，对于国家安全进行了法律上的界定，"国家安全是指国家政权、主权、统一和领土完整、人民福祉、经济社会可持续发展和国家其他重大利益相对处于没有危险和不受内外威胁的状态，以及保证持续安全状态的能力"。在国家安全体系的组成当中，意识形态安全是指一个国家的主流意识形态相对处于没有危险和不受内外威胁的状态，以及保障持续安全状态的能力。②

阵地都是对于斗争而言的，谈到阵地，就涉及进攻与防守的问题。战争年代，敌我双方的你死我活的斗争都是围绕着阵地展开的。网络意识形态斗争阵地是意识形态斗争阵地的一种具体形式，传统的意识形态斗争阵地主要体现为宣传舆论阵地、学校思想政治教育阵地等。互联网的发展以及现代科技的进步，意识形态斗争越来越多从线下到了线上，网络意识形态斗争的阵地建设越来越引起重视。所谓意识形态斗争阵地是指意识形态斗争所依托的具体的场所或领域。是国家实施思想政治教育、舆论宣传等活动，凝聚人心争夺人心的主要战

---

① 《习近平关于总体国家安全观论述摘编》，中央文献出版社 2018 年版，第 4 页。
② 《总体国家安全观干部读本》，人民出版社 2016 年版，第 257 页。

场。意识形态斗争阵地失守必然导致意识形态工作处处被动，关系到执政地位的大问题。

阵地来自军事科学，在战争中的斗争双方为了赢得胜利，其标志性的胜利就是把胜利的旗帜插上对方的阵地。阵地成了攻守双方的斗争焦点。打阵地战的前提是双方之间势均力敌，不能相差悬殊。在中国共产党领导的新民主主义革命中，第五次反"围剿"的失败，很重要的是不顾敌我双方力量的悬殊，采取了御敌于国门之外的硬碰硬的阵地战，结果反"围剿"失败了，红军踏上了长征路。毛泽东的伟大就在于审时度势，采取灵活的策略战术，在敌强我弱的时代，我们采取的是游击战的十六字方针，"敌进我退，敌驻我扰，敌疲我打，敌退我追"，不在乎一城一地的得失，诱敌深入，集中优势兵力聚而歼之。

战争年代如此，和平建设年代同样要坚持实事求是，在思想斗争的战场上，尽管同军事斗争不同，但有其共通性，需要认真研究。中国共产党成了执政党，我们不再像以往的为夺取政权而斗争那样去流血牺牲，但和平年代的斗争硝烟无处不在，斗争精神不能丢。中国共产党以伟大的自我革命精神推进伟大的社会斗争，从理论上说，成为人民的执政党后，中国共产党所面临的形势和任务发生了变化，中国共产党的工作以建设为主，不管是经济建设还是其他各方面的建设，到中国共产党一定要看到矛盾无处不在，旧的矛盾解决了，新的矛盾又产生了，要应对错综复杂的矛盾就必须发扬伟大的斗争精神，时刻保持昂扬的状态，善于认识矛盾分析矛盾，科学解决矛盾。

（二）网络阵地凝聚网络民心

在各种各样的斗争中，意识形态的斗争是不容回避的，特别是互联网时代，意识形态的斗争是现实虚拟交织，斗争形势更趋复杂。意识形态斗争的焦点就是争夺主导权和话语权，主导权是实质，话语权是表现。主导权体现在思想阵地中，话语权体现在宣传舆论以及教育教学阵地中。

从马克思主义到习近平新时代中国特色社会主义思想，一脉相承的是思想主导权的历史演变。要赢得思想宣传斗争的胜利，必须要把阵地建设好。革命年代需要枪杆子和笔杆子，今天的中国枪杆子保驾护航，笔杆子开辟方向！这是两个不同场域的战争较量，思想战场没有硝烟但决定胜负。

国共两党的较量，共产党赢在民心，说到底是赢在政治较量，当然军事斗争是其基础。

意识形态领域的斗争依然复杂，国家安全面临新形势。中国正处于实现中华民族伟大复兴的关键历史时期。快速崛起的中国正日益走近国际舞台的中央，中国的快速崛起与其他相对衰落的大国必然存在着难以避免的激烈竞争。崛起与遏制并存将是中国长期面临的国际形势。

意识形态既是大国博弈的内容也是彼此竞争博弈的手段。现代国家间的综合国力竞争中，文化软实力之间的竞争是其中的重要内容。文化软实力的核心内容是核心价值观以及由此决定的文化吸引力等方面。当今时代大国博弈中意识形态是绕不过去的主要内容。作为两大阵营的资本主义与社会主义的竞争，主要体现在核心价值观的说服力和制度模式的竞争力上。

美国长期居于世界的霸权地位，在意识形态斗争中，以美国为领导的西方资本主义国家可以说是意识形态斗争的行家里手。正如美国前总统理查德·米尔豪斯·尼克松（Richard Milhous Nixon）在《1999不战而胜》中所说的，"意识形态是我们争夺的根源""如果我们在意识形态斗争打了败仗，我们所有的武器、条约、贸易、外援和文化关系都将毫无意义"。"最终对历史起决定作用的是思想，而不是武器"，应该同社会主义国家开展"意识形态竞争"，打"攻心战"，扩散"自由和民主价值观"，打开社会主义国家的"和平变革"之门。

罗纳德·威尔逊·里根（Ronald Wilson Reagan）认为，"最终的决定性因素不是核弹和火箭，而是意志和思想的较量"。美国的目标是"促进世界的民主革命""按照美国的理想去影响事态的发展"。

意识形态领域的斗争是伴随着阶级国家出现的社会现象。在国家政权体系中，掌握国家政权的阶级和为获得国家政权而斗争的阶级他们的意识形态立场是根本对立的。在双方的斗争中，执政的政党或阶级的意识形态是占统治地位的意识形态，确保自己的意识形态处于领导地位和主导地位不动摇，是其首要任务，因而在斗争中往往处于防守的地位。作为被统治阶级的意识形态在一定社会中，如同被统治阶级的政治地位一样，他们的意识形态处于从属地位，在获得政权的斗争中，被统治阶级不断发起从政治到经济和意识形态领域的斗争，甚至说意识形态领域的斗争在各种斗争形式中处于先导的地位。政治地位的不同，决定了不同阶级的意识形态立场及其战略取向。在互联网出现以前，这样的斗争态势可以说泾渭分明，作为统治阶级来说比较容易应对这样的斗争态势，双方的斗争阵地是有限的，主要体现为现实的舆论阵地或学校阵地中。占领阵地的任务并不突出，统治者可以采取一定的手段达到自己的目的，如通过加强舆论监控，把不利于统治的各种杂音清除在萌芽之中，不至于发展到不可控的地步。1971年，中华人民共和国作为中国唯一合法政府重返联合国时，中国还处于"文化大革命"中，当时的中国驻联合国代表团成员休息时就在住处收看美国电视，当时的代表团领导认为不加约束的话难免会受到不良影响，于是就把电视收起来了，只允许有关联的业务人员看一看以便了解一些国际信息。"可见当时中国对防范西方意识形态熏陶，始终怀有很高警惕。"① 由此看出，身处美国的中国代表团，在提防美国意识形态影响问题上给予高度重视。

互联网的出现，改变了传统的思想文化传播手段和格局，意识形态斗争上网后，斗争的形式和内容呈现了新的特点。网络意识形态斗争阵地建设愈发重要，双方的阵地不再像以前那样清楚明白，彼此之间犬牙交错。

阵地分为进攻阵地与防守阵地，双方之间存在着此起彼伏的关系，并且在一定条件下进攻与防守存在转换的可能性。当一个阶级处在夺取政权的革命阶段，他们的意识形态斗争阵地往往是进攻型的，当通过革命获得政权，革命党变成了执政党，意识形态斗争阵地往往转换为防守型。从这个意义上来说，处在防守阶段的网络意识形态往往是保守的被动的，而处于进攻阶段的意识形态往往是积极的激进的。从一般意义来说，意识形态斗争的进攻阵地是指作为意图获取政权的社会阶级或集团为发动意识形态进攻而依据的途径或手段。意识形态斗争防守阵地，是指统治阶级为了防范敌对势力的意识形态进攻而构筑的抵挡阵地。

意识形态斗争阵地建设在当今敌对势力"西化""分化"的条件下，提高网络舆论的引导力，打好网络意识形态斗争的主动仗，就显得特别重要。网络媒体在今天的时代引领了发展的潮流，对于网络意识形态斗争所采取的态度，必须要从以往的传统媒体环境中解放出来，不能是仅仅停留在传统的意识形态斗争的战法，兵来将挡、水来土掩的被动防御模式已经难以适应时代的发展。网络意识形态斗争的实践证明，单纯的防守只能越防守越被动，必须要主动出击，才有可能制胜，必须要下好先手棋打好主动仗，努力抢占制高点，正如克劳塞威茨（Clausewitz）所说的："进攻就是最好的防御。"

---

① 王凡著：《吴建民传》，世界知识出版社2008年版，第105页。

意识形态斗争中必须要有主动出击的意识，要提高的网络意识形态斗争的重视程度，掌握舆论传播的规律，超前谋划，主动进行媒体融合。打好第一枪，发好第一声，是新时代意识形态工作的迫切要求。

在意识形态斗争中，要善于争夺话语权。在网络意识形态斗争中，往往因为某些突发事件而涉及舆论的导向。要在舆论发酵以前，对我方的立场做全面阐述，用正面的信息占领网络舆论场，从而掌握话语权。要牢牢把握意识形态风向标，运用先进的科学技术，在网络意识形态斗争中有效应用大数据抓取关键信息，从而更好地进行识别和引领。要加强对新媒体的运行监督，不断完善对于信息的审查等的法律规定，对于信息的发布程序流程，必须要从源头上把好关，构建网络防火墙，把有害信息阻挡于网络之外。

第二章　互联网与网络思想阵地建设

意识形态作为精神层面的内容，需要依赖一定的载体而存在。在互联网充分发展以前，意识形态赖以存在的载体主要是物质的存在，如纸张、录音、视频等等。互联网的发展，不仅仅改变了意识形态的存在形式，在很大的程度上，它改变了意识形态的生成、传递、解释以及接受方式。网络意识形态形成了一个独立的、具有自身独特特征和传播规律的范畴。以往的关于意识形态的本质并没有发生改变，但在同互联网结合以后，形成了具有新的意义的研究领域。

互联网的发展极大地扩展了人类的工作、生活空间，网络空间越来越成为人类共同的新家园。历史上从来没有一种类似网络信息技术的这样的创新，在商界和政界都引起整个社会热烈的讨论和辩论。"网络空间已成为意识形态建设的主阵地和最前沿。维护网络空间中主流意识形态安全，意味着维护社会主义意识形态安全乃至国家安全。"①

互联网有关问题讨论的关键，在于这种技术的发展与应用会带来那些潜在的经济社会与政治后果。对于互联网的运用，有些悲观主义者将互联网视为政府控制社会的工具，而有些所谓的乐观主义者认为技术的发展总是能突破政府的控制，使政府的控制无效。这两种观点都有失偏颇，政府为了确保社会稳定，更好地利用网络这项技术动员社会力量支持自己的路线，这本是天经地义的。执政者既要重视民意又要确保社会基本秩序的稳定，网络群众路线的运用就成为一个重要的课题，特别是在网络意识形态斗争阵地建设上。

今天的世界，不同文明的人能够相互学习，相互交流，相互借鉴，通过相

---

① 张卫良、龚珊：《网络意识形态的二重性特质与主流意识形态安全维护》，中南大学学报（社会科学版）2020 年第 1 期，第 137 页。

互学习，丰富彼此之间的思想和文化生活。地球村旅行变得越来越便捷，文明成员的互动越来越频繁。通过不同途径获得不同的信息，学习的内容和学习的方法也越来越相似，互联网时代创造了各种各样的使得文明融合已成为可能的思考方法，全球不同文明的成员生活在同一个地球村。

一、互联网的历史发展

研究网络意识形态首先要对网络有一个正确的理解。《纽约时报》2019 年 4 月份的一篇文章 *The only answer is less internet*，成为西方主流媒体对互联网行业批判的一个具有标志性的文章。就在当年的同一个月份，西方的主流媒体，诸如《纽约时报》《华盛顿邮报》《财富杂志》等，出现了 20 多篇针对互联网行业的负面文章。其实这样的舆论批判，已经持续了一段时间。

（一）互联网的兴起与发展

人类社会的发展经历了农业革命、工业革命，今天正在经历信息革命。可以说互联网越来越成为人们学习、工作、获得公共服务的新平台和新空间。作为人类历史上最伟大的发明的互联网，是科学技术不断进步的产物，互联网的发展进步对于经济、政治、文化、社会、生态等各个方面，产生了全方位、深层次的影响和变革，给整个人类社会的历史发展产生了巨大推动作用。

1. 互联网的诞生

互联网并不仅仅是一种工具，互联网将成为影响中国以及世界进步发展的重要动力源。今天的新时代的大学生，是完完全全的互联网的"原住民"，互联网作为当代大学生学习成长的重要环境，与大学生的成长和发展关系至关重要。要做好新时代的大学生思想政治教育工作，做好意识形态工作，就必须要重视互联网，否则就跟不上时代发展，就要被时代淘汰。互联网历史起源于 1969 年美国的阿帕网。这些庞大的网络通过通用的协议相连形成逻辑上单一的巨大的国际网络，计算机网络互相连接在一起的方法为网络互联，在这样的基础上形成的覆盖全世界的全球性的网络称为互联网，也就是说相互连接在一起的网络结构。我们这里说的互联网就是指因特网。因特网是全球最大的电子计算机互联网，除此以外还有万维网（www），万维网只是互联网所提供的服务之一。

互联网的重要功能是传播信息，互联网的历史发展是从通信开始的。1946

年，约翰·冯·诺依曼（John Von Neumann）发明了电子管计算机，计算机的发明为以后的互联网的诞生奠定了基础。1969 年 9 月 2 日互联网横空出世，在美国加州大学洛杉矶分校的实验室的两台电脑通过一条五米长的电线成功接驳，顺利接入美国国防部高级研究计划局组建的计算机网络，实现了数据的互联互通。虽然说互联网诞生于 1969 年，从国际看一直到 1991 年互联网才真正开始获得大规模的商业化运行。英国计算机科学家蒂姆·伯纳斯·李（Tim Bemers-Lee）的发明让互联网的普及顺利展开。在 2017 年他因发明万维网、第一个浏览器和使万维网得以扩展的基本协议和算法，荣获 2016 年度的图灵奖。

互联网是首先在国外兴盛起来，中国互联网的发展比国外起步晚，经历了更多的困难和波折。因为美国政府意识形态问题设置的障碍，中国于 1994 年才正式接入，否则的话有可能会提前一到两年。但是，我国互联网的发展，利用后发优势呈现对西方互联网发达国家超越的势头！1994 年 4 月，中国科技网 NCFC 率先与美国 NSFNET 直接互联，实现了中国与 Internet 全功能网络连接，中国最早的国际互联网络由此诞生。中国获准加入互联网，并在 1994 年的 5 月完成全部中国联网工作。中国加入国际互联网，经过了三个阶段：第一阶段，是引入和跟跑的阶段；在此基础上逐步形成自己特色的第二阶段，即并跑阶段；在自主创新基础上，逐步实现超越的第三阶段，即某些领域的领跑阶段。可以说，中国的互联网，在今天处于与美国互联网博弈和抗衡的阶段。这和中国高科技发展经历的跟跑、并跑和领跑的三个阶段基本同步。

改革开放促成中国崛起背后的一个很大的推动力，就是互联网在中国的快速崛起，互联网不仅是中国崛起的催化剂，更是未来的推动中国发展的引擎。互联网精神和全民的创业精神相辅相成相互促进，极大地推动了中国的全面发展。正是因为有了互联网的助推，21 世纪才属于中国。2021 年 2 月中国互联网络信息中心公布的《第 47 次中国互联网络发展状况统计报告》指出：截至 2020 年 12 月，我国互联网上市企业在境内外的总市值达 16.80 万亿人民币，较 2019 年底增长 51.2%，再创历史新高。我国网信独角兽企业总数为 207 家，较 2019 年底增加 20 家。互联网企业集群化发展态势初步形成。从企业市值集中度看，排名前十的互联网企业市值占总体比重的 86.9%，较 2019 年底增长 2.3 个百分点。从企业城市分布看，北京、上海、广东、浙江等地集中了约八成互联网上市企业和网信独角兽企业。当前，我国资本市场体系正在逐步完善，市场包容度和覆盖面不断增加，更多地方政府也正积极培育本地创新创业公司及独角兽企业，有望最终形成"4+N"的发展格局。

今天的网络世界，短视频异军突起。短视频的制作流程简单、参与性强，比以往网络直播具有更大的传播优势。2016年9月，今日头条推出的抖音，成功地吸引了大量粉丝。今天的抖音在全球150多个国家和地区落地应用，成为全球下载量最高的ios应用。抖音在世界范围内的盛行，引起了其他一些国家对中国互联网科技发展得重视，并表达了他们的不安。

2017年被一些西方媒体称为人工智能元年，人工智能的应用得到了全面爆发。人工智能突飞猛进让人们对未来的新经济充满期待。

2018年被业界称为中国新一代互联网元年。2017年底中国宣布推行互联网协议第六版，IP地址的长度由原来的32位拓展为128位，互联网从以往的人与人互联转到人与人、人与物、物与物的"三位一体"的新一代互联网，为未来的发展开辟了新的道路。截至2020年12月，我国IPv6地址数量为57634块/32，较2019年年底增长13.3%。新一代互联网是人工智能物联网的基础设施，真正实现了万物互联，以此为基础，把移动技术优势与各行各业紧密相连，创造了全新的商业模式和生活形态。

2. 工业互联网的发展挑战

工业互联网改变了传统制造模式、生产组织方式和产业形态，是新一代信息通信技术与工业经济深度融合的全新工业生态、关键基础设施和新型应用模式。习近平总书记指出："当前，全球新一轮科技革命和产业变革深入推进，信息技术日新月异。5G与工业互联网的融合将加速数字中国、智慧社会建设，加速中国新型工业化进程，为中国经济发展注入新动能，为疫情阴霾笼罩下的世界经济创造新的发展机遇。"工业互联网快速发展，为实体经济数字化、网络化、智能化提供了有效的实现途径。关于工业互联网的发展，习近平总书记多次作出重要批示，强调要深入实施工业互联网创新发展战略，"十四五"规划也明确提出加快工业互联网新型基础设施建设的新要求。互联网的发展，到今天已经进入一个新的阶段，可以说从上半场进入了下半场，从消费互联网向工业互联网拓展，是互联网发展进入新阶段的重要标志。工业互联网的时代，可以说做到了万物互联，物品、元器件，甚至说每一条信息都有全球唯一的"身份证"，身份证其实就是标识。

这些年来，我国工业互联网标识解析体系架构已经实现了从 0 到 1 的巨大突破，建成了北京、上海、广州、武汉、重庆五大国家顶级节点，南京、贵阳两个灾备节点加快建设，形成东西南北中的布局，并且，已经可以面向全球范围提供解析服务。

在互联网中也有各种信息内容的门牌号码也就是域名，互联网域名系统用于提供域名和 IP 地址之间的解析，从而保证互联网内容信息准确传送到目的地，工业互联网标识是工业互联网中的域名，是互联网由虚拟向实体延伸的产物，工业互联网标识与互联网域名，在功能、层级、内涵等方面具有一致性。从内涵来看互联网域名解决了域名与 IP 地址的映射关系，标识解决了工业对象与网络地址的映射关系。从层级来看，两者均为分级解析的技术架构。从功能看，两者均具备提供命名的注册分配、解析寻址、信息查询、数据维护等功能。相较于传统的互联网，域名标识的应用场景更加广阔，还能够支持、解释和定位生产资料、成品部件在制品、整机等实体资源，以及工艺、算法等虚拟资源。所以说，工业互联网标识按照互联网域名管理，标识服务机构应当依法取得包含工业互联网标识服务的互联网域名相关许可。工业互联网标识解析国家级节点承担了异构标识互联互通、跨境交换安全可控、解析服务长效稳定的职责，是我国标识解析体系的核心枢纽。

大数据是信息化发展新的阶段，必须了解大数据发展的现状、趋势以及对经济社会发展的影响，大数据建设数字中国具有重要意义。今天的世界互联网快速普及，全球的数据呈现爆发式的增长、海量聚集的特点，对经济社会治理、国家管理、人民生活都产生了重大影响。世界各国都把推进经济数字化作为创新发展的重要动能。大数据对于科学决策和社会治理机制的建设有基础性的作用，有助于实现政府决策科学化、社会治理精准化、公共服务高效化，通过不断完善平台，提高综合分析风险因素的能力，确保风险因素的感知、预测、防范等方面的能力不断与时俱进，形成社会治理合力，真正体现"以人民为中心"的发展思想。要加强数据安全建设，特别是领导干部必须要懂大数据，用好大数据，不断提高利用数据推进工作的本领，掌握大数据发展规律，从而让大数据在治国理政中发挥更大的作用。

关于"第四次工业革命"，学界对此界定并不相同。有人以世界经济论坛创始人克劳斯·施瓦布（Klaus Schwab）先生的论述作为依据，"以互联网和信息技术为代表的第四次工业革命正在发生。这次革命刚刚开始，正在彻底颠覆人们的生活、工作和互相关联的方式。无论是规模、广度还是复杂程度，第四次工业革命都与人类过去经历的变革截然不同"。① 其他的一些学者对于第四次工业革命，有不同的看法，认为现在的互联网仍然属于第三次工业革命的范畴。李彦宏认为，第四次工业革命就是"机器主动学习和适应人类"。②

　　在人类历史的发展过程中，技术的突飞猛进所引起的产业革命，都引发了社会领域和思想领域的深刻变革。蒸汽机的使用引发了人类历史上的第一次工业革命，人类历史发展从手工时代进入了蒸汽时代，在这样一个时代，自由平等思想开始萌发并得到不断的传播，最终通过思想启蒙，为资产阶级革命的形成发展奠定了思想基础。到了 19 世纪末，以电力的出现应用为代表的第二次工业革命，人类从蒸汽时代进入了电气时代，大规模的生产线流水作业方式应运而生，人类从原来的繁重体力中得到了进一步的解放，在此时期各种各样的社会思潮不断涌现，人们的思想越来越活跃。生产力的发展引起了生产关系的变革，自由竞争的资本主义为垄断的资本主义所取代，最终导致了第一次世界大战。到 20 世纪六七十年代，电子计算机引发的第三次工业革命，人类进入了自动化的时代，计算机的应用在一定程度上取代了部分的人体脑力劳动，对于科学认识达到了一个高度。信息时代，在一定程度上出现了对科技的盲目崇拜，在这个时代科学技术的高度发展，促使一些学者，比如说，德国思想家尤尔根·哈贝马斯（Jurgen Habermas）提出了一个命题，"科学技术即意识形态"，他认为："这个时期的科学技术本身取得了合法的统治地位，成了理解一切问题的关键"。③ 作为工业革命核心技术的人工智能在新一轮工业革命中，呈现广泛的应用前景。在我国，《新一代人工智能发展规划》由国务院于 2017 年 7 月公布，同年党的十九大写入了报告中，充分体现了党和国家层面对发展人工智能的高度重视。其他的发达国家对人工智能的发展也高度重视，美国政府出台了相关文件，对人工智能的未来发展作出了规划。英国也在谋求成为人工智能产

① ［德］克劳斯·施瓦布：《第四次工业革命——转型的力量》，李菁译，中信出版社 2016 年版，第 1 页。

② 李彦宏等：《智能革命：迎接人工智能时代的社会、经济与文化变革》，中信出版社 2017 年版，第 3 页。

③ ［德］哈贝马斯：《作为"意识形态"的技术与科学》，李黎、郭官义译，学林出版社 1994 年版，第 100 页。

业发展的世界领导者。西方经济学试图将人工智能作为新的生产要素纳入经济增长分析的框架,人工智能带来的智能化、自动化以及计算机化的加深,将会在网络内容生产以及网络监管中产生替代效应,并对非日常认知任务产生互补效应。

在这样一个时代,人类认识世界和改造世界的能力和水平得到了极大的提升,人类从原来盲目必然性的支配开始走向自由王国发展的路径。任何一次技术和生产方式的革命,必然会带来社会思潮的相应的变化发展,到了 21 世纪初,第四次工业革命,人类由自动化的时代开始进入数字化时代。可以讲,第四次工业革命达到了机器主动学习和适应人类的新发展阶段,这是一个人类回归和体现自由人的本质的时代。

(二)"互联网+概念"提出

依托于大众创业、万众创新的时代背景,"互联网+"概念提出,这个概念是易观国际董事长于洋第一次提出来的,并对这个概念作了相应的解释。他认为,移动互联网,它的本质离不开"互联网+"。在未来,"互联网+"应该是我们所在行业目前的产品和服务在与未来看到的多屏全网跨平台用户场景结合之后产生的这样一种化学公式。2013 年,腾讯马化腾提出,互联网加一个传统产业意味着什么呢? 其实代表着一种能力,或者是一种外在资源和环境,是对这个行业的一种提升。①

李克强总理在 2015 年 3 月 5 日的十二届全国人大三次会议上提出"互联网+"行动计划,2015 年 7 月 4 日国务院下发《关于积极推进"互联网+"行动计划的指导意见》,"互联网+"正式上升为国家战略。"互联网+"不仅仅是一种行为方式,更重要的是思维方式的变革,是创新 2.0 下互联网发展的新业态。"互联网+"可以概括为"跨界融合、创新驱动、重塑结构、开放生态、尊重人性、连接一切等六大特征"。"互联网+"重塑人们对于世界理解的新的思维方式和价值理念,对生产力和生产关系的发展产生深远的影响。"互联网+"将连接各行各业的产品和服务,推动经济形态发生革命性的变革,促进社会经济的发展。

对于"互联网+"的理解一定要全面准确,"互联网+"的核心是思维模式

---

① 刘晓娟、尤斌:《互联网+新思维与新管理》,中国人事出版社 2016 年版,第5—6 页。

的转变，而并不单纯地把互联网作为一个运用的工具。"互联网+"不是简单应用互联网技术，而是在传统行业中，运用互联网的思维，促成原有的传统行业进行根本性的变革。单纯把互联网作为平台和渠道实现产品的销售，只是互联网的运用，并不是我们讲的"互联网+"，"互联网+"在一定程度上体现为企业架构的变革以及开放融合、互联互通的开放心态。"互联网+"作为一种思维，不仅应用在经济生活中，在思想政治工作中也开辟了充分的利用空间。要运用互联网思维，改变以往的意识形态宣传中的一些传统的定式和习惯做法，把不适合互联网发展要求的体制弊端以及制度枷锁破旧立新，同时进行体制、行为和思想观念层面的深刻变革，通过思想的解放不断开创发展新局面。

人们一般认为，互联网作为一种技术本身是中性的，也就是说互联网本身不带有任何的价值观或者意识形态的属性。关于互联网的到来，我们现在越来越发现人们的隐私以及其他权利被各种侵犯，如百度李彦宏在 2018 年的中国发展高层论坛上所说的"隐私换便利"。直到今天，互联网的发展与隐私的关系一直没有得到很好的处理。

互联网从 web 1.0 开始，早期的互联网主要是单向的信息传递，网民主要是在网上阅读相关的信息，互联网的早期主要是一个内容平台的展示，网民只是单方面地进行信息的阅读，难以吸引网民的兴趣。进入 web 2.0 时代，这个时代从原来的阅读相关信息，开始转向用户生产内容，实现了网民之间人与人之间的双向互动。到了 web 3.0 时代，标志性是多对多的交互，不仅包括人与人而且包括人际交流以及多个终端之间的交互。最主要的是实现了网络大数据、云计算、物联网相连接。web 4.0 是共生网络时代，共生网络的理想是人与机器能够在共生的空间中进行交流，直接借助于强大的互联网建立起交互界面，自动实现人机匹配和知识分享。互联网的发展历史，就是不断演化创新的历史，网络的应用层出不穷，平台也是瞬息万变，显示了多元多频的特点。

二、互联网的影响

互联网的发展对于经济社会以及人们的思维方式的变革取得了很大的作用，但是互联网并没有改变生产力和生产关系，经济基础和上层建筑之间的本质联系。就如同不同历史时代，生产工具的变革促进了生产关系的变化是一个道理。

（一）互联网促进了生产关系的变革

在信息化时代，互联网的发展，对生产关系的变革产生作用这是必然的。互联网只是生产资料的一个重要组成部分，在网络时代的生产关系、生产力，经济基础、上层建筑所发生的变化，并没有改变马克思主义的关于社会基本矛盾的基本原理。正如马克思在《德意志意识形态》中所指出的，"分工不仅使精神活动和物质活动、享受和劳动、生产和消费由不同的个人来分担这种情况成为可能，而且成为现实，要使这三个因素彼此不发生矛盾，则只有消灭分工"①。互联网发展并没有消除这三个矛盾，只不过使这三个矛盾的表现形式发生了新的变化。有人认为，互联网使得消除这"三个因素"的矛盾成为可能。②我个人认为这种看法缺乏依据。互联网并没有消除享受和劳动的对立，有人举例认为网络直播和网游既是一个劳动过程，更是一个享受的过程，以此为例论证两者矛盾的消解，并认为互联网消灭了生产和消费的界限等等。其实，不管是网络直播还是网游，作为谋生的一种方式它就是一个劳动的过程，如果硬说其同时作为一个享受过程，那么在没有互联网的时代，劳动过程可能对一些人来说它是一种不得已而为之的谋生手段，但对于另外一些人来讲可能也是一个享受的过程。互联网的"扁平化""去中心化"，并没有消除以往的三个矛盾，只不过是以往的三个矛盾在新的时代有了新的体现。互联网的发展使得人与人之间的关系越来越紧密，马克思所提出的"共同体"这个概念在今天的时代条件下，有了实现的可能。"只有在共同体中，个人才能获得全面发展其才能的手段，也就是说，只有在共同体中，才可能有个人自由。"③互联网作为一种生产工具，促进了社会分工在新时代的发展，有助于人类的解放。习近平总书记在2017年1月18日所提出的"构建人类命运共同体"④的理念，是对于人类社会发展规律的深刻把握更是对网络时代发展变化的深刻洞察。

互联网的引入，促进了中国的技术和商业的创新发展，也促进了中国社会制度体制的变更，特别是政府管理制度决策以及法律等各个方面的创新。社会的进步表面上是技术的进步，内在的是文化的进步，因此互联网对于中国文化

① 《马克思恩格斯文集》第 1 卷，人民出版社 2009 年版，第 535 页。
② 左殿升等：《大学生网络思想政治教育研究》，人民出版社 2019 年版，前言第 5 页。
③ 《马克思恩格斯文集》第 1 卷，人民出版社 2009 年版，第 570—571 页。
④ 《习近平谈治国理政》第 2 卷，外文出版社 2017 年版，第 537 页。

的发展起了至关重要的作用。

互联网诞生以后，其给世人的印象是免费使用，互联网的用户在应用大多数互联网产品时，并不需要向服务方提供费用，但必须要听任服务方所提供的广告，这是一种商业模式。其实互联网企业包括产品，它的主要商业价值就是广告，互联网广告的竞争优势来源于什么地方？其实就是要利用用户的隐私。在应对这一问题的过程当中，有些企业将越来越依赖用户数据投放广告的产品，转换为让用户直接付费的产品，但这样的一种运营模式具有其局限性，并不适用于所有的业务。

如果说要真正使用一个完全干净的互联网，那就必须要支付相应的费用。如果说用户不希望通过付费而获得，相应的用户体验就有所降低，就必须要容忍企业所提供的广告骚扰。对于一些行业来讲，如果通过付费方式，那么消费者很容易转向其他的搜索引擎的使用，毕竟搜索市场这是一个比较充分竞争的大市场。对于有些网络公司来说，在线广告收入是其重要的收入来源。百度公司（Nasdaq：BIDU）公布了截至 2019 年 12 月 31 日的第四季度以及全年未经审计的财务报告。第四季度，百度营收 289 亿元人民币，2019 年全年度营收 1074 亿元。其中，第四季度，百度上线广告收入 208 亿元。2019 年度，百度在线广告收入 781 亿元，占营收比重 72.7%，2018 年同期为 80%。商业上的行为影响着网络用户的选择，调整的难度不是很大。如果从产品技术来看，要做到不侵犯隐私难度会更大。

在当今时代，人工智能的算法同人类所使用的每一款产品都深入结合到一起。通过人工智能，帮助人类筛选和过滤海量的内容、服务、商品，包括自己社交网络中的好友。算法的应用，对于人类来说，节省的时间和金钱不可估量，有效提升了互联网的使用效率。可以说在今天的时代，如果要从互联网中彻底根除人工智能算法，已经不可能了，人工智能算法跟许多软件应用进行了更基础的结合。

新冠肺炎疫情的突发进一步凸显了新科技革命和产业变革所带来的发展大势，特别是数字技术迅速发展的重要契机。互联网为各个国家的经济复苏、社会和谐稳定发挥了重要作用。新的时代各个国家把握好信息革命的历史性机遇，在技术发展上开创新的局面变得越来越重要。在这个背景下打造网络安全新格局，构建网络空间命运共同体，对于创造人类美好的未来变得越来越重要。

（二）互联网意识形态输出的发展

互联网诞生于美苏冷战的时代，刚刚诞生就受到了美国政府的高度重视。互联网的应用扩展超越了国境，把越来越多的国家和地区联系在一起。互联互通是互联网发展到今天的重要特点。以互联网的发展为基础网络信息的流动，这是美国媒体进行操纵活动的核心资源。当今世界的 13 条根服务器 10 台位于美国，英国、瑞典和日本也各有一根。所有的根服务器是由美国政府授权的国际互联网名称与数字地址分配机构负责管理。互联网技术以及管理上的优越地位，成为美国之所以能够对外进行政治意识形态输出的技术基础。

1. 美国对外政治意识形态输出的四个阶段

美国利用在意识形态斗争中的战略优势，互联网在今天的时代应用于各个方面。美国在 1993 年提出了信息高速公路计划，抢占信息高边疆。克林顿在 1994 年提出了将各个国家的国家信息基础设施连接起来，建设实现全球信息共享的全球信息基础设施倡议。美国这一系列以互联网的控制为目的的动作，引起了法国、英国、加拿大、日本、欧共体等国家和组织的跟随。中国在这一时期的互联网发展也呈现快速增长的态势。互联网的快速发展，人与人之间的关系越来越数字化和信息化，互联网把每一个现实的人连接到网络之中，成为网络信息传播的节点。使得传统媒体点对面的单向度传播，转到多对多的互动传播。

随着互联网技术的快速发展，美国对外的政治意识形态输出，大体经过了这么几个阶段。

第一个阶段，20 世纪末美国的网络意识形态的输出主要是依靠美国新闻署来进行的。在这期间，美国的信息传播体系话语主导权的优势也很明显，主要是在世界上宣扬美国的人权自由民主这种价值观。1994 年 1 月 31 日美国之音开始网络传播，逐渐建立了包括门户网站、新闻网络社交媒体在内的多领域网络传播平台。1994 年 4 月 30 日克林顿为了强化对外广播，签署法案，在美国新闻署下设国际广播局，主管美国之音等传媒机构。这一次美国的公共外交网络化，还不是真正意义上的网络外交，更多的是发挥网络收集、传递、发布信息的功能，它的社会和政治效应还没有充分展现出来。

第二个阶段，美国利用互联网进行政治意识形态输出的战略在 21 世纪初确立。美国利用互联网进行政治意识形态输出，其确立的标志是《2002 年网络政府法案》以及电子外交办公室的成立。电子外交办公室融合了外交、内务官员以及项目专家，确保美国外交官和政府部门的其他人员在任何时间、地点都能获得和交流外事信息，整体上强化美国外交政策的贯彻执行。

第三个阶段，是基于社交网络的政治意识形态输出。随着脸书、推特等社交网络媒体的出现以及快速发展，社交网络充分满足了体验者的需求，深刻地渗透到网络参与者的生活中。基于人际关系的网络传播模式发挥了越来越大的作用，成为各个国家极力争夺的媒体资源。在信息传播技术快速发展的年代，意识形态作为国家势力当中最重要的，又是变化最快的组成部分，进入门槛越来越低，但是作用越来越大。贝拉克·侯赛因·奥巴马（Barack Hussein Obama）在 2008 年的总统大选中，通过社交网络，很好地拉近了他与选民的距离。资金大量募集，并塑造了自身的良好形象。2017 年到 2021 年的美国总统特朗普，实行推特治国，对网络的运用达到了一个新的高度。基于对社交网络的充分重视，美国政府包括美国的一些政客，更加注重运用互联网来推销政府的内外政策。在 2011 年 2 月 15 日的演说当中，希拉里提出："互联网是加速政治、社会和经济变革的巨大力量。"[①] 希拉里在美国的外交政策框架中明确纳入了网络外交，积极利用互联网技术和网络平台开展各式各样的对外交往以及信息的传播活动。在 2011 年 10 月，美国之音对华广播全面停止，裁员 55%，这个并不是说美国良心发现改弦易辙，停止对华的意识形态的输出。其实，美国的真实意图就是把对华输出政治意识形态的重点，放在数字领域，因为互联网才是美国民众真正要接触的以及受众活跃的地方。应该说美国基于互联网的意识形态输出战略大获成功，比以往通过军事行动的方式达到目的相比，既降低成本又能发挥出其不意的效果。

第四个阶段。2017 年美国互联网意识形态输出的战术转变。2017 年特朗普的当选，意识形态外交推进到一个新阶段。特朗普被誉为"推特总统"，他的"粉丝"达到了一个相当的数量。特朗普 2017 年 11 月拥有 4，240 万的推特追随者，根据美国社交媒体推特（twitter）数据制作的一份"粉丝"排行榜显示，2020 年 10 月特朗普以 8220 万的粉丝量位居榜单第七位。在 2021 年 1 月 6 号，特朗普在社交媒体上针对选举不公的煽动，导致了美国国会被特朗普的支持者

---

① 湘溪：《"E 外交"的新战场》，《世界知识》2011 年第 10 期，第 60—61 页。

冲击，被美国主流舆论定性为反民主暴徒和暴乱，导致了特朗普的社交账号被封杀。在政治上再一次引发了特朗普被弹劾。特朗普这一届政府的意识形态输出战略跟以往有很大的不同。2017 年 1 月，特朗普宣布停止向海外颜色革命组织进行财政支持，终止民主党在中国收买民间人士的行为。他认为只有将美国建设得更好，才是美式价值观最好的宣传。特朗普的意识形态在对外政策当中的一个很重要的体现，反对在国外承担过多的责任，更多地体现为杰斐逊主义外交的战略思想。

2. 大数据时代美国网络意识形态输出的新特征

美国通过网络进行意识形态输出的战略，已经比较成熟。获得了极大的政治和经济利益。多年以前，美国政要就已经宣称"社会主义国家投入西方怀抱，将从互联网开始"。特朗普所强调的"让美国再次伟大"以及增加军费等言论和作为，表明特朗普政府并没有改变以往美国的干涉主义的对外政策。2017 年 12 月 18 日，特朗普任期内的第一份《国家安全战略报告》公布，可以明确看出他并没有放弃意识形态的对外输出战略。在该报告当中，强调互联网是美国的发明，它应该反映其价值观，继续改变世界各国和后代的未来。该报告制订了优先行动的计划，优先识别和优先处理网络攻击的风险，建立具有防御能力的政府网络，威胁和打击恶意网络行为者，改善信息共享和传感等方面的具体措施。

在今天的世界，国际网络空间秩序并不平衡，美国居于绝对优势地位，网络信息的流量 2/3 来自美国，中国在整个互联网的信息输出量中所占的比例比较低，同大国地位并不匹配。美国一些敌对的政治势力把互联网作为策动"非民主国家"发生"颜色革命"的大本营，全天候通过网络输出其意识形态，妄图影响目标国网民的政治意识和行为，对此我们必须给予清醒的认识。

网络的快速发展借助于移动互联网，突破了时间和空间的限制。社交网络与移动互联网相互促进。网络空间海量数据快速积累下来，大数据时代在文化领域获得了前所未有的巨大影响力。不管是政府还是个人，随着数据的不断增多，网络上留下了痕迹。对于大数据的使用，对于判断形势作出决策和提高效益具有重要的作用。社交网站通过收集用户留下来的相关信息，分析用户的偏好、兴趣和需求，精准实施有针对性地推荐访问者感兴趣的内容。对于海量数据的使用，并不仅仅是出于商业目的，有些国家和政府通过分析和处理相关数据，发现目标国地区政府和民众的政治价值倾向，从而为精准地实施意识形态的输出奠定基础。2013 年，爱德华·斯诺登（Edword Snowden）披露了美国全球监听计划。监听对象包括国民隐私、欧盟机构及其成员，受危害者当然也包括了中国的有关方面等等。受到棱镜监控的主要包括了十大类信息，基本上涵盖了网络传输的和社交网络的所有的资料细节。棱镜计划开始于 2007 年布什政府时期，美国情报机构一直在跨国互联网公司中进行数据挖掘。通过斯诺登案件所揭露出来的材料可以看出，所谓讲人权讲民主的美国政府，实实在在的是一个要在全球范围内进行监视监听、力图在全球范围内消除网络隐私的政府。网络监控的直接目的，保证美国的情报部门可以收集、储存、监视并分析全球范围内人们进行的电子通信信息。棱镜计划的曝光，让世界看到了美国大数据分析技术对国家安全的巨大冲击，其实也可以看出美国的意识形态输出已经进入了一个可以量化、有目标性的新的阶段。

美国互联网巨头掌握技术优势，成为政府意识形态输出所要借助的重要工具。谷歌、亚马逊、甲骨文等企业，通过收购或者自主研发推动了大数据的发展，成为整个世界具有领先地位的大数据技术的主要推动者。为各行各业应用大数据提供方案，用户遍布海内外市场。美国情报部门通过与这些互联网行业垄断资本巨头的合作，在培养和改变消费群体消费习惯的过程中，潜移默化地通过表面上的经济行为，成功地影响改变人们的价值观念，特别是政治价值观。在用户的产品中植入后门，通过不正当的手段窃取了用户的大量隐私，并把这些隐私用来为美国政府服务。智能手机所用的操作系统，基本上都是由国外的资本集团所提供的，服务平台的服务器架设在国外。所以，在这种情况下，利用这些移动媒体，就有可能导致我们的信息被上传到云平台并处于监控之下。今天大数据技术的重要性受到了各个国家政府的重视，大数据被誉为 21 世纪信息化时代的石油。大数据技术成为美国维护世界霸权地位的重要工具。从美国2014 年公布的大数据白皮书就可以看到："大数据的爆发给政府更大的权力，为社会创造出极大的资源，如果在这一时期实施正确的发展战略，将给美国以前进的动力，使美国继续保持长期以来形成的国际竞争力。"

美国在国际关系当中奉行非友即敌的二元理论，将霍布斯的丛林法则作为战略支撑。大数据技术对网络信息的自由流动格局的形成起到了一个基础性的作用，但是美国在弱肉强食的思维下，不会允许自由的信息流动脱离于它的控制之外，抢夺大数据技术和标准的战略制高点，更好发挥其意识形态输出的作用。互联网的快速发展，数据处理能力和信息交互能力提高，这些技术成为互联网信息传播领域的核心技术。从历史的发展来看，谁能掌握互联网核心技术，谁就能控制互联网的信息流向；谁控制互联网的信息流向，谁就能在网络意识形态斗争中获得制高点。美国从互联网技术发展伊始就处在发展的前沿，具有推行互联网意识形态输出的得天独厚的优势条件。

（三）没有网络安全就没有国家安全

信息化的快速发展是中国所面临的极为难得的机遇，党的十八大以来，党中央高度重视互联网、发展互联网、治理互联网。把互联网的发展、治理与政治、经济、文化、社会、生态、军事等各领域的发展、治理有机结合，特别重视提高新时代的互联网综合治理能力，形成了"党委领导、政府管理、企业履责、社会监督、网民自律等多主体参与，经济、法律、技术等多种手段相结合的综合治理格局"①。习近平总书记在 2018 年 4 月 20 日至 21 日在全国网络安全和信息化工作会议上明确指出："没有网络安全就没有国家安全，就没有经济社会稳定运行，广大人民群众利益也难以得到保障。"② 核心技术的发展问题直接关乎网络安全建设，核心技术是国之重器，网络竞争时代取得新优势必须立足于核心技术的创新突破。今天的百舸争流时代，"网信事业代表着新的生产力和新的发展方向"③。网络安全不是一个国家的事情，必须和互联网全球治理体系变革紧密结合，在开放合作中，"国际网络空间治理应该是坚持多边参与、多方参与，发挥政府、国际组织、互联网企业、技术社群、民间机构、公民个人等各种主体作用"④。

在中国互联网的发展当中始终坚持和加强党中央对网信工作的集中统一领导，确保发展的正确方向。科学技术日新月异的发展，一方面推动互联网应用的广泛而深入，另一方面带来了更多的挑战。在各个方面文化传播中，需要结合新的时代，做好新的阐释，努力建设网络文明。

移动互联网在今天的时代越来越成为信息传播的最主要渠道。大数据、云计算、物联网、人工智能等技术的普遍应用，推动移动媒体的发展进入了一个

① 《习近平谈治国理政》第 3 卷，外文出版社 2020 年版，第 306 页。
② 《习近平谈治国理政》第 3 卷，外文出版社 2020 年版，第 306 页。
③ 《习近平谈治国理政》第 3 卷，外文出版社 2020 年版，第 307 页。
④ 《习近平谈治国理政》第 3 卷，外文出版社 2020 年版，第 308 页。

新阶段。在商业化、社会化的互联网平台高速发展的现阶段，如何牢牢把握主流媒体在网络传播中的领导地位，牢牢占据舆论引导、思想引领、文化传承、服务人民的传播制高点，就成为新时代需要高度关注的问题。

面对信息传播形式的快速发展变化，要保持清醒的头脑，互联网媒体时代，如果说准确、权威的信息不能得到及时有效传播，虚假、歪曲的信息就会大行其道，就会扰乱人心。积极的正确的思想舆论不能得到发展壮大，消极的错误的言论就会乘虚而入。经过近两年的治理，网络安全有所好转，截至 2020 年 12 月，61.7% 的网民表示过去半年在上网过程中未遭遇过网络安全问题，较 2020 年 3 月提升 5.4 个百分点。习近平总书记特别强调："主流媒体守土有责，更要守土尽责。"

在今天的时代推动文化繁荣兴盛，必须要做到媒体融合，加强网络内容建设，让网络空间充满正能量。互联网的监管政策，特别是对于数据隐私的监管。2017 年中国的《网络安全法》生效，2018 年欧盟的《通用数据保护条例》生效，美国的《澄清域外合法使用数据法》2018 年生效，俄罗斯的《主权互联网法案》2019 年通过。这些国家的性质不同，有些所谓的民主国家他们认为互联网破坏了民主，有些被认为是独裁的国家则认为互联网破坏了独裁。今天我们对互联网的认识，更多的不是体现在宏观层面，而是转向关注微观层面的副作用，这也是大多数国家不约而同规范互联网的大背景。各个国家的相关的法律法规的制定以及各种各样的操作，互联网不再像过去那么互联，以此来达到减少互联网的负面影响。这样的操作，所有的国家得到了从上层到下层的赞成，即使说在有些所谓追求自由的国家，也没有受到太大的推行阻力。

（四）网络时代的企业责任

意识形态很重要的一个作用，是要塑造受众或受教育者的世界观、人生观和价值观。在中国特色社会主义新时代的大背景下。更好地运用网络手段，重建国民对国家的认同以及树立正确的思想导向，是一个颇为值得研究的问题。大数据、互联网、云存储技术不断发展，如何把新的技术手段更好地运用到思想政治教育中，就显得愈发重要。国家认同属于政治认同的一个方面，政治认同并不仅仅是一个客观的过程。而是一个主观建构的过程，一定的时代背景下，人们会依据一定的需要，建构自己的认同体系。萨缪尔·亨廷顿（Sanmuel

Humtington）曾经说过："在绝大多数情况下，认同都是建构起来的概念。人们是在程度不等的压力、诱因和自由选择的情况下，决定自己的认同。"①

任何一个国民都是历史的产物，对于一个国家的历史正确认知关乎民族共同体观念的确立，影响一个民族或一个国家的文化心理。在关于正确认知的确立过程中，选择什么，忘却什么就变得愈发重要。在以往的时代，由于作为人的自身局限性，人们在形成新的认知中往往伴随着的是对某些方面有意无意的遗忘。作为舆论宣传部门以及教育部门，可以比较好地把控意识形态的发展方向，引导社会公众确立正确的价值观。但在互联网大数据的时代，网络作为人脑的延伸，记忆、储存、查找和利用，变得比以往任何一个时代都更有效率。网络时代的参与者借助于大数据，一方面提升了记忆提取的高效率；另一方面，人类自身逐渐丧失了记忆和遗忘这两方面的能力，人们更关注通过搜索工具获得相应的知识等。大数据时代，如果不能掌握核心技术，就难免要受到网络信息的干扰，影响网民形成科学的符合人的认知规律的正确判断。在虚拟的数字化网络时代，人类文明的记忆做到了全球共享。大数据时代，网络的全球性覆盖突破了以往信息获取的空间障碍。特别是网络自媒体在资本逐利的驱使下，为了谋求物质利益而不择手段。移动互联、万物互联的大数据时代，行业门槛低、传播速度快的自媒体不断壮大，这些从业者与传统媒体的从业者相比，职业伦理规范的约束比较弱，为追求点击率和转发量，刻意发布刺激读者情绪的内容，如果负面信息过多，往往会产生错误的导向，影响网民对于国家未来发展的信心。

互联网企业必须要承担相应的责任。运用大数据等工具，正确的分析网民的偏好，精准供应网民喜闻乐见的产品和服务，但在这个过程当中不能一味地迎合网民。

必须要牢牢掌握，网络信息管理的主动权和话语权，通过网络议程设置等方式，引导网民合理的参与网络活动。互联网最具决定性的特征在于克服了所有领土相隔和边界方面的障碍。在互联网发展的初期，由于各个国家对互联网规律的认识不够清晰，有一些人认为互联网是不受国家控制完全自由开放的空间。随着网络不断地发展及其作用的深化，各国政府对网络运作的规律有着更

---

① ［美］塞缪尔·亨廷顿：《我们是谁：美国国家特征面临的挑战》，程克雄译，新华出版社 2005 年版，第 12 页。

深刻的认识，网络空间的管理也越来越规范化。有关部门在互联网的治理中已经处于主导地位，这是国家必须要做到的事情。任何一个政府管理部门，都有义务通过审查以及各种方式，对影响网民的国家认同的网络行为进行规范，屏蔽有害于国家认同的信息。

网络意识形态斗争离不开互联网企业的参与，国家要加强相应的网络媒体管理的立法，特别是网络空间的部分信息。如果严重危害国家的安全和稳定，必须严加管理。据统计，推特、脸书等美国互联网企业在 92 个国家占据了一半的社交媒体的产品份额，其中在 59 个国家垄断了社交媒体的产品。以此为基础，美国对许多国家的网络信息传播产生了难以估量的影响。美国通过强大的互联网信息传播能力，达到控制或者干扰目标国家的目的。

我国这些年来有关部门通过立法对网络信息内容不断地进行加强监管，2017 年，实施了《中华人民共和国网络安全法》，这是网络安全空间管理的基础性法律。2019 年国家互联网信息办公室公布的《网络信息内容生态治理规定》，对网络信息内容的相关方作出了具体规定。并且实施了严格的失责惩戒责任制。法律制度和法律法规的不断完善，对于保护网络空间安全，维护网络的主权和社会公共利益，具有明显的促进作用。

三、互联网新科技的意识形态属性

互联网、大数据等的快速发展对于人们的思想和社会关系带来了深刻变化和影响，互联网新科技的意识形态属性问题又一次受到了人们的关注。学界对于这个问题进行了探讨，有学者认为，"互联网不属于意识形态"，也有学者认为"互联网是一种意识形态"。还有学者认为"互联网与意识形态具有天然的内在联系。互联网不是意识形态但具有意识形态属性"[①]。王爱玲认为，互联网的意识形态属性，是现实意识形态在互联网上的映射、表现和延伸；互联网意识形态属性表现为网络社会思潮、网络舆论、网络文化等多种形态，具有虚拟遮蔽、复杂多元、多渠道渗透、交互回应、对抗不安全等多方面特性。

---

① 田海舰、黄逸超：《关于互联网的意识形态属性及其论争》，河南师范大学学报（哲学社会科学版）2017 年第 6 期，第 60 页。

（一）社会决定论与技术决定论之争

关于互联网的诞生，人们对互联网的认识存在不同的看法，主要有社会决定论与技术决定论之争。

互联网到底给人类带来了什么？早期比较有代表性的是技术决定论，是互联网早期的从业者对互联网技术未来发展的美好憧憬。他们把网络空间与现实的空间完全割裂开来，把他们当作两个相互独立的互不干涉的主体。这种观点体现在 1996 年的数字前哨基金的创始人约翰·佩里·巴洛（John Perry Barlow）发布的《赛博空间独立宣言》中写到的一段话：

工业世界的政府们，你们这些令人生厌的铁血巨人们，我来自网络世界——一个崭新的心灵家园。作为未来的代言人，我代表未来，要求过去的你们别管我们。在我们这里，你们并不受欢迎，在我们聚集的地方，你们没有主权。

技术决定论看起来有一定的道理，但是它违背了任何一种社会技术的发展，都是被社会所需要并反映社会发展的规律，否则技术创新就不可能出现。从今天的时代来看，网络空间不会单独存在，网络需要和电脑、手机、服务器、路由器、光缆紧密结合，而这些都是由工业化生产带来的。任何一个网络空间都要受到一定的政府权威管理。网络空间具有一定的独立性，但并没有成为真正的现实，因此，技术决定论所带来的所谓的乐观主义，在过去的 20 多年里，总有一些人沉浸在网络给社会带来的福祉中不能自拔。

在一定程度上，技术乐观主义和技术决定论，在一定的时代条件下促进互联网的发展。但从长远来看，单靠互联网自身难以解决互联网行业在发展中的自我修复以及不断地创新的问题。互联网所面临的问题，其实是自互联网诞生以来，持有技术决定论和技术乐观主义互联网先驱们带来的。这些互联网的先驱并不承认互联网在技术上的弊端，他们不愿意承认互联网技术的阴暗面，如果说不敢直面问题，就没法解决问题。关于科技的价值立场问题，许多人认为科技本来向善，也就是说科技的发展天生就要推动人类社会走向更美好的未来，今天这么理解那就是一个典型的技术乐观主义，而且带有技术决定论的形象，因为在人们的美好愿望当中始终保持一个理念，那就是科技向善的根源。而从科技的发展历史看，从现实的网络几十年的发展中科技可以向善，但是也可以作恶。即便说对于本意不想作恶的技术，在客观上也推动了社会在这方面向恶劣发展的倾向。网络世界的创新发展，我们不仅要推动社会福祉的增长，还应该防止科技带来的负面影响。当然对于技术决定论、技术乐观主义者们来说，他们可能认为，网络发展当中可能会有一定的问题，但随着技术的创新发展会最终解决这些问题。从一个长的历史时期来看，总的来说推动了人类社会发展的进步。其最大推动作用的往往是带有突破性的技术革命，而突破性的技术革命，并不会覆盖整个人类社会发展整个过程。我们所体验的更多的是两次技术革命之间漫长的，相对而言比较慢的发展过程。这里面涉及第三次技术革命和第四次技术革命问题的争论。在技术革命过后，我们讲面对的是要通过采用法律的、道德的、文化的等手段来解决创新所带来的一系列问题。其实，今天的网络世界，我们应该回过头来看一下，互联网早期承诺给人类社会所带来的福祉我们到底做到了多少，还有一些根本无法实现甚至说起到了反作用。从这个问题上来看，互联网的发展对社会的作用并不单纯地由技术决定，相当部分跟社会有着千丝万缕的联系。

2005 年，《世界是平的》这本书的出版，给世界带来了很大的影响。互联网被认为是实现这一平的世界的最后一张拼图。人们乐观地认为，没有什么因素能阻止人类的互联网世界变平，这一观念深深刻印在网民的脑海之中。人们能从现实当中感受到，如通过互联网购买商品，可以通过互联网浏览信息，可以通过互联网接受网上教育，等等。表面看没有多大问题，但是，这种观点没有很好地认清不同区域之间的文化和经济发展的差异。互联网通过网络把两端的人、物等联通，但并不会使两端达成平衡，互联网连接以后两端时间的信息差异乃至信息鸿沟并不会自动填平。互联网的确会创造更多的利用信息差的商业机会，所以部分信息会演变为基于信息的新型剥削。

在移动互联网时代，唾手可得的娱乐产品对每一个网络参与者都是极大的考验。依据《第 47 次中国互联网络发展状况统计报告》的统计，截至 2020 年 12 月，我国网络直播用户规模达 6.17 亿，较 2020 年 3 月增长 5703 万，占网民整体的 62.4%。其中，电商直播用户规模为 3.88 亿，较 2020 年 3 月增长 1.23 亿，占网民整体的 39.2%；游戏直播的用户规模为 1.91 亿，较 2020 年 3 月减少

6835 万，占网民整体的 19.3%；真人秀直播的用户规模为 2.39 亿，较 2020 年 3 月增长 3168 万，占网民整体的 24.2%；演唱会直播的用户规模为 1.90 亿，较 2020 年 3 月增长 3977 万，占网民整体的 19.2%；体育直播的用户规模为 1.38 亿，较 2020 年 3 月减少 7488 万，占网民整体的 13.9%。网络直播的快速发展，对于网络参与者提出了更高的素养要求。网络媒体素养比较差的群体，往往深陷其中不能自拔。互联网对于这些群体，不仅没有起到促进他们发展的作用，反而只是进一步增加了群体之间的差异。对于素质比较低的人来说，免费获得的各种娱乐产品，占用了本来可以有机会获得学习和晋升的时间。而对于素质较高的人来说，他们有自制力，能管理好自己的互联网行为，从而通过互联网获得更多的知识与机会，更好地实现自己的人生价值。因此，不同区域的不同素质的网络群体，对于互联网的运用会产生大相径庭的效果。

其实，最需要值得关注的问题在于，人们并没有清醒地认识到互联网可能增加不同群体之间的信息鸿沟，而不是减少鸿沟。关于这个问题，不管是在东方还是西方，网络的普及使得信息之间的鸿沟越来越大，是以前未曾预料到的。但是现实已经发生，这对以往的观点认为，网络的连接缩小了数字鸿沟的看法是一个反动。

工业革命以后，资本主义国家生产力高速发展，社会产品极大丰富，为了实现商品的价值，发达国家通过各种方式打开了其他落后国家的大门，把过剩的产品输入其他的国家。在这样的历史发展中，伴随着廉价商品的输入，各种各样的思想和文化也从这些国家输出到其他的落后国家，从而在这些国家引起了资本主义革命，宣告了封建王朝时代在这些国家或地区的终结。各种各样的风险随着互联网的快速发展，在全球蔓延已经远远地超过了经济利益和福祉的方面，这对人类治理形态的影响是长久的，今天的互联网时代，促成了历史的走向发生根本的变化。互联网到今天并没有向人们希望的那样打破一切藩篱，美国日裔政治学家弗朗西斯·福山在 1992 年发表的《历史的终结及最后之人》，认为人类社会之间的本质冲突已经消失，人类文明在经历漫长的演变之后迎来了终局模式，他认为这就是美国模式。这一观点提出以后，在西方的话语体系中有比较大的话语权，但是相较于福山对未来的预测，亨廷顿于 1993 年发表的《文明的冲突与世界秩序的重建》要出色得多。

文明是一种比较抽象的东西，但在当今的时代，发挥越来越大的作用。文明冲突不同于以往的社会形态之间的这种竞争，以往的斗争往往通过革命的方式来决定胜负。对于文明之间的冲突和竞争在不同的文化领域有不同的看法，一种观点是多元文化，一种是文化的多元化。这两个概念看起来有相似性，但有很大的不同。多元文化是指一个文化可以包容许多来自不同成员与要素，本质上多元文化仍然是一种文化。文化的多元化则同多元文化相反，它是指多个文化，不要求都包容其他文化、并实现文化的最终趋同为一种文化。

那么，在现实的网络世界当中，持有不同立场的文化论者，就会对其他文化采取不同的对策和行动。

在当今世界，文化之间冲突依然存在。特别是在互联网当中，不同的传承的话语体系有很大的不同。在比较小的舆论环境中人们更容易说理，说理的人占优势，而在更开放的环境中，往往相反，谁的声音大谁就更有理。这一定程度上会导致无论任何一个文化都是由不能代表其优越性的那一拨人来代表对他人形成这一圈层的印象。加上碎片化、图形化的信息传播，妨碍了人们构建理性的认知。互联网时代的文明冲突，实际上带有互联网的商业属性，理性的讨论价值远远比不上流量骂战。互联网的文化符号是一个极好的传播，特别是互联网的商品服务得到了快速发展。文化的符号往往是具象、有局限的，很容易被滥用和被攻击，最终把言论自由逼上了死角。在今天的网络时代，某一种话题的出现往往会被放大，形成远超于以往任何一个时代的影响，比方说，2019年的NBA湖人队总经理莫雷辱华事件，这次事件的影响远超以往的NBA四次辱华事件。因为在复杂多变的社会环境下，人们获取的信息都不是充分的，如果要拥有专业的知识和绝对的理性下才能发言，那等于让所有的人闭嘴。但言论自由这一概念被提出以后，人类个体并没有被赋予简单的没有门槛地向人类群体发声的能力，但互联网改变了这一切。

（二）法兰克福学派关于技术与意识形态的争论

"技术的社会属性表现在技术的产生、发展和应用要受社会历史条件的制约。"[1] 美国希利斯·米勒（Hilis Miller）的 "媒介就是意识形态"[2] 的说法，

---

[1]　徐光春：《马克思主义大辞典》，崇文书局2018年版，第80页。
[2]　J. 希利斯·米勒：《全球化时代文学还会继续存在吗?》，《文学评论》2001年第1期，第131—139页。

指出互联网技术应用并非中性的。程同顺、张文君等认为："互联网是人类理性设计的产物，其被设计的过程中一定被嵌入了某种价值，设计完成之后这些被嵌入的价值观念便会发挥作用，而这些价值观念可以从政治层面进行理解，也就是说互联网是具有政治属性的。互联网的这种政治属性属于一种信仰和观点的表达形式，因此互联网本身即是一种意识形态。这种意识形态的内容便是其政治属性的表现。"[①]

互联网作为一个平台本是中性的，在这个平台上，政府、社会组织、公民等是网络活动的参与方，不同的参与方有着不同的偏好和利益诉求，这些诉求方在互联网上各有表达。不同方面之间相互斗争相互妥协，在发展中通过长时间的互动重塑了各方的力量。

互联网对于整个的社会生活，不管是经济生活还是政治生活都有重大的影响，互联网传入中国已有20多年，在公领域和私领域都发挥了很大的作用。互联网刚刚传入中国的时候，上网成本比较高，决定了参与互联网的门槛儿也比较高，所以说在最初的十年中，网络舆论更多是由社会精英来主导话语权的，普通大众更多的是旁观者。2004年以后，特别是2008年以后，随着手机网络的普及，移动终端快速发展，网民也迅速地由社会精英向社会的底层下沉，网络门槛越来越低，网络应用也越来越普遍。依据《第47次中国互联网络发展状况统计报告》的统计，截至2020年12月，我国手机网民规模达9.86亿，较2020年3月增长8885万，网民使用手机上网的比例达99.7%，较2020年3月提升0.4个百分点。

移动互联网的广泛使用，打破了原有的信息垄断和话语垄断，孤立的个体逐步地被无处不在的网络连接起来，在一定程度上对民意的走向产生了很大的作用，对官方原有的舆情反馈机制提出了不能回避的挑战，为了更好地维护社会稳定，避免网上舆情发酵转化为网络下不可控行动，有关部门也不断地对舆情的应对原则作出调整。

从微博到微信，网络舆论在不断地发生新时代形式的转换，微博更多地体现为写作者对社会的批判与解构，更多体现为陌生人社会的特点。而微信更多地体现为熟人社会在相互点赞中传播温情，新媒体的不断发展，消解了传统意

---

① 程同顺、张文君：《互联网技术的政治属性与意识形态传播》，《江苏行政学院学报》2013年第6期第68页-73页。

义上报刊、广播、电视等传统媒体之间的我们习以为常的边界，信息技术也消解了传统媒体与个人通信之间的边界。在新媒体不断发展的时代，单向度的宣传，开始逐步地为双向互动的公共关系所取代。对于政治领域的政治决策来说，公共关系其实属于民主的一部分，技术的不断发展，特别是网络技术的发展促成了网络民主的不断发展。

关于技术与意识形态的关系，哈贝马斯的理论把技术理性视为后期资本主义社会的占统治地位的意识形态。用社会中的实践旨趣被技术旨趣支配的说法来证明社会行为者的非政治化倾向转变的普遍性。由此为基础，社会体系的维持和"手段—目的"的理性是现代社会占主导地位的意识形态，顺理成章地各种意识形态以及各种形式的知识在这个分析框架下都被简化为技术问题，由此知识的获得、自我反思以及主体的积极性都被排除于存在以外，被非政治的、非参与的他者所取代。有一些学者对哈贝马斯的科学和意识形态的关系提出了批评，从传统的马克思主义理论出发，有学者认为哈贝马斯作为意识形态的主导形式的观点与马克思主义的意识形态的理论是冲突的，他模糊了在经济社会所存在的阶级冲突。如果意识形态等同于技术理性，那么争夺意识形态统治的斗争背后的基本的阶级性质就变模糊了。所以说，哈贝马斯的技术统治的意识形态是用科学的名义掩盖了意识形态的本来面目。马克思主义讲的统治阶级的意识形态是占统治地位的意识形态，一直到今天，这个理论仍是不可能被驳倒的。在意识形态的发展当中，科学理性的进步有很大的促进作用，科技的突飞猛进形成技术统治的意识形态背后的基础，其实仍然是社会结构中的群体利益关系，作为理性的科学只是一个掩盖背后阶级矛盾的一种意识形态形式。所以说，意识形态的形式和意识形态体现的背后的实质性的经济关系这种需要我们仔细研究分析。

在社会生活的参与主体中，每一个参与者作为行动的主体必然会涉及一定社会框架下的权力应用，在相互关联相互作用中，每一个参与者的立场各异，在发挥自身作用的同时，必然对其他人施加了不可忽视的影响，在一定程度上改变了他人的行为。吉登斯（Giddens）所提出的意识形态是统治机构合法化的工具的观点，既为某些群体提供了有利的意义环境，另一方面掩盖了意义系统背后的统治关系。通过意识形态的传播，我们可以看到礼仪、故事等形式，都只不过是再现或重组一个政党或社会组织中的意识形态意义体系的符号形式。

通过从符号分析到符号秩序中背后的意识形态，可以考察统治集团的局部利益如何合法化呈现为道貌岸然的社会整体利益。吉登斯的理论旗帜鲜明地将占统治地位的群体的利益与符号体系的建构联系在一起，对人们考察社会机构等社会主体的权力运作提供了一个分析视角。

哈贝马斯（Habermas）批判了马尔库塞（Marcus）把科学技术作为传统的意识形态。在 20 世纪初，随着西方资本主义社会生产过程的机械化、自动化、流水线的发展，劳动者在生产过程中的地位发生了变化，有人认为劳动者成了机器，甚或成了机器的一部分。针对资本主义生产过程当中出现的这一现象，西方的一些思想家对科技进步的价值深深怀疑，并且逐步地形成了批判科学与技术进步的思潮。

法兰克福早期的理论家，认识到了科技发展产生的异化的新的表现，对科技异化问题进行了批判。他们在著作中把科技批判与意识形态的批判结合在了一起，从社会功能的角度把科学技术与意识形态等同在一起。之所以会如此，他们认为科学技术，在一定程度上起到了对社会不满的掩盖，转移了人们对社会的不满，维护了现有的统治秩序。霍克海默（Harkheimer）作为法兰克福学派的奠基人，曾经说过："不仅形而上学，而且还有它所批判的科学本身，皆为意识形态的东西；科学之所以是意识形态，是因为它保留着一种阻碍人们发现社会危机真正原因的形式，……所有掩盖以对立面为基础的社会真实本质的人的行为方式，皆为意识形态的东西。"马尔库塞在《单向度的人》中，对科技异化为意识形态的问题也做了深入全面的系统的论述和批判，他认为，科学和技术之所以变成了意识形态一样的东西，是因为它们同意识形态一样都有明显的工具性和奴役性的特点，从而达到了统治与奴役人的社会功能。

马尔库塞认为，最初科学技术作为控制自然的方法最终却演变为对人的统治提供的概念和工具。马尔库塞的理论在当时的联邦德国青年学生中产生了很大影响，他也成为发生于 20 世纪 60 年代的大学生运动的精神导师。哈贝马斯对于马尔库塞的观点并不赞成，他的《作为"意识形态"的技术与科学》一书就是为了同马尔库塞辩论写作的。

哈贝马斯认为，在资本主义社会发展中，科技进步已成为第一位的生产力。科技进步作为第一位的生产力，在运用中的结果就体现为，社会物质财富的不断丰富，大幅度提高了人民生活水平，以此为基础，他认为阶级差别和对抗开始消失，科技并不像马尔库塞所说的是统治人和扼杀人的自由的一种极权社会力量。

哈贝马斯认为他所说的科技进步的作用，已经被广大民众所接受，因此对马尔库塞把科技进步和传统的意识形态功能相提并论予以坚决反对。哈贝马斯对科学与技术在当时的作用和功能作了这一步的发挥，他认为科技不仅是第一位的生产力，在当时也成为统治合法性的基础。作为统治合法性的基础进行辩护和论证的标准是非政治性的。马尔库塞认为，技术的特征是政治性，因为技术变成了统治的工具。哈贝马斯认为，科学和技术已经获得了新的合法形式，不再具有旧的意识形态的特点，已经变成了以科学为偶像的新的意识形态，也就是技术统治论。技术统治论的意识形态已经不再具有虚假的意识形态的要素，也不具有以往的迷惑人的力量。他认为马尔库塞的技术悲观论也是错误的。"互联网与意识形态虽然在社会结构中处于不同层次、具有不同功能，但二者具有天然的内在联系。互联网具有双重属性：一是技术属性，二是意识形态属性。前者是一般属性，后者是特殊属性。"①

马克思所说的作为意识形态的科学和技术。科学技术本身不是意识形态，只是把科学技术看作意识形态。从互联网的早期来看互联网，其实应该是美国的国际网，最近几年中国特别强调网络主权，在一定程度上与以往有很大不同。国家通过互联网与社会互动交流，在学习实践中形成了完善的有关互联网管理和控制的规则。并且根据不同阶段社会发展的要求，以及网络互动的特征，对互联网的控制进行相应的调整，使得双方之间的互动愈发成熟，管理愈发到位。习近平总书记在2013年8月19日全国宣传思想工作会议上强调，要引导人们更加全面客观地认识当代中国和看待外部世界。这个讲话，全面反映了国家的网络意识形态主导权争取的决心。

（三）技术中立何以成为可能

2014年2月27日，中央网络安全和信息化领导小组正式成立，习近平总书记亲自担任组长，应当说这是中国互联网发展历史上影响深远的一件大事，特别是考虑到2013年的美国斯诺登事件对中国互联网战略的警醒，那就更深

---

① 田海舰，黄逸超：《关于互联网的意识形态属性及其论争》，河南师范大学学报（哲学社会科学版）2017年第6期，第62页。

刻了。

中国特色社会主义进入新时代，中国互联网的黄金时代刚刚开始拉开帷幕。互联网的发展，由技术驱动的商业生态开始转变为以人为本的虚拟社会。作为个体的网民，从以往的消费者读者逐步转化为建设者、分享者和创造者，他们已经成为互联网发展的主体力量。中国的软实力在不断地崛起，互联网成为中国软实力崛起的最基础条件，如何促使互联网成为中国未来发展的坚实基础设施，如何在全球化时代建立我国的网络话语权，这是我们现在所面临的主要挑战。当今世界的互联网强国主要是美国和中国两家。

2017 年初美国总统特朗普上台，全球互联网的发展治理出现根本性的变化。中国的互联网产业与应用等方面已经后来居上。中国在全球治理方面迎来了新的挑战和机遇，特朗普总统掀起的美国优先运动，一定程度上给中国的发展提供了机遇。在特朗普美国优先的背景下，国际互联网的发展到底走向何方？在以往的时代，全球的网络治理，基本上是美国一家独大的垄断权力结构，从而形成了今天的全球格局和基本秩序。现今美国全球治理发生转向的时候，一定程度上给中国提供了更大的发挥空间。美国特朗普政府对以往的联合国和世贸组织等多边机制持否定态度，这给全球网络空间合作方面带来了一定的困难。美国在国际网络空间合作方面全面退却，在一定意义上是将舞台留给了倡导合作共赢的中国。全球互联网治理走向反全球化的道路或逆全球化的封闭道路，应该说不符合中国当然也不符合全世界的利益。以往的全球网络治理，中美之间的冲突发难方主要是美国，美国往往处于发难的主导地位，在议程设置方面美国是绝对的主导方，相较而言一直以来中国处于被动的响应是"救火"式行为模式，在今天的网络空间斗争中，中国随着美国优先而让出的互联网空间，中国应该学会更加主动的积极的行为方式，向世界清楚表明中国的核心利益和主要关切，让世界了解中国的国际责任和使命。善于在全球化时代确立全球网络空间话语的日程设置，从而为建设网络空间命运共同体提供有效的全球规则作出中国的贡献。

在这种情况下，如何处理好民众跟互联网企业的隐私、安全与高效之间的关系。从人类来讲，希望安全、高效，更希望保持个人的隐私，这个愿望很难实现。隐私与算法之间这种矛盾对立，其实那只是互联网所面临的问题之一。如果说在隐私与算法之间的矛盾，进一步的往上提升，这就遇到一个以前人们所讲的"技术的中立性"问题。我们说互联网技术能做到中立吗，这里面我们应该注意在中文语境下的"技术中立"、英文语境下的"网络中立"，以及1984年"环球影业起诉索尼录音机"案，这一案件所确定的"技术中立原则"都不太一样。我们现在所讲的技术中立，大体上是指互联网服务的提供者如不知晓用户的行为侵权，则在侵权案件中可以免责。这一原则类似于美国1998年制定的《数字千年版权法案》中确立的避风港原则。

这一原则确立的权力，在许多行业中使用"技术中立"来推卸责任，成为"无知者无罪"的另一种说法。麦克·卢汉（Mike Luhan）在1964年的著作《理解媒介》就讲过媒介即信息。媒体天然具有意识形态，对于当今世界的互联网产品来说一切产品都是媒介。

媒介即信息，指的是媒介本身并非是一种纯粹中立的介质，一种思想或者一种表述，用什么样的媒介来传达，决定了他与受众的互动方式，而这种互动交流方式本身就是一种内容。可以讲，互联网媒体与传统媒体本身是两种截然不同的意识形态的技术形式。传统媒体是单向度的，互联网媒体实现了双向或多向传递交流。在这种情况下，互联网媒体必然是推动着原来的被动受众向着信息提供者的主体生产者的身份转变。正像我们在浏览阅读互联网新闻中所看到的，我们不仅仅关注新闻正文的内容，我们还看到评论区中的各种表达，甚至是否不允许评论都成为新闻传递思想的一部分。

因此如果承认互联网存在意识形态，这个世界并非想象的那么美好，隐私和效率之间的矛盾，其实仅仅是互联网诸多矛盾的一个方面。如果我们仔细思考互联网所带来的弊端，可能就会发现，虽然我们不能将互联网带来的问题都归咎于互联网公司的主观恶意，但是那也意味着互联网中存在的模式弊端，在一定程度上就是互联网技术发展带来的必然结果。从人类历史发展来看，一项技术发明来到这个世界上，发明者的初心以及发明使用者的运作自身就对社会的发展起到了重大的作用，而不仅仅是简单的生产工具推动了生产效率的提升那样简单。青铜器、铁器，代表了奴隶制和封建制的时代，蒸汽机的使用则带来了资产阶级革命。

今天的时代，为什么开始清算和批判互联网。实事求是地说，互联网并非是一种极权主义的意识形态技术，互联网企业也并非是有些人所想的那么不堪。对于互联网的弊端的认识深入，并不是说我们要减少互联网的使用，而在于思考网络技术特别是移动互联网技术的广泛使用，彻底改变了人类的生活、工作、思维模式。移动互联网给人类社会的变革推进到了最大化，互联网给整个人类社会带来的收益与成本，成为今天我们需要认真思考的问题。移动互联网技术带来了通信技术、云计算技术、大数据技术区块链技术，人工智能技术发展和应用。移动互联网技术普及的能力，其实是说可以把多少人卷入新的技术革命中来，技术门槛和使用门槛越低，被卷入的人就会越多，技术革命延续的时间就会更长。在2018年到2019年前后，移动互联网技术变革的运用，基本上达到了顶点，基本上能用互联网的人都上了互联网。在整个移动互联网技术变革的过程中，技术所参与的一切应该说顺应了历史的发展，提升了整个社会的福利与品质。在人类社会的发展中，我们不能陷入乌托邦，在初期的时候，首先要解决有没有的问题。发展到一定程度后，才能来讨论好不好的正当性问题。对于互联网技术的普及程度来说，我们今天的社会不是在讨论有没有的问题，而是在讨论互联网技术应用的正当性问题。所以说，从2018年以后，全球的互联网行业都面临着一个网民的拷问，不论是美国的脸书、谷歌还是中国的百度等，这是一个大的发展趋势，世界都在反思。有人戏称2018年成为互联网公司道歉年，而这种道德拷问不仅仅局限于某一个国家和地区。爆发的主要原因是互联网的发展已经达到了一个极限，整个的互联网业能给社会带来的边际福利越来越少，接近最大化。一句话，网络参与者享受互联网所带来的便利接近顶点，这就开始到了一个转折点，这个转折点就是关注互联网的负面影响。

反智主义是指一种怀疑、鄙视和反对知识和知识分子的态度，在大众传播中主要有四种表现，即反理性主义、反精英主义、过度功利主义和过度娱乐化。[①] 反精英主义是反智主义的表现和类型之一，这是结合反智主义的词源以及众多学者对它进行的解读后得出的普遍结论，但这个因素是大众传播中的反智主义研究的一个最容易受到争议的方面——反精英主义主要是站在政治角度，反对与特权阶级有关的精英分子掌握知识后对人民进行统治或操控，其实更深层的就是反对不平等和专制主义，要求自由和平等。

---

① 邵培仁、马妍妍：《论大众传播中的反智主义》，《山西大学学报（哲学社会科学版）》2013年第5期，第79页。

（四）互联网意识形态斗争的复杂性

近年来，有很多学者用实证的方法对出现在媒体上的文本进行内容分析，其中包括研究电视节目中知识分子的形象、杂志封面上的知识分子形象、知识分子集中的高等学府和高等教育在媒体上的呈现等，这些结果最终都指向一个相对负面的知识分子和高等教育形象。

人工智能快速发展，推动了数字经济方兴未艾。我们在看到人工智能对于经济发展推动的同时，必须要深刻认识到，人工智能如果不能正常使用，特别是人工智能所涉及的算法的使用就会对经济、社会、法律等各个方面造成比较严重的负面影响。人工智能不可缺的三个要素是数据、算力、算法。2016年以来，传统的反垄断法律在人工智能的冲击下，人们比较多的考虑人工智能企业滥用其市场支配地位问题。今天的互联网快速发展，人工智能、算法推荐等大行其道。算法合谋既包括明示合谋，也包括默示合谋，这都是利用算法实施的合谋，从而达到某种排除、限制竞争的效果。企业间的算法合谋，尤其是通过自主学习算法，实现协调一致的行为，排除限制竞争。互联网公司算法推荐和用户行为深度结合，使得算法更投用户所好。如果缺乏算法背后的合理性引导，容易使得算法推荐对于网络参与者的价值观起到误导的作用。

算法共谋的概念是2015年牛津大学和美国田纳西大学的法学教授提出来的，在2016年出版的《算法驱动经济的前景和风险》一书中介绍了计算机共谋是危险的。所谓的共谋也叫有意识的平行行为，没有竞争者协议干预价格却达到限制竞争的结果。算法共谋主要呈现三个特点：第一，设计同类产品的集中市场中，算法能在足够程度上监控销售价格和销售的其他关键条件。在这样的市场当中，容易引起算法共谋，如果卖方能比较方便监控到竞争者的竞争价格和销售的其他关键条件和偏离先行平衡的行为，大量的企业借助在线定价稳定形成有意识的平行行为。第二，一旦价格偏离，可信的威慑机制就会发挥作用。快速的报复是算法环境的特色，计算机能够迅速控制偏离，并采取抵抗行动。偏离者能在很短的时间内传递信号，威慑机制就会发生很大的作用。第三，共谋市场具有较高进入壁垒的障碍。

在传统上，高度透明作为规制问责主要手段受到人们的推崇，一般认为，透明的体制和机制可以避免政府的权力滥用。加强监督，不管在何种领域都特别强调要加强透明性，阳光是最好的防腐剂，说明了这一点。在现代的社会当中，作为最终的保护手段的透明度的思维模式，不断遭到了挑战。规制的透明度要求对于政府官员的权力滥用加以制度规范。如何规范，透明度如何取得实际效果，什么样的信息应该公开，需要公开的信息如何呈现等，都是值得研究的问题。如果没有规范的透明度要求，当算法用来代替人类作出自由裁量的决定时，算法的输入和输出的透明度不能充分受到适度的监督，为一个既定的法律判决结果不需要产生判决结果背后的关于推理的足够信息。计算机学习自动化程度的增强以及人工智能技术的迅速发展，改变了人类交往、交流和交易的方式。在网络销售过程中，个人数据在便利网络网页浏览的时候，网络平台通过复杂的算法和数据分析正在改变市场竞争的本质，日益自动化和数字化的交易，从理论上看可以创造一个更有效和透明的交易市场。

互联网时代的媒体议程设置是一个比较重要的问题。不管是传统媒体还是现在的网络媒体，应该说都是按照自己的立场进行有倾向性传播信息。但是在传统的媒体当中，议程设置相较而言比较简单，不同立场的媒体对于同一个问题的传播以及评论都是立场鲜明，同时很容易找到议程设置报道的相反的声音，应了一句老话，可以做到兼听则明。但互联网的发展，尽管并没有完全结构的议程设置，但是，互联网发展中所出现的信息茧房，将以往的议程设置固化在每一个群体的世界中。特别是算法向不同群体推荐的信息很容易让不同的群体忽略自己兴趣以外的世界。信息交流方面，信息茧房让身处其中的人误认为自己所了解的就是这个真实的世界。搜索引擎本来是打破信息茧房的一个出口，随着算法推荐在搜索引擎中的广泛使用，人们所获取的信息方式也开始变为被动的下拉刷新。今天的互联网，每一个人每天所阅读的文章不管有多少流量，阅读者自己都认为符合主流舆论的错误判断。其实我们每一个人，往往是在自己的阅读习惯中，被人工智能掌握了自己的爱好兴趣，从而把适合每一个人胃口的文章通过算法推送给相关的受众。对一个舆论场中的参与者来说，可能都会认为自己所说的或者自己所阅读的代表了大多数人的看法，而真实的情况往往离真实的世界越来越远。如果我们在网络中可能连彼此真实的这种面目都难以看到，那么更谈不上彼此间的相互理解了。

不同的时代面临不同的问题，人类之所以区别于动物，关键是人类有思维能力，总是希望对人类的过去、现在和未来能找出自己所满意的答案。但因为主客观条件的限制，在不同的时代人们对这个问题的探求进展并不相同。但是在历史的发展中，人们形成了独特的话语体系，来达到自己的目的。

这样一套叙事结构或者话语体系，在不同的时代有不同的体现。

一个可信的美好的元叙事在某种程度上会成为自实现预言，尽管其背后的实现方式可能是虚假的，最初的目的也与其表面所述大相径庭。

一个宏大的元叙事的存在，因为一个虚构的美好故事，人们能够跨越时空去努力实现，并且会让陌生的有利益冲突的群体形成紧密合作。在这一过程中，参与者获得一些好处。互联网是全球化元叙事中的一部分，它起源于冷战时代人们渴望将世界联合起来的冲动，互联网的互联互通促进了全球化的实现。但是，互联网在几个关键领域出现了与最初承诺相反的效果。网络已经连接了一切，我们今天再讲连接一切的故事不再具有吸引力。在今天这个时代，充斥于互联网上的民族主义、民粹主义、极权主义等思潮抬头，互联网技术本身是全球化的重要一环，全球化的瓦解也会对互联网的发展造成阻碍，比如，美国对欧洲征收数字税等的尝试所带来的矛盾纠纷，让互联网发展陷入困境，这些问题依靠互联网自身难以解决。今天的时代，网络、人工智能等技术在突飞猛进地发展，互联网技术一定程度上瓦解了以往的叙事元素，一个大的叙事往往由许多碎片化的叙事构成，原有的一个大的叙事倒塌的时候，我们看到了一个新的叙事的诞生。互联网在这个方面带来的危机，并非仅仅是终结了一种特定的数字化所带来的不同叙事之间的界限的消失，其实所有的碎片化的叙事要素已经溃不成军。可以说，互联网破坏了我们对任何叙事元素的信赖。

在互联网的时代激化了人类不同群体之间的攻击，分裂了原本有共同利益的群体，这在 2020 年的美国大选中表现的相当明显。在以往的时代，人类不管是个体还是群体，对于过去经历的一切，特别是令人不堪回首的事件很容易遗忘，但是进入了互联网时代，互联网从不会遗忘。这就是我们今天的时代，在今天的互联网时代，看起来让人们进入一个纯粹理性的时代。对于受过高等教育的现代公民来说，我们一方面打破了对有些问题的迷信，但是又形成了一些新的迷信，而且新的迷信应该说是因为现代社会发展的复杂程度远远地超出了个体乃至某些组织的理解能力，我们不可能了解一些我们在自己专业领域之外的东西，只能信任那些参与当中的专业人士以及那一个系统体系，只有这样，整个社会才能得以正常运转。以往的政府公信力、企业信用、人际关系的信用在互联网时代已经显得有些过时。互联网赋予了人们无与伦比的质疑能力，我们可以在短时间内借助于互联网对某一个问题从开始到它的发展做出正确的记录研判。

在网络环境下，传播门槛的不断降低，传播速度的加快，任何一个地方所发生的事件会被更大范围的国民注意，心理学上的共情效应得以发酵，网络的参与者会将每一个发生在其他地区的突出问题看成与自己相关的问题，从而使得一个国家的某一方面的公信力加速流失。比如说，2018 年发生的滴滴网约车恶性治安事件，在不经意间把每年承运 200 亿人次的滴滴公司推到了舆论的风口浪尖。这种情况下，网络的语言叙事就发生改变，网约车就不再是一个人人相信美好的叙事，而美好的叙事其实是凝聚共识走向未来所必须的，因为相信所以看见，因为不相信所以无法实现。

互联网对于元叙事解构所带来的危机，也导致了另外一种道德代码化的叙事形式的发生。网络的参与者对无法令人信服的元叙事愈发不安，技术乐观主义者与保守主义者经过斗争最后达成妥协，用技术本身固化与强调我们已有的某些叙事，比如说道德，但是这并没有解决问题，并且让网络的参与者陷入更被动的境地。一个清晰界定并且控制力强大的道德标准（元叙事）是较为可怕，因为它往往会在各种维度上阻碍人类社会的进步。

其实人类的道德本身也是一种叙事，目的是促使人类自觉向更好的方向前进。人类自身的发展是一个过程，道德完人在现实世界当中是不存在的，但我们可以把道德完人作为我们设定的目标，从而成为我们不断改善自身的动力。外化的强制性的精准的道德，看起来很美好，但实际上会让人失去自发向善的能力，消解了道德作为法律补充的社会力量，反而会让更多的人，在潜意识中加入钻道德空子的阵营。如库克所说的："我并不担心机器像人类一样思考，我担心的是人像机器一样思考。"

利用精确的技术手段执行一定时代的道德规范，其实也就是要让人像机器一样思考。就如《技术的本质》里面所描述的"时代创造技术，技术也创造了时代"。人类社会的发展中，社会学家们研究的是人类的集体行为，更反对的是对人的异化，而人类学家研究的是个体行为，个人的异化是社会变化的结果，个人无从选择。双方之间对这个问题的认识并不一样。追求精确执行的道德，在某种程度上是代码即法律这一理念所带来的恶果。法律在人们的直觉上不应该有模糊地带，但事实上法律的模糊地带存在于新法诞生之前。任何技术在发展当中需要有价值观，指的是编写技术的人、运用技术的人要有价值观，而并非技术本身拥有价值观，这是两个问题，任何技术都是要人来创造和操控的。

虚拟网络世界和现实的世界有很大的差别。人们对于世界的感受认知，除了自己亲身实践所获得的感性认识以外，大多数的认识是第二手或第三手的认识，也就是间接认识。传统的媒体在扩展人们的认识边界方面发挥了巨大的不可替代的作用。历史总是在发展，美国的推特（twitter）在 2006 年上线，开创了广场式社交网络，影响了全世界的每一个国家和地区的传媒生态。广场式社交网络在历史上首次赋予个体的人不通过任何中介机构向大众发声的权利。以此为代表，随后诞生的各类自媒体，一度成为全球传统媒体的威胁。推特发布框中嵌入的文案是 What is happening。它所带来的一个显著的给人印象深刻的思维范式是，任何记者都不可能比发生了的事件当事人会更迅速、更准确、更真实地描述事件的发生。在后续的演变中变成了一种新媒体与自媒体对大众的承诺，从此与传统媒体进行了激烈的竞争。在 2015 年以前，在网民当中自媒体被称为比传统媒体更具权威性的信息来源这样朴素的想法。广场式媒体对传统媒体的冲击，来自对一手信息来源的把控，传统媒体在来到这个世界上的几百年间，为了获得第一手的最准确的信息资料，主要通过在全球各地建立相应的记者站等机构，这意味着要付出巨大的人力成本和物资成本。而对于以推特为代表的新媒体来说，每一个用户本身他就是记者站，无须向任何用户支付任何费用，这是一个自人类进入文明社会以来发生的巨大的改变，也就是说信息的需求者跟信息的生产、发布者合而为一。对于广场式社交的用户来说，发布者没有责任保证自己的话是正确或者准确的。对于社会当中发生了一些重大事件来说，广场式社交所推崇的事件当事人的自我发声，可能会陷入一种更不理性的状态，因为在特定的情况下，人们对某些事物的认识可能存在更不理性的状态。

有学者认为全球的社交媒体有可能是人类有史以来的可信度最差的媒体形态。另外一个方面，由于每一个事件当时基本上各不相同，个体的发布用户不需要为长期的新闻信誉负责，再加上一个缺乏约束的条件，有一些故意造谣者乘虚而入。在今天的网络时代，我们已经进入了一个无法分辨一个新闻当事人爆红的背后，究竟是新闻当事人个体还是议程设置团队。

从微观方面来看，具体的某一个传统媒体不一定要报道真相，对媒体来说是真实感，真实感比真实性更重要。与传统媒体相比，网络个人媒体对于受众来说往往带来的是 10 倍的真实感和 1/10 的真实性，对健康社会的发展来说形成了很大的负面影响。广场式社交网络赋予了参与网络活动每一个人的媒体属性，这样的状况，可以说既对媒体造成伤害，又伤害了社交的开展，因为这种情况让我们原本无须为公众负责的正常的社交行为不得不更加注意和小心谨慎，但同时让严肃的新闻传播的公信力千疮百孔，严肃的媒体已经无法与个体的发声者比拼真实感和速度，而个体因为有了媒体属性而被迫要求任何发言都要有真实度和专业性。广场式社交只是一个对媒体行业带来伤害的一种产品形态，除此以外，还有一种形态就是推荐算法。在网络 1.0 时代，编辑的作用不仅仅是解释审核，更重要的是将恰当的内容放到恰当的位置，达到引起读者注意的目的，因此，在某种程度上这是编辑拥有删改权力的基础，因为在传统的纸质版面，整体是有限的，编辑才得拥有权力砍掉一些质量不够高的稿件，以及砍掉稿件中的某些用语。版面的位置又有高低优劣之分，编辑有权将稿件和新闻事件本身分为三六九等。但在因人而异的算法推荐时代，版面不再像以往的传统时代掌握在编辑手中，这样的话，无论是传统媒体还是新媒体，编辑只能行使其审阅稿件的底线权力，机械的按照编辑规范要求确保稿件不出问题，这样就使编辑在媒体行业中的地位处于一个下行的周期。在某种程度上，这也是有些新媒体行业所发表的文章质量难以保证让人叹息的重要原因。

当数字素养低于某一个临界点的时候，人们会主动删减出更为低的质量的内容以满足短期的某些人的追求，这是非人类的人工智能编辑所无法抗衡的。

从另一个角度来说，千人一面的算法使得以往针锋相对的观点交锋统一在了一个比较虚幻的统一舆论场之下。长期来看，这会加剧人们的偏见与固有印象。从美国媒体生态发展来看，过去的时代，美国传统媒体呈现典型的左右分野，有一些是左派媒体，有一些是右派媒体。不同的立场对同一个世界会做出不同的解释。这样的话因为立场的不同，就导致不同的解释，使两种立场处于慢性交锋的状态。即使现在的媒体完全是依据读者的喜好，从而呈现相应的文本报道。我们善意的认为算法是理性的，为读者呈现想看到的东西，并且认为这就是一个世界的全部。但是，在今天的时代，在算法的驱动下的舆论场，虽然两种极端的观点依然存在，实际上已经不太可能进行交锋。不同的新闻完全被分发给不同的兴趣的受众，形成相互隔离且越来越极端的舆论场。信息茧房效应不断加深。这样的隔阂就出现在某一个有算法推动的互联网产品，并非仅仅局限于媒体。其实，我们在今天的抖音、微视等中，可以看到大量的彼此完全没有交集的群体，而且每一个群体总能找到自己所需要的大量受众。这样一种人以群分的现象，其实并非互联网诞生才有，但是，互联网发展下的算法推荐极大促成了这种现象的蔓延。

也正是在这个时期各个国家开始加紧研究制定互联网的监管政策，特别是对于数据隐私的监管。

互联网并非如人们所想象的那样给我们带来了完全美好的未来，有一些负面的效应越来越呈现出来。相较于我们已经知道或者已经看到了的负面影响，互联网的紧密结构所导致的潜在的风险，才是互联网自身发展以及对当今社会影响的最大障碍。

今天的世界已经处于越来越多的风险考验当中，风险社会和阶级社会一样都是一种描述社会形态的工具，风险社会一词是德国著名社会学家乌尔里希·贝克（Ulrich Beck）提出，并在1956年出版的。贝克预言风险社会将取代阶级社会，成为未来的社会主流形态。到了互联网的时代，某一个网络参与者，通过发言或者黑客行为即可影响企业、行业甚至一个国家。风险生产者门槛在降低，风险受害者的规模和频次在上升。在互联网时代，一个病毒就有可能引发核设施的危机。网的互通使得今天的世界无时无刻不处于网络信息所带来的风险中，包括网络信息的泄露，会对社会带来很大的影响。网络信息的风险除了对个体和产业产生作用以外，也会给国家层面产生意想不到的负面影响。在现实生活当中已经出现许多的案例，如谣言、假新闻在网上的泛滥，对于各个国家的政策生产都有可能引发无法控制的后果。美国曾经把网络视为鼓励其他国家搞民主化的重要途径，但是在2016年大选和2020年大选出现的一系列事件，特别是2021年1月6日被煽动的网民攻陷国会大厦事件令世人震惊，美国作为所谓的世界自由民主的灯塔，黯然失色。互联网客观上看是一个分散风险的制造机，使得每一个风险都成为全世界的风险。有些涉及对未成年人的网络色情犯罪弥漫世界，互联网往往充当了非法交易的中介。在没有互联网的情况下，某些犯罪很难形成系统化专业化的链条。互联网使得一些风险从无到有形成，互联网将分散在全球不同性变态需求聚集起来传导到经济落后的儿童现场，扩大了针对儿童的风险。除了有互联网直接带来的各类风险，信息、贸易、金融等与互网络的结合，还会引发更大的危机。网络信息发展起来以后，风险的传导速度以几何倍数增长，远远超过了经济利益的传导，使得传统的风险防范以及救济措施无能为力。

当今世界面临的问题比以往的时代有很大的不同，今天社会生活中的每一个人，都可能面临着类似于滴滴打车所面临的困境。一旦我们每一个人陷入对风险的过度防范，必然会带来无限的焦虑。今天的个人战争，一端是生活在现代社会中的个人，另一端是这个社会中的所有人。一方面我们生活在一个意外不断地产生的时代，人类自诞生开始，这种意外便始终伴随着我们。人类要在现实的世界找到一种方法来防范所有的风险，这是不可能的。另一方面是和互联网有关的，互联网的发展激活了人们的风险意识，时时刻刻在提醒着我们，所连接的另一端的每一个主体，表现为个人、组织或者国家都可能成为风险的制造者和转移者。这使得我们从社会的个体到政权都进入了一种自我紧张的状态，对于某些正常的负面影响，可能会反应过度、提前反应或过度解读。因为今天的时代我们完全无法预测下一次风险何时到来、从何而来。所以说，人们将一切潜在的敌人当成了真正的敌人看待。我们在处理各种各样的政治经济关系当中，可以采取不同的立场，中美之间国家立场不同，可能会因为竞争对手的公司对立而对立，应该说这些对立过去都是客观存在的，但不同的是，现在都被科技赋予了打击对方的致命武器。

个体在传统意义上的邻里之间，远亲不如近邻的信任已经瓦解，我们在社会生活当中总是担心朋友之间的谈话被截图传播而被起诉，担心自己被所在的公司送进监狱等。行业层面龙头企业和创业公司，均因担心所谓的降维打击和跨界碾压而采取更为暴力的竞争手段。频繁的举报、构陷和黑公关，以及因为生存焦虑而推迟了企业社会责任的履行，那么从国家层面来看由于国际贸易从大航行时代以来没有达成平衡，因此如果每个国家对这一问题都斤斤计较，这意味着国际贸易崩盘的开始，而这样正导致了现在社会之间信任瓦解的开始，互联网的敌人是自身，强调平等导致了鸿沟，猜忌来源于信任的过度泛滥，隔阂起因于过度连接。

互联网成为我们这个时代，走向愿望反面的动因。互联网商业公司的技术创新目的是赚钱，但是在现实当中，会被某些人错误的应用引发严重的伦理道德危机，比如，人类基因编辑技术的过度应用。从人类历史的科技创新发展来看，科技的创新普及运用，都不是一帆风顺的，每一次根本性的技术创新往往会带来技术的反思，而最终的结果新技术会在进步与反思的博弈中成为对人类最有力的推动。当任何一种技术应用于社会的时候，监管和法律往往滞后其发展，使得它能够在超出自己能力的范围外的地方引发变革。今天的互联网技术在某些领域的变革，之所以能发生较大的变化是因为不用遵守传统的行业的监管，从而制造了一些更为积极的这种突破，在现有的框架初期利大于弊。新技术的引入、适当宽松的环境，从而为整个行业的增长带来新的福利。但是当技术红利发挥见顶，突破监管框架的权利会逐渐走向另外一个方面，弊开始大于利，最终会将特权监管纳入正常的管理范围之内。正如经济学的逻辑所讲的，当企业开始受到监管与法律的约束并履行其应当承担责任的时候，营业成本上升并转嫁给消费者，毕竟我们所谈论的都是企业而非慈善机构。数十年后当今网络中的许多职业也不过是各种平常的职业之一。因此，对于互联网我们可以抱有期待，当今的互联网行业、区块链与去中心化就是一次典型的幻觉。许多所谓的先驱者在互联网时代的教训，其实跟我们从历史当中得到的教训差不多。不管哪一种制度创新来到这个世界上，都会带来许许多多的问题，关键我们要有信心把它解决。去中心化不是解决当下互联网问题的良药，赛跑空间宣言永远不可能实现，除非凭空变出互联网基础设施。分布式系统不仅会使得用户的体验下滑，而且会导致隐私问题的进一步严重。去中心化无助于安全的实现，中心化就像一个城堡我们只需要看住城墙、城堡和开门的士兵即可，而分散化的管理要求我们盯住每一个阶段，因为每一个节点都可能成为隐私的泄露点。在今天的去中心化的互联网中，在技术层面上达不到对现有中心化应用的替代的程度下，如果通过舆论压力迫使转变发生，只会重蹈人类历史上所犯下的错误。一个合理的路径是在现有的互联网发展模式下，不断地通过技术与模式的微调，解决所带来的实际问题，而不是盲目地构建新的东西来取代它。

四、新时代的中美网络安全观

（一）美国的网络安全

美国国会下属的"网络空间日光浴委员会"发表了长达 182 页的关于美国

网络安全的报告，这份由美国共和党、民主党两党议员共同组织专业人士完成的报告，向美国政府和国会提出了超过 75 条的具体行动建议，其中包含了大量的针对中国具有比较优势的产业内容，直接针对当前中国在世界处于领先地位的 IT、AI 和通信产业。

"网络空间日光浴委员会"是 2019 年依据美国《2019 年度国防预算》提供的资金成立的。名称源自美国前总统德怀特·戴维·艾森豪威尔（Dwight David Eisenhower）于 20 世纪 50 年代设立的"日光浴计划"。当时艾森豪威尔总统面临美苏冷战的严峻形势，当时严峻的战略形势需要从战略上进行评估美国可能具备的国家安全战略选项。当时委员会的会议是在白宫顶层的叫作"日光浴"的办公室进行讨论的，该计划由此得名。网络空间日光浴委员会是由两党议员等高级官员担任领导，包括美国国家情报副总监、国土安全部副部长、国防部副部长、联邦调查局长等 14 名成员。聘请了政府高级官员，各大军种、民间 IT 企业和科研机构专职和临时专家，组成了四个工作组，完成了这份报告。

该报告指控中国、俄罗斯等国家对美国进行网络攻击，认为美国网络安全面临基础设施比较薄弱的挑战。其中，提出了 75 条的建议保证美国网络安全。该报告中提出，其他国家与美国合作建立统一的网络防线，在信息和通信技术领域形成类似于北约的联盟。在国内加强对私营企业的管理，特别强调私营企业在网络安全上的义务。直接派遣外交官参与全球 IT 的和通信技术标准的制定，以谋求美国在技术标准领域拥有绝对的话语权，要求将中国企业在排除在关键 IT 和通信设备供应链之外。

这个报告美国对于中国的指控提出了十大案例，但没有提出任何证据，美国所提出的部分作业无中生有，之所以针对中国，主要是报告认为中国利用 IT 技术以及所具有的网络优势，快速崛起，破坏了美国的优势。

报告指出在人工智能和机器学习领域中国的投资特别巨大，报告认为美国必须确保在这一领域的优势。该报告认为，华为在 5G 上的标准以及专利数量世界领先，美国在国际标准的制定上正在落后于中国。该报告认为中国帮助发展中国家建立信息基础设施，中国就会控制所有的数据。该报告，提出来应对网络安全建设的方法的原则，也就是通过冷战思维来威胁对手。报告认为，网络安全关键在于建立网络威慑，核心是通过惩罚和物理摧毁，让对手相信做某些事情需要付出的代价超过其所能得到的好处。

该战略分为三个层次，每一个层次都有具体的行动方案。

第一层，规范行为。美国与合作伙伴国根据他们之间共同的利益和共同的价值观，共同制定和实施网络规范。第二层，美国政府与私营部门合作，减少网络基础脆弱性，并拒绝给对手带来的额外的利益。第三层，承担费用。美国准备承担威慑冲突的费用，将恶意针对对手的行为限制在武装冲突之下，并在必要时利用其全部能力在战争中占据上风。

该报告提示推荐的国家安全战略，美其名曰前置防御实质上就是进攻。那么在报告中提出的如何应对网络安全威胁，提出了 75 条办法，从改革美国政府的结构和组织，成立专门的机构、设立专门职位、提供专项拨款等。除前述的机构改革以外，特别强调加强规范和非军事工具，联合盟国和国际组织来进行制裁，包括外交干预和执法等行为，在网络领域建立类似于北约的体系。该报告提议，美国必须积极的参与制定国际通信和通讯技术标准。美国国会应该授权并支持国家标准技术研究所与学校团体和工业企业合作，积极地参与行业标准制定，而且在标准制定中不仅派技术专家参加，而且要派外交官员参加。建议美国政府和议会，积极资助和帮助外国的盟友，积极改进国际网络空间政府调查的工具。该报告建议，增强国家从网络打击中恢复的弹性，增强从网络大地中恢复的弹性，建立国家网络安全资助基金等。美国的这一份报告中的许多具体建议，可能会被政府和国会所采用。

（二）中国的互联网观

从思想来看，互联网世界的人的思想受到了更严格的控制，比以往的现实世界有过之而无不及。特朗普之所以能够利用推特来实现它的治国意图，很重要的是在网络世界中，人们的独立思考能力已经被弱化甚至被摧毁，个体的思想被禁锢在网络的牢笼之中，茧房效应让网民沉浸在井底之蛙的世界中不能自拔。互联网寡头权力的膨胀与自由民主的政治制度之间的关系如何处理？最终会导致的结果是，为了不被互联网信息侵袭，越来越多的国家走向专制。越是在民主自由的国家，互联网寡头的权力就越膨胀。

互联网企业的发展起决定性作用的是人才，"网络空间的竞争，归根结底是人才竞争"。特别是网络高科技人才的竞争，互联网是技术密集型产业，也是技术发展创新较快的领域之一。既要培养自己的网络信息人才，也要舍得下成本聘请一流的人才，要尊重知识尊重人才，为人才的脱颖而出和发挥才能创造良好的宽松条件，为他们展现才华提供广阔的舞台。"互联网领域的人才，不少是怪才、奇才，他们往往不走一般套路，有很多奇思妙想。对待特殊人才要有特殊政策，不要求全责备，不要论资排辈，不要都用一把尺子衡量。"对人才要实行特殊的政策，要特别强调把实际能力作为衡量标准，不要单纯看所谓的学历、论文、资历等，要特别"突出专业性、创新性、实用性"。大力引进高端人才，形成具有全球竞争力的人才制度体系。人才入股、技术入股以及税收等涉及利益分配的政策要制定和完善好，打破人才流动上的体制机制限制，真正地做到人尽其才，让人才在企业、政府和智库之间顺畅流动。

信息化与网络安全紧密相关，安全和发展是一个统一体，"安全是发展的前提，发展是安全的保障"①，安全和发展要坚持同步推进。从历史的发展来看，属于人类的技术也往往可以被用来损害公共利益和民众的利益，这就是我们常说的技术双刃剑。今天的时代网络安全威胁和风险愈发突出，并且领域在不断地扩展，向社会、生态、国防等领域传导渗透。一个国家如果网络安全防控能力比较薄弱，就很难有效地应对有组织的高强度的网络攻击，这应该说是各国都遇到的难以解决的问题，中国同样有此类问题。要打赢网络意识形态斗争，需要树立正确的网络安全观，正确的观念是行动的前提，互联网时代网络安全主要有以下特点。第一，网络安全是整体的而不是割裂的。网络信息化时代，网络安全对于国家安全具有重大的作用，可以说牵一发而动全身，而且同许多方面的安全有着密切的关联。第二，网络安全不是静态的而是动态的。信息技术的变化发展呈现加速度，各种各样的网络高度关联相互依赖，互联网网络安全的威胁来源以及攻击手段也在不断地变化，确保互联网有序发展，必须要有动态综合的防护理念，单靠几个安全设备和安全软件的时代已经过去了。第三，网络安全是开放的而非封闭的。必须要坚持开放原则，不断加强对外交流、合作，吸收域外的先进技术才能不断地提高网络安全。第四，网络安全是相对的而不是绝对的。绝对的网络安全是不存在的，需要立足基本国情确保国家安全，避免不计成本追求安全，如果那样的话可能会顾此失彼甚至背上沉重的负担。第五，网络安全是共同的而不是孤立的。网络安全为人民，网络安全靠人民，

① 中共中央党史和文献研究院：《习近平关于防范风险挑战、应对突发事件论述摘编》，中央文献出版社 2020 年版，第 70 页。

网络安全不是政府哪一个部门的责任，而是全社会的责任，需要政府、企业、社会组织以及广大的网民共同参与，共同构筑安全防线，把握好以上几点，才有可能确保网络安全。在增强网络安全防御能力的同时要加强威慑能力的建设，网络安全在意识形态领域中表现出来的本质，就是不同观点阵营的对抗，攻防两端话语能力的较量。在网络意识形态斗争中，要严防死守，同时要主动出击，不能疲于应对。加强网络安全立法，对网络意识形态特别是社会思潮加强监管，对意识形态风险提前预判，及早化解。在面临各种风险考验的新时期，科技创新是核心，是关于发展全局的牛鼻子。现代网络意识形态斗争过程当中要特别注重国家的数据安全，特别是关键信息基础设施的安全保护以及能力的增强。要切实加强政策法规的统筹协调，加快相关的制度建设，要不断完善和制定数据资源确权、开放、流通、交易相关制度，特别是数据内容所涉及的个人隐私要加强保护，同时兼顾网络参与者的整体利益，更好地保障社会稳定和国家安全，"没有网络安全就没有国家安全，就没有经济社会稳定运行，广大人民群众利益也难以得到保障"[1]。

要确立正确的网络安全观，加强信息基础设施网络安全的防护，加强网络安全信息统筹机制、手段、平台建设。

加强网络安全事件应急指挥能力建设，积极发展网络安全产业，做到关口前移防患于未然。落实关键信息基础设施防护责任，行业企业作为关键信息基础设施运营者必须要承担主体防护责任，主管部门要承担好监管责任。要依法严厉打击网络电信诈骗，侵犯公民个人隐私等违法犯罪行为，维护人民群众的合法权益。要深入开展网络安全知识技能宣传，提高广大网民网络安全意识和防护技能[2]。"核心技术是国之重器"[3]，必须要找准技术发展的中心，加快信息领域核心技术的突破。在网络技术发展中，"装备制造业的芯片，相当于人的心脏。心脏不强，体量再大也不算强。加快在芯片技术上实现重大突破，勇攀

---

[1]　中共中央党史和文献研究院：《习近平关于防范风险挑战、应对突发事件论述摘编》，中央文献出版社2020年版，第75页。

[2]　《习近平谈治国理政》第3卷，外文出版社2020年版，第306页。

[3]　中共中央党史和文献研究院：《习近平关于防范风险挑战、应对突发事件论述摘编》，中央文献出版社2020年版，第76页。

世界半导体存储科技高峰"①。习近平总书记一再告诫，"关键核心技术是要不来、买不来、讨不来的。只有把关键核心技术掌握在自己手中，才能从根本上保障国家经济安全、国防安全和其他安全。"要敢于走前人们没有走过的路，努力实现关键核心技术自主可控，把创新主动权、发展主动权牢牢掌握在自己手中②。网络意识形态的较量其实是关键核心技术的竞争。

要科学使用人工智能以及其他的新技术，新技术的发展是一柄"双刃剑"，人工智能的发展，对于伦理以及法律秩序、个人隐私都构成了一定的挑战。斯蒂芬·威廉·霍金（Stephen William Hawking）就曾经表示，强大人工智能的崛起对人类来说可能是最好的事情，也可能是最糟糕的事情。在网络意识形态斗争中，人工智能可以发挥更加重要的作用。我们的人工智能的研究相对来说比较薄弱，降低人工智能所带来的社会风险，建立人工智能安全监管和评价体系，加强人工智能对国家安全和保密领域影响的研究和评估，完善人、技、物、管配套的安全防护体系，构建人工智能安全检测运营机制。要发挥多学科联合攻关的优势，对人工智能所涉及的伦理、法律、社会等问题加强研究。不断的建立健全人工智能健康发展的制度体系、法律法规以及伦理道德③。

要深刻认识科技安全在国家安全中的重要地位，在体系建设和能力建设中，存在"资源配置重复、科研力量分散、创新主体功能定位不清晰等突出问题"④，不断提高创新体系的整体效能。提升管网治网水平，尤其是要规范数据资源的利用，注意防范大数据等新技术不合理使用带来的不可测的风险⑤。

互联网快速发展对于党和国家工作提出了新的挑战和新的要求。互联网为基础的传媒方式在网络时代对人们工作和生活中发挥了独特作用。自 2012 年底党的的十八大以来，习近平总书记高度重视网络安全和信息化工作，深刻回答了一系列的事关国家发展的方向性、根本性、全局性、战略性的重大问题，形成了系统完备的习近平关于网络强国的重要思想。

---

① 中共中央党史和文献研究院：《习近平关于防范风险挑战、应对突发事件论述摘编》，中央文献出版社 2020 年版，第 77 页。
② 《习近平谈治国理政》第 3 卷，外文出版社 2020 年版，第 248 页。
③ 中共中央党史和文献研究院：《习近平关于防范风险挑战、应对突发事件论述摘编》，中央文献出版社 2020 年版，第 79 页。
④ 《习近平谈治国理政》第 3 卷，外文出版社 2020 年版，第 221 页。
⑤ 中共中央党史和文献研究院：《习近平关于防范风险挑战、应对突发事件论述摘编》，中央文献出版社 2020 年版，80 页。

　　信息化的不断发展，要求我们加强党的建设，网络发展到哪里，党的各项工作要进行到哪里。通过运用信息技术，不断改进党员教育管理方式，提高群众工作的水平。互联网在今天已经成为舆论斗争的主战场，今天的时代在互联网这个主战场上，中国共产党人能否顶得住打得赢，直接关系到我国的意识形态安全和政权稳定。2013年8月19日，习近平总书记在全国宣传思想工作会议上指出，党的各级部门必须要把网络舆论工作作为宣传思想工作的重点来抓，宣传思想工作是做人的工作的，人在哪儿重点就应该在哪儿。特别是年轻人，在今天的时代，基本上不看主流媒体，他们获得的信息大部分是从网上来的，必须要高度重视这个事实，不断增加投入，网络舆论的主导权不能被边缘化。在今天这个时代，必须要解决好本领恐慌的问题，领导干部要成为运用现代新手段新方式的行家。在网络舆论斗争中不断提高工作能力，防范和抑制网上攻击渗透的行为，对各种错误的思想观点要组织力量进行批驳，不能放之任之。

　　网络管理问题要高度重视，特别是要加强网络新技术新应用的管理，确保在工作中管好互联网，控制好互联网，保证网络空间安定有序。网络管理的难处，不管在国内国外总有一些人说三道四，但是不管在哪都要把这项工作做好，网上的负面言论少，对于社会和人民的安居乐业只有好处没坏处。

　　随着互联网的媒体属性越来越强，网络媒体的管理应该说与形势发展的要求极不适应，特别是微信等社交网络和即时通信工具快速发展，这些传播方式影响的覆盖面广等特点，具有极强的社会动员能力，必须要加强网络法治建设和舆论引导，确保网络信息传播有序、国家安全、社会稳定。

　　网络舆论工作需要不断地创新，积极地认识和把握网络传播规律，不断地改进网上宣传。弘扬主旋律，激发正能量，必须要把社会主义核心价值观在网络空间中唱响，把握好网络舆论引导方向，确保网络空间风清气正。习近平在2015年5月18日的中央统战工作会议上指出："互联网是当前宣传思想工作的主阵地。这个阵地我们不去占领，人家就会去占领，这部分人我们不去团结，人家就会去拉拢。"把这些代表性人士纳入统战工作的事业，加强线上互动现下沟通，不断引导其政治观点，增强他们的政治认同。

　　互联网就是当前意识形态斗争的最前沿，网络意识形态安全风险，必须引起全党上下以及全社会的高度重视。"掌控网络意识形态的主导权，就是守护国家的主权和政权。"① 只有打赢了网络意识形态斗争的主动仗，才能更好维护以政权安全和制度安全为核心的国家政治安全。

在互联网信息传播中，真正地形成共识具有很大的困难，网上网下要形成同心圆，需要做出更多的努力。所谓网上网下同心圆，简单说来就是形成共同的思想认识和具有共同的奋斗目标，准确地说，就是要在党的领导下，动员全国各族人民，调动各方面积极性，共同为实现中华民族伟大复兴的中国梦而奋斗。这应该是网络时代全体网络参与者以及各行各业的人们都应该具有的共识，这一共识具有极大的包容性。

在网络意识形态的各项工作中，我们必须要不断创新工作方式，要善于走网络群众路线。网络的参与者是老百姓，网民上网民意也就上了网，在今天的互联网时代，领导干部必须与时俱进，否则没法联系群众。我们党自革命时期就一直强调，各级党政领导干部要走群众路线。那么在互联网时代，就必须要学习走进网络，领导干部都要经常到网上看一看，聊天发声，至于"潜水"也是一个很好了解社情民意的渠道。通过各种方式，了解人民群众的所思所想，及时回应网民的关切，给他们解疑释惑。在今天的时代，善于运用网络开展工作，应该成为领导干部的基本功。网络参与者大多数是普通老百姓，他们来自四面八方，因为每个人的经历不同、阅历不同，他们在互联网中所表达出来的观点和想法肯定各有不同。我们必须要看到这种实际情况，不能苛求网络的参与者对所有的问题都看得很准，说得很对，需要多包容网民的不同声音。对于网民的正确意见，要及时地采纳。对于他们遇到的困难要给予帮助，对于他们的一些模糊的认识要通过宣传及时加以澄清，要及时化解网络参与者他们的怨气怨言，对于网上一些错误的看法要及时地纠正，因势利导，让互联网成为群众交流沟通的新平台和载体，成为党和政府了解群众、贴近群众，为群众排忧解难的新途径，"成为发扬人民民主，接受人民监督的新渠道"。互联网的发展必须要坚持共建、共治、共享的原则，经过改革开放四十多年的发展，社会结构以及各方面发生了深刻的变化，老的问题解决了新的问题也会产生，发展起来以后的问题并不比不发展的问题少，特别是互联网的时代，网络都对人们的交往形态、社会观念、社会心理和社会行为产生了极为重要的深刻影响。

互联网的发展为网络利益的表达开辟了新的空间，在网络利益表达空间中，

---

① 《坚定文化自信，建设社会主义文化强国》，《人民日报》2017 年 10 月 16 日第 7 版。

存在着一定的问题，一方面造成网络表达本身的效能损耗，另一方面对于传统的利益表达机制形成了一定的冲击，有可能导致政府管理部门在决策中形成误判以及决策受民粹化的影响。如何在网络科技迅猛发展，网络民主需求日益增加的时代条件下，正确地分析网络利益表达的现状，充分利用网络表达手段，是新的时代国家治理能力和国家治理体系现代化的重要方面。

五、妥善应对网络意识形态斗争

(一) 提高政治敏锐性

互联网技术的发展，拓宽了公众表达的空间，对政治秩序的稳定造成了一定的影响，对政府治理体系和治理能力现代化的发展提出了一定的挑战。理念决定行动方向。要确保网络意识形态安全，把阵地牢牢掌握在信仰马克思主义的人手中，必须要加强关键信息基础设施安全保障体系的建设，这些基础设施是网络安全的重中之重，不出问题则已，出问题就具有很大的破坏力。

要保持政治敏锐性，全天候、全方位感知掌控网络意识形态安全态势。"没有意识到风险是最大的风险。"

互联网时代必须要防范化解党的建设面临的风险。中国共产党是中国特色社会主义制度的最本质特征，是中国特色社会主义事业的领导核心。在新的历史条件下，中国共产党自身面临一系列复杂的问题和挑战，必须要坚持党要管党，全面从严治党，这一任务比以往的历史的任何时候都更为紧迫、更为繁重。做好党的建设问题，才可以确保党在错综复杂的时代始终走在时代的前列，在应对各种风险考验的进程中，"始终成为全国人民的主心骨，在发展中国特色社会主义的历史进程中始终成为坚强的领导核心"①。在互联网的时代，必须要加强对党员的思想教育，"思想上的滑坡是最严重的病变"。如果不能正确处理公私关系，缺乏正确的权力、是非观，就容易出轨越界。"思想松一寸，行动上就会散一尺。"尽管在一定时间内思想问题解决了，但是要时刻保持警惕，不能松懈，如同打扫卫生一样，要经常打扫，经常照镜子，出了问题要抓紧解决。②

---

① 中共中央党史和文献研究院：《习近平关于防范风险挑战、应对突发事件论述摘编》，中央文献出版社 2020 年版，第 124 页。

② 《十八大以来重要文献选编》（中），中央文献出版社 2016 年版，第 94—95 页。

理想信念确立的过程就是立人的过程，理想信念教育的关键在教育者的率先垂范，特别是领导干部的理想信念坚定与否至关重要。"从一定意义上讲，信仰危机折射的是信任危机，根子在上面。"① 作为教育工作者，在大是大非面前的事物是否旗帜鲜明，在风浪考验面前能否无所畏惧，在各种诱惑面前能否立场坚定，直接关系理想信念教育是否有成效。

网络是当下意识形态领域的兵家必争之地。各种非马克思主义、反马克思主义的言论观点正式借助网络传播手段对我国的意识形态安全造成严重冲击，消解其危害并维护意识形态安全也必须依靠加强主流意识形态的网络传播。因为含混网络传播内容其中的思想观念总是承载着特定的意识形态，受众在接受有形的文字图片等内容的同时，必然受到暗含于其中的意识形态影响。看似平淡无奇的网络传播内容，在精巧的文字、图片、视频包装下常常隐藏着错误的价值观念，从而影响受众生活方式、思想观念、价值判断和行为选择，这一传播手法已经成为西方国家对我国开展意识形态渗透的主要途径。在暗流涌动的网络空间中，如果社会中的主流意识、主导思想、正面力量不去占领网络传播的阵地，负面言论、非主流思想就会充斥其中，不断腐蚀并吞噬着主流价值思想的传播阵地。网络传播肩负着维护网络意识形态安全的使命，通过加强主流价值内容网络传播，一方面可以逐步加强社会主义意识形态传播话语音量，增进网络公众对我国主流意识形态的认知认同，厚植我国网络意识形态安全根基；另一方面，借助网络传播"主动出击"，与各种错误的思想、言论、观点进行正面论战，揭开包藏祸心的网络言论的根本面目和真实用意，防止网络民众的思想防线为其所动摇。社会主义核心价值观作为我国主流意识形态的本质体现，应当在我国网络空间中处于绝对优势地位，实现社会主义意识形态广泛影响和切实维护网络意识形态安全的功能。

要注意防范化解科技安全风险，在意识形态斗争当中，科技特别是核心技术，在意识形态斗争中发挥关键作用。改革开放初期，我们以市场换技术发挥了一定作用，但实践告诉我们，在技术上不能抱任何幻想，核心是花钱买来的。"只有把核心技术掌握在自己手中，才能真正掌握竞争和发展的主动权，才能从

---

① 《习近平谈治国理政》第 2 卷，外文出版社 2017 年版，第 402 页。

根本上保障国家经济安全、国防安全和其他安全。"①

　　网络安全和国家安全紧密相关，现代化就包含了信息化。网络文化的繁荣发展，离不开丰富全面的信息服务，良好的信息基础设施，以及高素质的网络安全和信息化人才队伍。网络强国建设，必须增强自主创新能力，否则，网络强国以及国家的网络安全，就沦为一句空话。不能寄希望于他人，"不能总是用别人的昨天来装扮自己的明天"②。

　　在互联网时代要赢得比较优势，必须走自己的创新道路，不能亦步亦趋。历史的发展告诉我们，必须要时刻把握世界科技创新和产业发展的大势，有所为有所不为。要把握方向，超前布局，加大投入，攻克一批关键核心技术。加速追赶步伐，要吸取后发国家教训，避免盲目性，我们的科技进步方面应该有非对称性"撒手锏"，不能完全跟在发达国家后面，他们搞什么我们也跟着搞什么，那样不可能有前途。

　　互联网核心技术是中国发展的最大命门，核心技术受制于人是我们最大的隐患，互联网企业不管你的市值有多高、规模有多大，如果核心元器件严重依赖外国，供应链的命门掌握在别人的手里，那就缺乏坚实的基础，不可能经得起风雨考验，当风浪来的时候往往不可靠。中国要在互联网的斗争中掌握主动权，需要突破核心技术这个难题，争取在某些领域某些方面实现弯道超车。

　　确保网络安全必须找准风险点，对于风险的认知要有预判，能够及早感知网络安全态势，这是最基础的工作。网络安全的漏洞要早发现早预警，要建立统一高效的"网络安全风险报告机制、情报共享机制、研判处置机制"③，准确把握网络安全风险发生的规律动向。今天的时代要建立政府和企业网络安全信息共享机制，把企业掌握的大量网络安全信息用起来，龙头企业就要带头。

　　"网络安全的本质在对抗，对抗的本质在攻防两端能力较量"④，要不断增强防御能力和威慑能力，要落实网络安全责任制，制定网络安全标准，明确保

① 中共中央党史和文献研究院：《习近平关于防范风险挑战、应对突发事件论述摘编》，中央文献出版社 2020 年版，第 66 页。
② 中共中央党史和文献研究院：《习近平关于防范风险挑战、应对突发事件论述摘编》，中央文献出版社 2020 年版，第 68 页。
③ 中共中央党史和文献研究院：《习近平关于防范风险挑战、应对突发事件论述摘编》，中央文献出版社 2020 年版，第 73 页。
④ 中共中央党史和文献研究院：《习近平关于防范风险挑战、应对突发事件论述摘编》，中央文献出版社 2020 年版，第 73 页。

护对象、保护层级、保护措施，对于某些方面的安全要严防死守。对于某些方面的网络安全，政府保障适度防范，需要市场力量的要加强市场力量的防护，各方面都要有所作为，把账算明白。可以说在网络安全斗争中，由于核心技术所限，在斗争中，我们好像是用大刀长矛对付敌人的大炮飞机，需要加强技术创新，攻防力量一定要对等，"要以技术对技术，以技术管技术，做到魔高一尺、道高一丈"。① 否则我们在网络意识形态斗争中就会处于不利地位。

维护网络安全，必须要知道风险在什么地方，以及在网络意识形态中我们会面临什么样的风险，什么时候会发生较大风险。这里对网络安全态势的把握和感知是最基本的工作，在意识形态斗争中，要高度重视网络安全工作，对风险的漏洞抓紧整改，各地区建立高效的网络安全风险报告机制、情报共享机制、研判处置机制，网络意识形态斗争中风险发生的规律动向要科学把握，相关单位要建立信息共享机制，特别是网络信息管理部门要对建立这个机制牵头。

（二）走网络群众路线

在意识形态斗争中起决定性作用的，不仅仅是意识形态本身，或者意识形态的传播技术。真正的根本在于民心所向，一个政权能不能代表最广大人民的根本利益，决定了一个政权的未来发展走向。对于我国 14 亿人口的社会主义国家来说，一方面高度重视网络意识形态斗争内容和形式的建设，从另一个方面来讲，我们必须始终扎根于人民群众，而不能仅仅局限于传播形式的本身。形式的作用再大，归根结底是由内容决定的。要有效应对包括美国在内的西方发达国家对我的意识形态挑战，维护我国的意识形态安全，关键仍然在于人民，在于网民。做好网络意识形态斗争必须依靠网民、植根网民，对于做好我们党的思想理论建设工作，具有重要意义。在中国革命胜利的过程中，一条根本的经验，就是依靠人民群众赢得战争。毛泽东同志曾经说过："革命战争是群众的战争，只有动员群众才能进行战争，只有依靠群众才能进行战争。"② 中国共产党 1921 年成立时全国 50 多个党员，在如此艰难困苦的条件下，之所以历经 28 年赢得革命战争的胜利，最重要的就在于依靠人民、放手发动人民群众，打人

① 中共中央党史和文献研究院：《习近平关于防范风险挑战、应对突发事件论述摘编》，中央文献出版社 2020 年版，第 73 页。
② 《毛泽东选集》第 1 卷，人民出版社 1991 年版，第 136 页。

民战争。历史的经验一再告诉我们，决定战争胜负的是人民。毛泽东同志对这一点有深刻的总结。正是在长期的革命斗争中，我们形成了一切为了群众，一切依靠群众，从群众中来，到群众中去的群众路线。这是毛泽东思想活的灵魂之一，也是中国共产党根本的工作路线。尽管历史条件和国际形势已经发生了很大的变化，但群众路线不仅今天没有过时，未来更不会过时。截至 2020 年 12 月，我国网民规模达 9.89 亿，互联网普及率达 70.4%。我国手机网民规模达 9.86 亿，网民使用手机上网的比例达 99.7%，我国网民数远远超过了人口的一半。能否做好网络群众工作，这是我们党在今天执政的条件下所面临的重要的机遇和挑战。中国共产党于 2014 年 2 月 27 日成立了中央网络安全和信息化领导小组，习近平总书记亲自担任组长。在领导小组第一次会议上，习近平总书记首次提出网络强国战略。他多次强调互联网是影响当今中国安全的最大变量。他强调，过不了互联网这一关，就过不了长期执政这一关。领导干部如果不懂互联网就不具备合格的领导素质。在 2016 年 4 月 19 日的网络安全和信息化工作座谈会上，习近平总书记明确强调：“网信事业要发展，必须贯彻以人民为中心的发展思想。”特别强调领导干部必须要走网络群众路线。他强调各级党政机关和领导干部要学会通过网络走群众路线，经常上网看看，了解群众所思所愿，收集好想法好建议，积极回应网民关切，解疑释惑。网络群众路线成为网络热词，得到了国内网民与国外网民的好评。互联网意识形态斗争，这是一场看不见的战争，网络意识形态斗争根本的就是夺取群众。我国网络意识形态安全，其实是关系人心向背的重大问题。

能否坚持走网络群众路线，关系到党执政合法性的群众基础问题。在网民当中，绝大多数网民不发言或者很少发言，是沉默的大多数。但是，上网已经成为他们获取信息的主要方式。对于美国等西方国家发动的网络意识形态斗争，他们也有自己的判断。今天的中国，走好网络群众路线，已经不仅关系到党的执政地位，更关系到实现中华民族伟大复兴的中国梦。所以、习近平总书记一再强调走网络群众路线的重要性，并在 2016 年 4 月 19 日的网络安全和信息化工作座谈会上指出：“善于运用网络了解民意、开展工作，是新形势下领导干部做好工作的基本功。各级干部特别是领导干部一定要不断提高这项本领。”①

习近平总书记把走网络群众路线作为新形势下领导干部应该具备的基本功

---

① 习近平：《论党的宣传思想工作》，中央文献出版社 2020 年版，第 195 页。

之一。走网络群众路线如此重要，那么到底如何走好网络群众路线？这里不仅要提高思想认识，而且要注意方式和方法。网络群众路线重要意义在于确保我们党永不变质，红色江山永不变色。

网络意识形态的斗争复杂尖锐，能否打赢网络意识形态斗争，关系到我们的党和国家的社会性质。习近平总书记对走好网络群众路线，特别强调要正确地认识红色地带、黑色地带、灰色地带这三个地带的关系，做好这三个地带的工作。习近平总书记在 8 · 19 讲话中指出，当前思想舆论领域主要存在三个地带，第一个阶段是红色地带，这个地带主要是由主流媒体和网上正面力量构成的，这是我们的主阵地，一定要守住，决不能丢了。第二个是黑色地带，主要是网上和社会上一些负面言论所构成的，也包括了各种敌对势力制造的舆论，尽管不是主流，但影响不可低估。第三个是灰色地带，处于红色地带和黑色地带之间。习近平总书记特别强调，对这三个不同的地带要采取不同的策略，为新时代网络意识形态斗争指明了方向和道路。在网络舆论影响力不断增强的今天，领导干部不上网就难以了解民心民意，也就无法正确认识和处理这三个地带的有关问题。必须要提高运用互联网的能力，做到知网懂网、善于用网。把网络群众路线作为一项基本功，经常上网看看，在线聊聊，网上蹲点，作为深入网络群众的途径和渠道。走好网络群众路线，不仅要做好三个地带的工作，同时要在网上积极引导社会舆论，把我们党的主张和信息传播到老百姓的心坎中去。

对于网络舆论阵地必须要高度重视。近十几年来，一些国家发生的颜色革命，网络自媒体就扮演了不光彩的角色。如果不积极引导人民群众参与网络事业，走不好群众路线，我们就有可能犯颠覆性的错误。因此，各级领导干部必须要不断加强和提高意识形态能力，"切实增强思想辨别力、理论创新力、共识凝聚力和话语支配力，认真做好正面引导舆论和揭批错误思潮的工作"①。各级领导干部要准确界定网络角色。在网络自媒体上，传播主体之间的地位都是平等的，不存在身份、职务、层级等的差异。在当今时代，许多重大的社会事件，往往成为网络的热点，具体的社会热点而引发网上舆论斗争的事件时有发生。作为领导干部一定要适应岗位的角色，从网络的旁观者变为网络的积极参与者、

---

① 李艳艳：《美国互联网政治意识形态输出战略与应对》，社会科学文献出版社 2018 年版，第 99 页。

积极干预者，可以通过自己的工作和修养，成为网民信赖追捧的红色大 V（有影响者），是新时代互联网向领导干部提出的新的要求。实现这样一种积极的转变，积极参与互联网才能真正了解网民的利益诉求，做好网民的思想、行为引导工作。网络群众路线，尽管比不上现实的面对面的交流，但是人格魅力在网民交流当中会有充分地体现，能否具有一种平等相待、话语近人的态度，对于能否走近网民具有重要意义。网络传播的特点是从喜欢一个人，进而产生信任感，再到接受某一个人的思想观点，是从情感接受到理性认同的转变过程。要想领导干部和党的路线方针政策得到网民的理解，就要让网民自发地从内心认同你、信赖你，有发自内心地向领导干部学习的冲动。这就要求每一个网络参与者，必须要有明显的网络个性和特征，不断增强识别度和信任度，同时，做好网络意识形态舆论场工作，要求领导干部必须要信仰坚定，是非鲜明，不能一味讨好网民，搞成网络尾巴主义。面对网络世界的重大是非问题，态度鲜明，不仅要敢于亮剑，而且要善于亮剑，把更多的网民团结在我们的周围，团结在党的路线、方针、政策的周围，这其实也就是网络政治的最大表现，也是对一个领导干部是否讲政治的重大考验。

（三）掌握网络意识形态斗争的主动权

网络意识形态安全具有很强的隐蔽性，一个技术漏洞的存在不管是有意的还是无意的，几年内隐藏的安全风险可能都发现不了。这样的话带来的风险往往是不可预测的，可能后果会相当严重。"结果是谁进来了不知道、是敌是友不知道、干了什么不知道"，长期潜伏在里面，一旦有事就发作了。

网络意识形态斗争中必须要维护网络安全，这就需要作出预判，了解意识形态的风险点在哪里，搞清楚风险是什么，以及什么时候有可能会发生风险。利用各种手段充分感知网络安全态势是最基础的工作，网络意识形态斗争中，一定要自上而下"要建立统一高效的网络安全风险报告机制、情报共享机制、研判处置机制，准确把握网络安全风险发生的规律、动向、趋势"。

在社会主义市场经济条件下，互联网企业快速发展，已经发展成了市场中举足轻重的互联网巨头，在经济社会中的许多方面发挥了重要作用。在维护网络安全的过程中，建立政府和企业网络安全信息共享机制，把企业所掌握的网络安全信息依法用好。

互联网权力与现实权力之间的博弈关系愈发引起世人的关注，需要进一步地理解和把握。2021年1月21日，有15家社交媒体平台宣布封禁或限制特朗普社交媒体账户，其中包括世界知名互联网巨头推特、脸书、谷歌等，担任了四年美国总统的特朗普推行的推特治国告一段落，8000万用户灰飞烟灭。不管出于什么原因，封禁特朗普社交账户让我们看到了一个新的矛盾映入人们的眼帘，互联网的无边界权力和国家权力之间的矛盾。有人认为这是互联网权力对物理界权力的猎杀，是比特世界与原子世界的正面对抗，也是虚拟世界对真实世界的现实屠戮。此判断还是有一定道理的，警醒人们要高度关注其背后的问题的逻辑。

这个矛盾其实自互联网诞生就已经存在，只不过并没有得到人们的高度关注，而特朗普被封杀让这个矛盾暴露在人们面前。现实世界的政治领袖发出了他们的疑问，正如德国总理默克尔（Merkel）所说的，"这是有问题的"，但她没有明确地讲问题在哪里以及是什么问题。

数据世界权利愈发发展，虚拟世界就愈发凌驾于现实世界之上。正如有些人所担心的，互联网今天可以以防止动乱的理由封杀特朗普，那就可以其他的理由封杀另一个国家的外交账户。中国驻美国大使馆因为针对新疆问题阐释了中国政府的观点，结果遭到了推特的封禁。互联网的时代网络传播的门槛越来越低，人们对信息的获得的方式越来越多。内容的视频化成为一种不断蔓延的发展趋势，特别是短视频的制作内容以及门槛越来越低，不断扩大的受众群体进一步扩展了其影响。再加上人工智能以及算法推荐的结合，让短视频得到了空前的发展。人们对于知识的获取，在很大的程度上，越来越依赖短视频以及算法的推荐，这直接影响人们对于世界的理解。人类获取知识的模式，从几千年来依赖人们的感知，特别是视觉的知识的获得。但在今天网络不断发展，进一步扩展了它的影响。媒体的新旧都是相对的，1960年电视属于新媒体的时候，改变了当时美国大选的结果。老练的政治家尼克松（Nixon）与帅哥肯尼迪（Kennedy）的竞争，在视觉媒体的影响下，人们的信息掌握和世界的理解发生了改变，肯尼迪战胜了尼克松。短视频从表面上来看让每一个人在信息获得的方式上都取得一个平等的地位，人们所获得知识的方式变得民主，但是，短视频的泛滥，人们失去了对复杂事物的严肃系统的思考和把握，特别是对于青少年，他们的注意力不再像以往那样容易集中，他们非常容易失去对一个东西的兴趣。抖音、快手等平台的快速发展，算法很好地契合了人们的心理，因为从心理上来看，人们对于超过 30 秒的视频缺乏耐心。但相当多的复杂的问题，短短的 30 秒视频是很难能够把它解释清楚的，特别是涉及一些复杂的问题更是如此。从本质上来看网络短视频这种信息表达方式，我们应该正确地看待。这一种碎片化的扁平化的信息获得方式，容易造成人们对世界的理解越来越简单化，这样很容易使得社会舆论变得越来越偏颇，极化的舆论氛围容易影响一个民族的精神气质。

网络时代越来越多的资本和技术的进入，不断推动短视频媒介的发展。对于短视频对网民个人的影响，从现实来看，如果没有很强的自制力和自律能力，很难从短视频的影响中摆脱出来。特别是在信息比较庞杂和良莠不齐的环境下，要获得高质量的信息，必须要对纷繁复杂的信息，有一个科学的判断。信息的来源越来越多，这样的信息平台相较而言就会越来越少。在以往的时代，高质量的信息很多。电视、电影都可以给我们带来高质量的信息。在今天的时代，相较而言，数量是越来越多，但高质量的信息越来越稀缺。而能否在复杂的信息环境下正确判断和获得相应的信息，也是对一个人的媒介素养的一个检验。

从新闻传播角度来看，完整的深刻的信息，应该把事件本身和整个的社会环境紧密联系在一起，既要有观点，又要有事实。那么在这种情况下，对网民来说，才会形成一个理性的认知，而要达到这一点对于信息的平台来说，就提出了更高的要求。今天的时代，短视频之所以能够快速发展，主要是因为跟算法推荐紧密结合在一起。算法的逻辑，也是改变人们认识方式的一种认识模式，以往是网络的参与者自身主动地去检索和发现相应的信息，那么在今天的算法推荐的时代，我们是被动地接受通过人工智能的算法推荐，向不同的信息群体进行信息推荐。算法推荐信息，从技术上来讲以及信息的生产和传播上来看都是一个进步。但是，这样一种看起来很有效率的方式，是不是在理论上充分开拓了人们获得信息的空间？这是有疑问的。在信息流动的过程中，任何一种技术的应用，都会受到不同力量的操控。今天我们在信息获得的时候，最后推送到普通网民终端的信息到底是怎么来的？经历了一个什么样的过程？这是算法推荐现在要解决的重大问题。传统媒体不存在这个问题，因为相较而言，其有比较透明的生产机制，再加上媒体的从业者媒介素养比较高，因而，所获得的信息质量就会比较高。

作为公共信息和人们的公共生活紧密相关，不管网络信息企业是公营还是私营企业，信息它应该是具有公共性的。如果通过算法推荐，给网络的参与者推送信息来谋取商业利益，那么，这个推送信息算法技术标准必须要公开透明，让整个社会所周知，这应该是互联网公司所承担的社会责任。因为对于一些信息来说，如娱乐信息是高度商品化的，对于有一些网红的"粉丝"推送网红的八卦新闻，是一个娱乐的商业行为。但是，对于关系国计民生、关系每一个人的身心安全的重要公共信息的时候，无论是信息的产生还是推送都要比较透明。

人工智能技术的发展、算法推荐的发展，这是一个社会的进步。最大问题是要在人工智能技术提高效能的同时，怎么来解决它发生的问题？因为单纯的信息检索要付出时间和物质成本，那么对于代替以往信息检索的人工算法推荐，必须要体现人本精神。不管短视频还是算法推荐，从技术创新运用的历史发展来看，任何一种技术的应用，都有一个从自由到规范的过程。电视的出现，尼尔·波兹曼（Neil Pozmann）曾经有过担心，他担心会引发娱乐至死的负面效果。互联网发展初期，有一本尼古拉斯·卡尔（Nicholas Carr）写的名字为《浅薄》的书，书中担心超链接这种形式会损害人类长期的记忆和思维能力。但是，从以往的技术发展来看，电视也好，初期互联网的发展也好，都极大地推动了人类社会各方面的发展。

那么，我们今天对于短视频算法推荐的批评，应该说从人类历史来看，我们存在的一些恐惧和担忧具有其合理性。但是并不是说以往对旧媒介的批评似乎没有造成多大的负面影响，因而想当然地得出一个结论，今天的短视频和算法推荐，也不会有太大的问题。任何一种媒体介质各有其优点和缺点，人们对于新的媒体介质，保持一种反思、理性的质疑，甚至说保持一种批判的态度，这应该是正确的，因为任何一个事物都可能具有负面效应。

其实，以往的媒体介质的发展之所以没有那么多的负面影响，在很大的程度上，是因为人们的质疑、反思和批判，促进了国家对以往媒体介质发展的规范和管理。从而，以往的媒体建设的发展在一定程度上体现了人本精神。比方说，这个媒体所表达的内容，不管是印刷媒体的时代还是互联网的时代，其实都有一个依法规范的问题。报纸来到这个世界上，都是为一定的政党来服务的。但是，在发展过程中，新闻业作为一个行业，形成了专业的操作规则，也开始遵循一定的原则来推进各方面的报道。所以，任何一种媒体介质的发展，都有一个不断规范的过程。不管报纸、电视还是互联网，虽说在今天这样一个时代，要推进互联网的发展，必须要不断提高网络参与者的媒介素养。媒介素养不仅仅是对于传播者来说，对于受众来讲，也有一个提高素养的问题。因为媒介素养的提高，会更好地促进人们形成认识、选择、解释、使用和反思信息的能力。数字媒体的时代，媒体素养应该是一种立身处世的基本素养，在各方面的教育中，都应该放在一个重要的位置上。短视频这样一种新型的传播工具，或者说内容生态，对人们的认识的影响比以往的电视更直接、更快速。今天人们从获得信息到认识、利用信息，时间更加紧凑，人们对视频的模仿和认知得越来越快速，所以，媒介素养的教育就越来越重要，特别在中小学要把媒介素养的重视提高到一个新的高度，这应该属于公民素养的重要组成部分。

社交媒体的快速发展，总体来讲给参与者更多的权利。技术的公司化、体制化或者国家化，信息的参与者不可避免地会受到这些具有垄断性的信息提供者的主导性影响。各种类型的信息平台和互联网都已经高度的公司化和国家化，在今天的时代，互联网已经失去了一开始的时候追求平等的活力。社会大众总体上对互联网的性别公平不再抱有乐观的态度。因为互联网技术的发展并不会天然地、自然而然地促进性别以及各个方面更加平等。

尽管今天的网络时代，互联网对于各种问题的讨论，往往会陷入一种极化的状态。对于性别的平等的讨论，其实是人类社会不平等的结构的反映。没有任何一个观念的革命，是在和平中完成的。任何一种观念的革命都跟思想的冲突紧密相关。在话语交锋和思想革命的过程中，凸显人的文化素养的重要性。双方的理性、综合的讨论更有助于双方达成共识。在今天的互联网上，不同观点的群体之间往往进行的是非理性的、气急败坏的谩骂，缺乏逻辑、和平和理性分析。互联网的话语暴力缺乏包容性，是当今时代要解决的问题。而这个问题跟一定时代的社会文化风气有很大的关系。在西方话语发展过程中，特别是反传统文化的运动过程中，也出现过类似的问题。互联网本身的特点促使了语言向更自由开放的方向去发展，因为它比其他的传统媒体所受到的审查更加宽松，以往在电视上的脏话是很难得到传播的，但是在今天的网络时代，很难完全过滤掉相关的脏话以及相应的一些负面的东西。互联网的难以操控，所带来的比较自由的文化空间，网络语言变得更加豪放，这是技术所带来的一个发展趋势。那么网络语言到底是不是真正的暴力？如何进行规范？这个问题需要具体问题具体分析。对于网络语言的形成与运用，必须要考虑互联网本身的传播规律，要有一定的包容性态度。真正的语言暴力没有逻辑、没有事实、没有证据，表现出来的是气急败坏，对于这样的问题应该要严格约束。

（四）依法管理互联网企业

今天的世界联网，一方面要面对现实世界的权威统治，另一方面，要面对自由市场的互联网发展形成的企业垄断。不管是市场主导还是强权主导，互联网最终都演变成一个中心化的世界，从而使网络寡头企业更容易控制住用户，强权势力更容易通过网络操纵所在国的国民，全世界的互联网都在寻找新的发展方向。

物理世界和互联网的世界相较而言，互联网的世界更残酷。今天的互联网世界，提供云服务的互联网企业越来越集中在少数的头部企业，个人网络节点早已寸步难行。互联网公司的权力正在超越民族国家的权力，这件事情正在现实当中上演，现实国家的政治统治局限于物理上一国的边界，而互联网公司可以把触角延伸到世界的每一个角落。从经济方面讲，互联网正在构建全球的无边界经济生态，绕过税收、法律、契约等元素的束缚，在世界各地经营。

互联网企业所处的重要地位，决定了他们积极承担社会责任才能造就最有竞争力和生命力的企业，只有富有爱心的财富才是真正有意义的财富。

只有这样才能在企业发展中，办好不单纯追求点击率的网站、不成为谣言扩散的帮凶的社交平台，更不会成为单纯以金钱多少为标准的搜索服务商。互联网企业要坚持社会效益与经济效益的统一，不能在追求金钱的同时迷失方向。

我国在社会主义初级阶段的基本经济制度是明确的，坚持公有制与非公有制经济共同发展是毫不动摇的，也是不会改变的。中国特色社会主义已经进入了新时代，社会主要矛盾也发生了变化，要满足人民日益增长的美好生活需要，需要公有制与非公有制经济相辅相成，而不是相互排斥，更不能相互抵消。习近平总书记 2016 年 4 月 19 日在网络安全和信息化工作座谈会上指出："非公有制企业搞大了、搞好了、搞到世界上去了，为国家和人民作出更大贡献了，是国家的光荣。党和政府当然要支持，这一点是毫无疑义的。"当然，网络发展还需要管理，网络管理相较于传统经济的管理更复杂更繁重。企业也好，党和政府也好，都要承担起各自的责任。"网上信息管理，网站应负主体责任，政府行政管理部门要加强监管。"主管部门同企业之间要密切协调,探索一条齐抓共管、良性互动的新路子。

通过立法,完善监管,化解网络风险,网络意识形态的风险看不见摸不着,一旦发生,往往会地动山摇。因此,企业一定要有"经济责任、法律责任,也有社会责任、道德责任。企业做得越大,社会责任、道德责任就越大,公众对企业这方面的要求也就越高"。

网络企业规模做大,很容易出现垄断的问题。1993 年中国出台了《中华人民共和国反不正当竞争法》,在中国加入世界贸易组织的大背景下,2007 年出台了《中华人民共和国反垄断法》。在法律不断完善的同时,执法体制不断地完善。中国的反垄断从分权监管向统一协调监管转变。我国的反垄断行政管理,在 2008 年后实行的是分头监管的方式。《反垄断法》出台后,反垄断工作主要由工商部门、发改委、商务部分头管理。三家分头管理反垄断工作效果不佳,主要存在的问题是信息缺乏互通交流,部门协调性不足,导致有些情况对外披露不及时,工作不顺畅。比如说,同类的案件,因为不同的执法主体处理结果差别较大。多头执法,共同拥有反垄断的执法权,容易造成管辖权的冲突,或者管辖的空白。多头执法也造成了执法成本的增加。2018 年为了解决多头管理问题,国务院专门成立了反垄断委员会,三个部门的反垄断职能全部并入新成立的国家市场监管总局,由该部门统一行使。从 2019 年到现在,国家反垄断工作进入一个新的阶段,2020 年开始,互联网反垄断工作更是推进到前所未有的高度。2019 年 1 月:国务院反垄断委员会印发《关于汽车业的反垄断指南》《关于知识产权领域的反垄断指南》《横向垄断协议宽大制度适用指南》《垄断案件经营者承诺指南》四部反垄断指南。2019 年 9 月:国家市场监管总局制定并施行了《禁止垄断协议暂行规定》《禁止滥用市场支配地位行为暂行规定》《制止滥用行政权力排除、限制竞争行为暂行规定》三部规章。2019 年 10 月:党的十九届四中全会提出"加强和改进反垄断执法,健全反垄断审查制度"。2020 年 1 月:市场监管总局就《〈反垄断法〉修订草案(公开征求意见稿)》向社会征求意见。2020 年 10 月:国务院反垄断委员会制定出台《经营者反垄断合规指南》。2020 年 10 月:党的十九届五中全会提出,打破行业垄断和地方保护,加强反垄断执法。2020 年 11 月:国家市场监管总局就《关于平台经济领域的反垄断指南(征求意见稿)》向社会广泛公开征求意见。2020 年 12 月:中央政治局会议首次提出：强化反垄断和防止资本无序扩张。传递出市场严格监管等重要信号，中央成立互联网反垄断专项行动小组。2021年1月，中央政法工作会议提出，加强反垄断和反不正当竞争执法司法。

不仅国内加强了反垄断的立法、执法和司法活动。在今天的信息革命快速发展的条件下，整个世界也迎来了第三代信息科技反垄断的浪潮。从国际上来看，应该说经过20多年的发展，互联网平台的发展已经过大，负面影响不断，各国的监管部门开始重视规范的阶段，而反垄断和每一个国家的产业发展密切相关，互联网产业发展到今天，需要权衡产业竞争与垄断的关系问题。2020年11月，美国司法部对谷歌开始进行反垄断诉讼，这一个案件是2000年微软案子以后规模最大的一个反垄断诉讼。2020年12月初，脸书（facebook）面临联邦贸易委员会的反垄断诉讼。与此同时在欧洲，德国联邦卡尔特已经明确宣布，2021年初开始对数字平台进行反垄断的执法。2020年11月，欧盟根据"滥用大数据为自营的产品牟利"的数据垄断问题，已经判定亚马逊违法。2020年12月中旬，欧盟公布了《数字服务法》和《数字市场法》这两部法律，目的就是要规范互联网平台的数据管理。

在美国谷歌借助安卓系统以及在搜索市场中的主导地位，控制了互联网广告并打击竞争对手。谷歌在美国的搜索市场份额中占到了87%，占全世界的份额超过了92%。互联网垄断负面影响特别大。中国推进互联网反垄断政策，主要基于垄断对于竞争来讲构成严重的妨碍，资本无序的扩张负面效应越来越明显。互联网垄断是市场发展的必然结果，但是，会造成对竞争的严重破坏，对产业的创新与发展形成阻碍。互联网巨头的业务边界越来越广，线上线下并涵盖到整个经济社会生活的方方面面，对实体经济形成了较大的冲击。互联网垄断已经转变为资本的垄断，资本的无序扩张冲击了原有的秩序，互联网创新技术冲击社会的经济、政治和文化生态，互联网巨头涉足国家的核心产业，如果缺乏相应的监管，政府对于经济的掌控就会受到很大的削弱甚至动摇。互联网平台形成的以数据为核心的虚拟世界，这种网络社会存在政府不可控的问题，对于政府的社会治理能力以及管理能力构成了严峻的挑战。政治因素的介入也加快了反垄断进程，互联网巨头逐步掌控国家的媒体和意识形态话语权，并且利用自身的媒体话语优势，对国家的政治意识形态构成很大的影响。互联网企业参与媒体行业的投资，对这个问题必须予以高度重视。

第三章　网络舆论阵地建设

习近平总书记在 2016 年 2 月 19 日召开的党的新闻舆论工作座谈会上指出："历史和现实都告诉我们，舆论的力量绝不能小觑。舆论导向正确是党和人民之福，舆论导向错误是党和人民之祸。好的舆论可以成为发展的'推进器'、民意的'晴雨表'、社会的'黏合剂'、道德的'风向标'，不好的舆论可以成为民众的'迷魂汤'、社会的'分离器'、杀人的'软刀子'、动乱的'催化剂'。"[①] 这段话，深刻揭示了舆论之于国家安全的重要意义。

不管是在经济领域还是在意识形态领域，如果我们的工作应对不当，就有可能会出现风险隐患，而不同领域中的风险有可能相互交织在一起。风险防范需要早识别、早预警、早发现、早处置。着力防范化解重点领域的风险，金融市场如此，在意识形态特别是网络意识形态斗争中同样如此，要打主动仗，防患于未然。在意识形态工作中，统筹各个领域有可能出现的风险点，不能单纯地把意识形态斗争局限于思想教育和宣传部门，各个领域都要有风险意识，不同领域中的风险可以相互作用，有时经济问题爆发往往也是一个政治问题和社会问题，影响不容小觑。

一、新闻舆论工作是党的意识形态工作的重要组成部分

新闻舆论，是意识形态斗争的主要阵地，特别是在网络时代，网络新闻具有传播快、受众面大等特点。网络新闻，在新媒体时代，影响特别大。习近平总书记一直强调做好网上舆论工作是一项长期的任务，必须要根据国际国内兴

---

① 《习近平关于社会主义文化建设论述摘编》，中央文献出版社 2017 年版，第 38 页。

起发展的需要,"把网上舆论工作作为宣传思想工作的重中之重来抓"①。习近平总书记强调:"做好党的新闻舆论工作,事关旗帜和道路,事关贯彻落实党的理论和路线方针政策,事关顺利推进党和国家各项事业,事关全党全国各族人民凝聚力和向心力,事关党和国家前途命运。"②

(一)高度重视网络新闻舆论

在意识形态工作中,新闻舆论处于最前沿、最直接、最具影响力地位,新闻舆论工作搞的好不好、阵地能不能受得住,直接关系到党的工作全局能否把握。习近平总书记早就讲过,经济建设是我们党的中心工作,"意识形态工作是党的一项极端重要的工作"③。作为上层建筑的意识形态,是由经济基础决定的。在与社会存在的关系中,社会存在决定社会意识,社会意识反作用于社会存在。意识形态作为社会意识形式的一个组成部分,其重要性在于,对于社会心态的走向、社会价值的导向、社会的思想观念都具有重要的影响。马克思曾经指出:"如果从观念上来考察,那么一定的意识形式的解体足以使整个时代覆灭。"④ 毛泽东也曾经讲过:"凡是要推翻一个政权,总要先造成舆论,总要先做意识形态方面的工作。革命的阶级是这样,反革命的阶级也是这样。"⑤

习近平总书记在新的时代从党和国家工作大局的角度,对党的新闻舆论工作性质地位作出了科学界定,并明确了党的新闻舆论工作的职责和使命。习近平总书记指出,党的新闻舆论工作是党的一项重要工作,是治国理政、定国安邦的大事。

习近平总书记特别强调党的新闻舆论工作这一概念,把新闻宣传工作纳入新闻舆论工作的范畴。把新闻舆论工作明确为党的新闻舆论工作,进一步扩展了工作范围,突出了工作内涵,提升了工作地位,进一步明确了新闻舆论工作的时代性、整体性以及意识形态属性。

习近平总书记也曾经指出:"任何新闻宣传都是为一定的党派和社会团体服

---

① 《十八大以来重要文献选编(上)》,中央文献出版社 2014 年版,第 465 页。
② 《习近平谈治国理政》第 2 卷,外文出版社 2017 年版,第 331—332 页。
③ 《习近平谈治国理政》,外文出版社 2014 年版,第 153 页。
④ 《马克思恩格斯文集》第 8 卷,人民出版社 2009 年版,第 170 页。
⑤ 《建国以来毛泽东文稿》第 10 册,中央文献出版社 1996 年版,第 194 页。

务的，都是他们经济政治利益的集中反映。"①

新闻舆论宣传既可以成为正面的，又可以成为负面的力量。好与坏关键得看新闻舆论掌握在谁的手里。新闻舆论的方向由谁来掌控，正确就能起到凝聚人心推动事业发展的作用，导向错误就会动摇人心，危害党和国家事业。互联网时代到来，我们的舆论环境、传播方式的格局都发生了巨大的变化。敌对势力也通过网络的手段进行意识形态的渗透，同我们党和政府争夺舆论阵地，争夺舆论阵地说白了就是争夺人心。作为意识形态斗争最直接的、最突出的领域，占领新闻舆论已经成为紧迫的任务。要增强主动性打好主动仗，在复杂多变的形势中把握好网络舆论的方向。

中国国家通讯社新华社积极拥抱互联网、人工智能等新技术，新华社智能化编辑部 2019 年底正式运行，许多创新科技成果应用于新闻生产传播全环节全流程，生产效率比原来提高了 3 到 5 倍。2020 年 5 月召开的中国人大和政协"两会"，隆重推出 5G 全息异地同屏系列访谈、全球首位 3D 合成主播等新媒体产品，中国两会报道的新闻样式和报道方式与时俱进不断创新。整体来看，人工智能的全面运用赋能了新闻业务，极大地推动了网络新闻传播向纵深发展。新华社 2021 年 5 月 18 日推出 5G 全息异地同屏系列访谈，邀请了基层和抗疫一线的全国人大代表讲述了他们履职的故事。利用新的全息成像技术打造全新的访谈栏目，引起了强烈反响。这样一种新的技术依赖 5G 作为网络传输的基础，让相隔千里的代表和记者跨越时空面对面实时交流。5G 网络的优势得到了充分的发挥，虚拟与现实融为一体，真人等比例大小的"代表"被实时投放到异地演播间，开创了 5G 时代远程同屏访谈的先河。这种全新的报道形式，所具有的异地采访同屏呈现实时互动，得益于 5G 技术等的充分利用，顺应了智能互联时代的发展趋势。

（二）美国深谙舆论宣传之道

早在第一次世界大战期间，美国政府发布的声明中，把德国发动的潜艇战看成向人类的宣战，向所有国家的宣战，认为这威胁到整个人类的利益。美国总统威尔逊（Wilson）向国会发表演讲，指出："必须使世界适于民主的推行。

---

① 习近平：《干在实处　走在前列——推进浙江新发展的思考与实践》，中共中央党校出版社 2013 年版，第 310 页。

世界和平必须树立在经过考验的政治自由的基础之上……我们只是捍卫人类权利的战士之一。当这些权利得到各国的信念和自由所能提供的最大保障的时候，我们便心满意足了。"① 美国历史学家指出，这一框架"赋予美国参战以道义上的和利他主义的含义，用强烈而真纯的民主政治的字眼描绘干涉，披上为上帝而战的正义法衣"②。

许多历史学家认为第二次世界大战期间，是整个 20 十世纪美国人凝聚力最稳固的四年，也可以说是美国国家历史中最团结的四年。1941 年 12 月，日本发动偷袭珍珠港的战争，珍珠港事件作为军事行动非常成功，但珍珠港事件，改变了二战的格局，美国从一个反战情绪高涨的国家变成一个万众一心、坚决加入二战的盟国。第二次世界大战是美国历史上唯一的没有遭到反战舆论讨伐的战争。珍珠港事件刚刚爆发的时候，美国人的团结意识和信心似乎并没有完全激发出来。尽管有一些美国学者认为在珍珠港事件爆发以前的 1941 年初，美国政府和各地的企业也通过海报、广告等形式号召美国人加强团结，应对可能到来的战争风险，但并没有引起国民的高度关注。在这样的历史转折关头，舆论宣传极为重要。

日本偷袭珍珠港之后的近半年时间里，客观来看美国人的宣传工作问题很多，可以说处于一种混乱无序的糟糕状态。当然，战争初期的盟军的作战不利局面也确实让很多宣传工作者们难以有更大的作为。当时，美国共有 3 个部门负责宣传工作，其中以国会图书馆馆长阿奇柏德·迈克利什（Archibald MacLeish）负责的专门从事战争宣传工作的精确资料办事处（Office of Facts And Figures）为主干，另外由罗斯福（Roosevelt）亲自下令组建起来的新闻统筹办公室（Office of The Coordinator of information）和总统行政应急管理办公室（Office of Emergency Management）下属的信息情报处（Division of Information）与政府报告办公处（Office of Government Reports）也可协助完成宣传工作。尽管如此，由于缺少了丰富的事实材料支撑和具有说服力的数据，巧妇难为无米之炊。再加上这些部门之间的相互合作很不到位，宣传作用大打折扣，对于战争发展没有作出多少显著贡献。

---

① ［美］德怀特·L. 杜蒙德：《现代美国》，宋岳亭译，商务印书馆 1984 年版，第 271 页。
② ［美］阿瑟·林克、威廉·卡顿：《一九○○年以来的美国史》，刘绪贻等译，中国社会科学出版社 1983 年版，第 184 页。

　　直到 1942 年 6 月中旬，借着中途岛战役的胜利，这种尴尬的局面才发生了根本改变。罗斯福于 1942 年 6 月 13 日正式签署了第 9182 号总统令，要求在总统行政应急管理办公室之下新成立一个名为"美国战时新闻处"（Office of War Information）的新机构，专门负责各类战时宣传动员、新闻报道和预警通知工作。此外，新闻统筹办公室下属的国际新闻部、出版部和图集素材部也统一划归战时新闻处管理。为加强宣传工作的领导，罗斯福总统还请来了哥伦比亚广播公司的资深新闻记者埃尔默·戴维斯（Elmer Davis），担任战时新闻处的总负责人。随着战时新闻处的成立以及工作有序展开，很快扭转了美国国内混乱不堪的宣传局面，起到了凝聚信心和鼓舞士气的作用。

　　第二次世界大战结束以后，美国政府的舆论管理在社会生活的各个方面都得到了深入体现。不管是白宫还是政府的职能部门，对于舆论的引导以及借力的使用愈发娴熟，政府也加强了对院外活动利益集团以及外国代理人的登记管理。美国的舆论管理历经百年，在非传统安全问题愈发突出的时代背景下，得到了不断的完善发展。在今天的全球治理的新时代，政府只有有效地组织、控制和运用好舆论工具，在国际交往中，才能够站在道义和权力合法性的制高点上，在各个方面的斗争中处于有利地位。反之，则会受制于人，付出经济政治或者军事的代价。作为软实力的重要组成部分的舆论，在新时代必须引起高度重视。

　　冷战结束以后的美国，一方面，军事上先发制人，另一方面用所谓的民主和自由赢得人心。美国把国家分为民主国家、集权国家或者无赖国家的话语体系，通过舆论修辞策略，成功实现了对国内外舆论的引导。美国学者恩特曼（Enteman）曾经指出，"框架能使受众注意现实的某些侧面，而忽略其他侧面，并可能由此导致受众的不同反应"①。

（三）两种新闻观分析

　　无产阶级的新闻事业是在同资产阶级革命斗争中逐步发展起来的。无产阶级的新闻事业不以盈利为目的，党报党刊在无产阶级斗争中从一开始便是同资产阶级进行斗争的武器。在革命当中党报党刊所报道的内容，主要是反映了革命年代无产阶级的经济生活以及革命等方面的各种不同诉求。在同资产阶级进

---

　　①　纪忠慧：《美国舆论管理研究》，新华出版社 2016 年版，第 11 页。

行斗争的过程当中，无产阶级的新闻事业时常遭受到资产阶级的压迫甚至打压。无产阶级政党的新闻报刊在相当长的时间内，是通过秘密出版的方式出版发行的，在有些情况下被查封或者被迫停刊也是常态。

把新闻传媒比喻为耳目、喉舌等观点最早是在 1814 年德国的《莱茵信使报》中的一篇文章提出来的，这篇文章指出："报纸应当是群众的喉舌，王公的耳目。"马克思在以后的革命生涯中多次使用耳目、喉舌的提法来表述新闻报道的功能和作用。1842 年 4 月，马克思在《第六届莱茵省议会的辩论（第一篇论文）》中指出："出版物是历史人民精神的英勇喉舌和它的公开表露。"1850 年1 月 8 日，马克思和恩格斯合作撰写的《新莱茵报政治经济评论》出版启示中指出："报纸最大的好处就是它每日都能干预运动，能够成为运动的喉舌。"

马克思主义诞生前，世界上的最早的工人阶级创办的报刊主要是揭露资产阶级的经济剥削，在资本主义早期，资产阶级反对资产阶级的斗争主要是采用经济斗争的方式。在以后的马克思、恩格斯领导创办报刊的以后，马克思、恩格斯更多地强调，无产阶级的报刊在革命当中应当起党喉舌和旗帜的作用。列宁在 1900 年创办的《火星报》、1912 年指导创办的作为俄国布尔什维克党的机关报《真理报》贯彻了马克思主义的办报方针，有力推动了无产阶级革命的顺利进行。

新闻自由的思想源于欧美资产阶级民主革命时期，以后不断形成发展起来。资产阶级新闻自由的理论基础主要包括天赋人权理论、观点市场理论、民主促进理论以及第四种权力理论。英国的政论家约翰·弥尔顿（John Milton）在1644 年 11 月发表的《论出版自由》一书，成为资产阶级新闻自由思想开篇之作。资产阶级在同封建势力作斗争中，提出出版自由适应了当时的革命斗争的需要，为资产阶级夺取政权建立资本主义制度发挥了重要作用。

对于资产阶级的新闻自由，我们要辩证看待，按照马克思主义的新闻自由观去分析新闻自由的各种观点分歧。新闻自由都是具体的而不是抽象的，新闻自由都是有阶级性的，没有超阶级的绝对的新闻自由存在。在阶级社会当中。新闻自由主要是指作为统治阶级的新闻自由，新闻自由是统治阶级的特权。新闻自由不是绝对的而是相对的。不管是无产阶级还是资产阶级的新闻自由，都属于在一定社会历史条件下的产物，从来不是永恒存在的。新闻自由不能简单地理解为目的或者手段，新闻自由本身既是目的又是手段。

在西方的新闻媒体当中，强调或者标榜客观报道，他们认为，只有准确地报道事实，并对事实不作解释和评论，他们主张在新闻报道中，不能带任何的主观意图，不需要也不能发挥什么指导作用。尽管如此，其实在新闻报道当中，即使是西方的新闻报道，也不缺乏或者不排斥指导性的。在第二次世界大战结束以后，西方新闻界当中的社会责任论者，强调新闻报道具有的指导作用和社会效果。美国西奥多·彼得森（Theodore Peterson）主张启发公众使他们能够实行自治，作为报刊的六项基本智能之一。在日本新闻协会于 1947 年 7 月 25 日通过的《日本新闻编辑基准》有规定："指导性、责任感和光荣感，新闻同其他企业的区别所在是它的报道、评论给公众以很大的影响。"

西方媒体当中所强调的不偏不倚、无私无畏地提供新闻这样所谓的客观报道，其实在第一次世界大战的宣传战中，新闻从业者主张的客观性只是一种职业追求和职业理想。新闻传媒要正确地引导读者思想和行为，指导读者学习、工作、生活的教育和功能。新闻报道要有意识地对公众施加影响发挥主导作用，这本身就是新闻媒体的固有属性和功能要求。

马克思和恩格斯使用报刊的使命来论证报刊的社会作用。在 1842 年 11 月，马克思第一次使用的这个概念，他谈到了独立的报纸的使命。在 1849 年 2 月为《新莱茵报》辩护的时候，马克思再一次使用了这个概念，他说："报刊按其使命来说是社会的捍卫者，是针对当权者的孜孜不倦的揭露者，是无处不在的耳目，是热情维护自己自由的人民精神的千呼万应的喉舌。"恩格斯在辩护的时候说，报刊"自己的首要职责是保护公民不受官员逞凶肆虐之害"。

西方政界某些人以及部分媒体，在香港问题的报道上，采取了选择性失明的办法。对香港发生的袭警等暴力行径并没有客观公正的报道，特别是香港警方在处理香港暴力违法事件依法依规的处理，他们的真实目的其实是采用双重标准通过歪曲报道借题发挥。最终抹黑中国以达到其遏制中国发展的目的。在西班牙、智利、英国等发生的骚乱中，有些城市也出现了纵火和袭击警察等，西方国家发生同类暴力事件的时候，西方媒体采取了同香港问题的报道完全不一致的做法，对暴力进行谴责并呼吁严惩而对香港的暴力事件给予支持。因此，西方某些势力的双重标准的做法，将充满偏见的言论灌输给观众，包藏政治祸心需要引起警惕。

马克思和恩格斯自参加革命之日起一向重视党的新闻传播工作，他们早期从事报刊编辑工作把党报党刊看作同敌人作斗争的阵地。马克思恩格斯在同敌人斗争的过程当中，他们认为，保持党同人民群众的联系，离不开报刊这个极其重要的武器和阵地，始终把无产阶级和最广大人民的利益作为他们的出发点。他们把党报党刊作为党内开展思想斗争、进行批评与自我批评的有效武器。马克思恩格斯关于无产阶级的新闻观在列宁时代得到了进一步的继承与发展，列宁将马克思主义的新闻观推进到新的发展阶段作出了重要贡献。其中阐述了党报党刊在宣传鼓动当中的作用，列宁在 1901 年 5 月鲜明提出报纸的作用并不能仅限于传播思想、进行政治教育和争取政治上的同盟者。报纸不仅是集体的宣传员和集体的鼓动员而且是集体的组织者。这是列宁对党报功能与作用的科学概括。列宁提出党报党刊应该具有宣传、鼓动、组织三大作用，真正地成为马克思主义政党。

马克思主义新闻观是新时代中国特色社会主义新闻舆论工作的灵魂。习近平总书记对于马克思主义新闻观的教育特别重视，他强调："要深入开展马克思主义新闻观教育，把马克思主义新闻观作为党的新闻舆论工作的'定盘星'，引导广大新闻舆论工作者做党的政策主张的传播者、时代风云的记录者、社会进步的推动者、公平正义的守望者"。习近平总书记在 2018 年 8 月 21 日的全国宣传思想工作会议上提出，在宣传思想实践中，我们不断深化了对宣传思想工作的规律性认识，提出了一系列的新思想、新观点、新论断。习近平总书记敏锐看到在新时代新闻媒体是各种势力争夺的阵地，在意识形态斗争中，新闻舆论工作处在最前沿。习近平总书记在党的新闻舆论工作座谈会上指出，党的新闻舆论工作的职责和使命是高举旗帜、引领导向，围绕中心、服务大局，团结人民、鼓舞士气，成风化人、凝心聚力，澄清谬误、明辨是非，联接中外、沟通世界。用六个方面 48 个字，对新闻舆论工作和使命作出了新的概括，为党的新闻舆论工作指明了方向。这就是坚持党对意识形态工作的领导权，坚持思想工作两个巩固的根本任务，坚持用习近平新时代中国特色社会主义思想武装全党，教育人民，坚持培育和践行社会主义核心价值观，坚持文化自信是更基础、更广泛、更深厚的自信，是更基本、更深沉、更持久的力量，坚持提高新闻舆论传播力、引导力、影响力、公信力，坚持以人民为中心的创作导向，坚持营造风清气正的网络空间，坚持讲好中国故事，传播好中国声音。以上这些重要的经验总结是做好宣传思想工作的根本遵循。

　　中国广大的新闻舆论工作者，坚持以马克思主义新闻观为指导，自觉抵制西方错误的新闻观的影响，坚持党性原则，把握正确舆论导向，不断地提高新闻舆论的传播力、引导力、影响力、公信力，不断巩固和壮大主流思想舆论。在新的时代条件下，新闻事业属于上层建筑的重要组成部分。马克思主义新闻观是建立在公有制经济基础之上，而西方的资产阶级的新闻观是建立在资本主义私有制经济基础之上，它反映的是资本主义的意识形态，西方极力主张的所谓新闻自由理念、鼓吹所谓的独立媒体，以此标榜客观公正准确的报道，追求所谓的绝对彻底的新闻自由，从现实来看西方的媒体都是资本主义意识形态的传播者，都受到资本利益集团的支配。

　　在西方资本主义的舆论当中，我们也经常看到政治正确也是新闻报道当中摆脱不了的规范，凡是和资产阶级利益、主流舆论抵触的观点，就会遭到攻击或者封杀，所谓的独立媒体，新闻自由，只不过是装点门面的工具。某些报道尽管也有一定的尺度突破，但绝不能触及国家的利益和资产阶级的利益。

　　从现实的网络报道来看，对于其他国家政治、经济、文化等大肆歪曲、丑化，而对于本国的世人都知道的问题视而不见，充满着历史文化的偏见。

　　新冠肺炎疫情疫情发生后，西方的主流媒体和有些政客相互配合，在国内淡化疫情，在国外栽赃中国，转移视线。所谓的新闻自由成了美国一些政客攻击中国的工具和武器，为了一己之私利，罔顾事实，一方面压制舆论、隐瞒疫情。另一方面，指责他国没有新闻自由，英国广播公司（BBC）涉及新冠肺炎疫情的新闻视频一再将疫情和政治挂钩，操作所谓的疫情"隐瞒论""源头论""责任论"，充满了意识形态的偏见，这些假新闻引起了中国人民的极大愤慨。以往我们往往被所谓的西方的新闻观这个假面具所蒙蔽，而这一次的新冠肺炎疫情，让西方所谓的自由的独立的媒体暴露其本来面目。在今天，世纪疫情和百年大局相互交织，我们的新闻舆论工作一定要旗帜鲜明，坚持马克思主义的新闻观，把握正确的舆论导向，敢于担当，敢于斗争，更好地发挥新闻舆论的作用。

　　在错综复杂的形势当中把握历史规律，总结历史经验，揭示历史发展背后的理论逻辑。更好地在网上网下引导人们更加深刻地理解中国共产党为什么能，马克思主义为什么行，中国特色社会主义为什么好。

　　在网络舆论战当中，长期存在西强东弱的现象。有些别有用心的西方媒体以及所谓的智库和政客，通过各种方式，宣扬拔高自己，千方百计贬低中国。针对中国发生的事情想方设法从负面加以夸大，对于自身存在的问题却视而不见。中国媒体对西方发生的各种事件所作的客观公正的报道，西方媒体往往挑刺，歪曲为不公正的报道评价。在有关问题上充分暴露他们的双标问题。在西方的某些媒体眼中，只要是西方的，就是民主的自由的，只要是中国的就是专制的集权的，这已经成为他们根深蒂固的意识形态偏见以及自身的虚幻的优越感。在互联网随处可以看到，对于西方国家自己的问题他们自身可以对骂，但中国媒体对此进行报道就当作宣传或者说虚假信息，他们的赤裸裸的话语霸权昭然若揭，暴露于世人面前。西方的话语霸权在今天的网络时代变得越来越多样化，并在网络蔓延。

美国为首的西方国家，通过各种方式体现了他们一贯的意识形态霸权，利用他们所谓的"普世价值"，通过各种舆论进行围堵中国，居高临下为所欲为。在网络舆论战中，恶意中伤中国，只许州官放火，不许百姓点灯，中国不仅不能反驳，更不能对他们进行批判。西方的话语霸权的核心主要是两条：第一条，我永远是对的；第二条，我如果错了，请参照第一条。不能不令人啼笑皆非！

二、网络舆论宣传的理论概述

置身互联网快速发展的 21 世纪的今天，我们无时无刻不被各种大众传播媒体所环绕，纸质的、电子版的文章、视频等媒介材料冲击着我们的感官，激发着我们的思考，人类从来没有像今天这样面临着如此烦杂的信息冲击与选择的困境。在这样的时代，理性的思考、人文的关怀愈发重要。诗人阿伦·金斯伯格说过（Aaron Ginsberg）："谁控制了媒体，谁就控制了文化。"互联网技术以及移动通信技术的快速发展，媒体加速融合，传统媒体有所局限的单一媒体内容和多媒体相结合，借助于互联网快速方便获取各种类型的媒体内容，媒体融合变成了现实。媒体的融合，受众的进一步细分无不带来传媒的革命，甚至有些专家认为可以放弃"大众传播"这个名词了①。

现实生活当中人们应用到的新闻概念，在不同的时代、在不同的人群中有不同的含义。从历史看，新闻一词最早在中国唐代就开始应用。唐代的李咸用

---

① ［美］约瑟夫·塔洛：《今日传媒：大众传播学导论（第三版）》，于海生译，华夏出版社 2011 年版，第 6 页。

《披沙集》《春日喜逢乡人刘松》诗中就有"旧业久抛耕钓侣,新闻多说战争功"。在新唐书中有文人孙处玄感叹"恨天下无书以广新闻"的记载。新闻一词到了清朝就具有了现代的含义,当时是指新鲜消息。有人统计在曹雪芹的《红楼梦》一书中,使用"新闻"的地方至少有七处。

（一）新闻舆论的界定

1. 对于新闻的界定,主要有四个方面。

有人认为,新闻的定义就是指新近发生的事实的报道。王中先生认为新闻是新近变动的重要事实的传播。这两种观点都认为,所谓的新闻,就是报道或者传播。还有人认为,新闻就是指的事实或者现象。徐宝璜先生认为,新闻乃是多数阅读的人所注意之最近事实。宁树藩先生认为新闻就是信息,他认为新闻是经过报道或者传播的新近事实的信息。甘惜分先生认为,所谓的新闻乃是指的手段。他认为新闻是报道或者评述最新的重要事实影响舆论的特殊手段。

在最近几年新闻舆论的发展当中,各种学说,有各种各样的争论或者争鸣。从现有的,学界对新闻的争论来看主要有四种代表性的观点。

第一种观点是指事实说。这种观点认为。只要是社会上新近发生的,为广大人民群众所关心并对社会大众有较大的影响的典型意义上的事实就是新闻。

第二种观点是意识说。这种观点认为作为观念的意识形态是对事实的一种看法,新闻不是对实时的看法而是对事实的反映。这种观点认为新闻是意识的一种,但不能和意识形态混为一谈。

第三种观点认为新闻就是意识形态。这种观点认为,新闻作品作为文化成果的一部分,它的显著特征就是反映。在反映社会生活中必然包含着各种思想观点。新闻中融合了各种不同的思想观点,所以说新闻就是社会意识形态。

第四种观点是信息说,这种观点认为新闻与新闻作品是不同的,作为新闻作品是反映新闻的载体,这种作品必然包含着记者的立场和观点以及倾向,这些属于社会意识形态。与新闻作品不同,新闻是一种信息,新闻传播的是最新变动的事实发展状态,传播的是事实。

从这四种观点来看,支持和赞成第四种信息说的人数在增加。持有这种观点的人认为新闻是新近发现的事实经公开传播的信息。

2. 舆论

舆论是指社会和社会群体中对近期发生的、为人们普遍关心的某一争议的社会问题的共同意见①。舆论的分类按照内容可以分为政治舆论、经济舆论、文化科学舆论和民事舆论。舆论反应的具体内容不一样，但舆论所遵循的规律是一致的。狭义的舆论，也被称为社会舆论或者公众舆论。是指"在一定社会范围内，消除个人意见差异、反映社会知觉的多数人对社会问题形成的共同意见"。②

构成舆论的三个要素分别是：（1）必须有一个现实的有争议的公共问题，这个问题与人们的现实利益、社会关系、社会观念的相关程度足以引起人们的普遍关注；（2）必须有相当多的个人对这个问题表明态度和发表意见，经过这些众多个体意见的充分互动，最终达到某种为一般人普遍赞同且能在心理上产生共鸣的一致性意见；（3）这种一致性的意见对公共问题的存在与变化以及与此相关的人们的行为能产生直接或间接的影响，即产生某种实际效果，这是舆论与意见相区别的关键。

舆论是社会的晴雨表，是某种共同性的社会心理和社会思想思潮的公开表露，是实现社会调控的制约力量。在中国古代早就意识到舆论的重要性，陈胜、吴广起义的时候就懂得发挥舆论的作用，他们让人用朱砂在帛上写了"陈胜王"塞到鱼肚子里，并且让人学狐狸叫，"大楚兴，陈胜王"的说辞一来二去人们就信了。

古代的舆论和今天所说的公众舆论相去甚远，舆论概念从规范意义上看反映的是"公共理性和作为价值基础的公共精神"③。古代的舆论与现代意义上的舆论概念有很大的区别。在西方，舆论被称为公众意见，大致可以分为公众舆论、阶级舆论和集团舆论。

舆论的发生大体经过三个阶段：问题的发生，意见的表露与交换，意见的扬弃与综合。在现代社会中，新闻媒介是一种能够影响舆论形成全过程的强大力量，主要方式有，一是吸引注意，唤起舆论；二是提供讲坛，反映舆论；三是施与影响，引导舆论。卢梭（Rausseau）的《社会契约论》是西方公众舆论

---

① 童兵、陈绚：《新闻传播学大辞典》，中国大百科全书出版社 2014 年版，第 192 页。

② 刘建明、纪忠慧、王丽莉：《舆论学概论》，中国传媒大学出版社 2009 年版，第23 页。

③ 纪忠慧：《美国舆论管理研究》，新华出版社 2016 年版，第 19 页。

概念的来源。舆论发展为公众舆论有一个过程，并不是一帆风顺的①。

　　舆论的公共性是舆论的核心内涵。与舆论的公共性紧密联系的是理性公众的反思批判精神，漫长的封建社会中存在着的是缺乏独立人格的臣民，存在严重的人身依附，很容易被驯服和被操纵，近代意义上的民主、法治和公共利益等都是随着市场经济发展起来的，尽管都打上了时代的烙印。作为现代性概念的公众舆论的出现，标志着人类社会发展进入了新阶段。社会舆论的生成机制比较复杂，受到各种因素的影响，容易偏离社会公共事务，如果缺乏对权力的制约和制衡，各种假冒的公共利益介入舆论的形成，舆论就往往容易被某些别有用心的利益团体操纵，社会公共利益就会受到损害。舆论管理定义的逻辑起点就是公共性。当然舆论管理追求的公共性，着重体现了社会舆论的应然与实然之间的矛盾，必须维护舆论的公共性，不断培育良好的舆论环境，避免把舆论管理等同于舆论控制。从舆论控制向舆论管理的转变，基础在于尊重舆论规律。

（二）大众传播

　　大众传播与信息密不可分，传播的过程其实是人们的一种交流方式，交流过程也就是信息的解读过程，由于信息是一系列符号的组合，对于信息的发送者与接受者而言，做到彼此的心灵相通是一个复杂的过程。在人类信息交流的初期，因为是即时的面对面的交流，不论是语言符号还是肢体动作符号，彼此之间的沟通没有阻碍。随着交流媒介的发展，扩大了人们交流的时空范围，交流的效用就受到了各方面因素的影响，既有客观因素又有主观因素。

　　媒介性人际传播是人际沟通的一种特殊形式，需要借助某种手段得以实现。互联网作为媒介极大拓展了交流范围。不管什么样的传播类型，他们都和信息相关。凡是包含信息的交流，大体都要具备七个要素，即信息源、编码、传输端、信道、解码、接收端、反馈②。

　　大众传媒扩大了传媒产品的影响范围，引导受众突破时空，几乎同步欣赏

---

① ［德］哈贝马斯：《公共领域结构的转型》，曹卫东等译，学林出版社1999年版，第108页。

② ［美］约瑟夫·塔洛：《今日传媒：大众传播学导论（第三版）》，于海生译，华夏出版社2011年版，第9页。

感受各种平面或立体的、静止或运动的感官材料，不同国家的受众在互联网飞速发展的时代，几乎可以忽略时区的差异，电影可以同步上映，演讲可以同步聆听，2020年新冠肺炎疫情期间的学校教育，全球可以同步直播，包括教育等各类文化政治等活动，从来没有像今天这样让人感觉我们同处地球村，彼此之间命运相连。

互联网和社交平台正在经历从文本为核心的平面化向大规模的音视频转向。随着5G时代的到来，将成为新闻传播的主流。声控媒体的发展，给广大的网络用户提供了新的新闻消费体验，不断推动媒体内容生产方式的变革。传统主流媒体与新技术公司的深度合作，让传统媒体在新的时代获得更大生命力。2019年，谷歌与全球的19个国家的媒体合作，推出了10种语言的40多种智能语音产品，为用户提供品质更高的交互式体验①。

相较于音频转向，视频转向对于新闻传播的影响将会更为深远，视频手段将会与调查报道进一步结合，推动了各大主流媒体推出了一系列的视频报道的典范之作。社交平台获取信息的便捷和门槛不断降低的技术应用，视频报道不再是传统媒体的专利，广大公众的参与越来越广泛。这为多元主体参与舆论监督和推动公众问责提供更多的机遇。特别是草根阶层网民利用简洁便利的视频生产窗口，通过制作短视频参与有关新闻的报道，极大地弥补了传统媒体报道的短板。美国的脸书、中国的微信中的短视频平台的应用，会成为相当长时间内的新闻传播的主流，甚至有学者断言："视频代表了现在，而短视频代表了未来。"

新闻传播在全球范围内正在经历由"全媒""融媒"向"智媒""浸媒"转变，今天的人工智能精准推送和区块链技术，将会引发媒体的内容生产和传播方式的全方位剧变，人工智能技术有助于媒体建立和发展新闻核查机制，辨别和抵御虚假新闻带来的负面影响。技术深度参与的传媒变革向何处演变，是学界关注的重要问题。人工智能在中国的新闻媒体上的应用处于世界领先水平。新华社的"媒体大脑"智能平台和"人民日报创作平台"的运用，受到了国际同行的高度关注。

数字化时代转向智能化时代对于传统媒体的冲击是巨大的，2019年元旦，

---

① 史安斌、王沛楠：《2019全球新闻传播新趋势》，《新闻记者》2019年第2期，第37—45页。

我国的一些地方传统媒体宣布停刊或者小停刊，其中包括《北京晨报》《黑龙江晨报》《赣州晚报》等等。相信这样的冲击，在未来的一段时间还会继续。新闻传播不仅面临着新技术的挑战，还需要不断的面临传播模式和新闻文化转型的挑战。

三、网络舆论的党性与人民性

"二〇〇六年，我在浙江工作时，对浙江省做好新闻舆论工作提出了十二个字的要求，即'为党为民、激浊扬清、贵耳重目'，其中就把为党为民放在第一位来强调。"①

（一）党的新闻舆论工作的根本原则是党性原则

习近平总书记在 2016 年 2 月 19 日的党的新闻舆论工作座谈会上的重要讲话，对于坚持党的新闻舆论工作的正确政治方向作了全面准确的阐述，高屋建瓴、内容丰富，立足于中国新闻舆论工作中党的领导的根本问题，题目宏大但又紧密结合实际。

新闻舆论工作要旗帜鲜明坚持党性原则，党的新闻舆论工作的根本原则是党性原则，"党管宣传、党管意识形态、党管媒体是坚持党的领导的重要方面""党报党刊一定要无条件地宣传党的主张"②。无论时代如何发展、媒体格局如何变化，党管媒体的原则和制度不能变。坚持这条原则，要旗帜鲜明，理直气壮。"坚持党性原则，最根本的就是要坚持党对新闻舆论工作的领导。党和政府主办的媒体是党和政府的宣传阵地，必须姓党，必须抓在党的手里，必须成为党和人民的喉舌。"③ 习近平总书记对此强调指出，党报党刊一定要无条件地宣传党的主张。"无论时代如何发展、媒体格局如何变化，党管媒体的原则和制度不能变。"④

新闻舆论单位坚持党性原则，必须自觉在思想上、政治上、行动上同党中央保持高度一致。新闻舆论机构所有的工作"必须体现党的意志、反映党的主

---

① 中共中央党史和文献研究院：《习近平关于总体国家安全观论述摘编》，中央文献出版社 2018 年版，第 119 页。

② 习近平：《论党的宣传思想工作》，中央文献出版社 2020 年版，第 181 页。

③ 习近平：《论党的宣传思想工作》，中央文献出版社 2020 年版，第 181—182 页。

④ 习近平：《论党的宣传思想工作》，中央文献出版社 2020 年版，第 182 页。

张，必须维护党中央权威、维护党的团结，做到爱党、护党、为党"① "决不能发表同党中央不一致的声音，决不能为错误思想言论提供传播渠道"②。

（二）全面辩证地理解党性和人民性的关系

坚持党性原则，必须加深对党性和人民性关系的认识，也就是说要正确地处理党性和人民性的关系。对于这个问题习近平总书记多次讲过，社会主义的中国是中国共产党领导的，党性和人民性是一致的，统一的。中国共产党的根本宗旨是全心全意为人民服务，自建党以来，从没有自己的特殊利益，"体现党的意志就是体现人民的意志，宣传党的主张就是宣传人民的主张"③。

坚持党性就是坚持人民性，要正确全面辩证地理解党性和人民性的关系，党性存在于人民性之中，没有脱离人民性的党性，也没有脱离党性的人民性。"把党性和人民性对立起来，在思想上是糊涂的，在理论上是错误的，在实践上是有害的。"④

坚持党性，新闻舆论工作才能有明确的立场和指南，只有坚持了人民性，新闻舆论才有活力源泉和发展动力。只有坚持党性原则，坚持以人民为中心的工作导向，才能确保新闻媒体始终站在人民的立场上，为最大多数的人民服务，而不是为少数人服务。媒体一定要处理好对党负责和对人民负责的关系，"把服务群众同教育引导群众结合起来，把满足需求同提高素养结合起来"⑤。宣传好党的理论路线、方针政策，通过宣传变成人民群众的实践行动，同时，把人民群众好经验好做法及时加以总结，不断推动工作的发展。在坚持党管媒体原则这个问题上，还存在一些误区，特别是在互联网条件下，一定要注意。习近平总书记特别强调："过不了互联网这一关，就过不了长期执政这一关。党管媒体，不能说只管党直接掌握的媒体，党管媒体是把各级各类媒体都置于党的领导之下。"这个领导"方式可以有区别，但不能让党管媒体的原则被架空"⑥。

新闻舆论工作的根本原则是要坚持党性原则。"党管宣传、党管意识形态、

---

① 习近平：《论党的宣传思想工作》，中央文献出版社 2020 年版，第 182 页。
② 习近平：《论党的宣传思想工作》，中央文献出版社 2020 年版，第 182 页。
③ 习近平：《论党的宣传思想工作》，中央文献出版社 2020 年版，第 182 页。
④ 习近平：《论党的宣传思想工作》，中央文献出版社 2020 年版，第 182—183 页。
⑤ 习近平：《论党的宣传思想工作》，中央文献出版社 2020 年版，第 183 页。
⑥ 习近平：《论党的宣传思想工作》，中央文献出版社 2020 年版，第 183 页。

党管媒体是坚持党的领导的重要方面。"① 习近平总书记对于党管意识形态工作高度重视。他认为，党报党刊一定要无条件的宣传党的主张，党和政府主办的媒体是作为重要的宣传阵地必须掌握在党的手里。他特别强调党性和人民性的关系，认为在中国共产党领导的社会主义中国，党性和人民性是一致的，是统一的，不能把两者的关系人为割裂开来。中国共产党作为马克思主义理论武装起来的政党，作为执政党没有自己的特殊利益，中国共产党的意志跟中国人民的意志是完全一致的，宣传党的主张就是宣传人民的主张，坚持党性就是坚持人民性。党性不是悬空的，党性寓于人民性之中，没有脱离人民性的党性，也没有脱离党性的人民性。如果不重视二者的关系，把党性和人民性错误地对立起来，"在思想上是糊涂的，在理论上是错误的，在实践上是有害的"②。

坚持党性决定了舆论的立场和方向，坚持人民性舆论才有活力和发展动力。在网络舆论发展日益快速的今天，媒体必须把党性和人民性结合起来，通过有效地宣传和传播，把党的路线方针政策变成人民群众行动，同时做好从群众中来的工作，把人民群众的好经验好做法反映和推广开来。

坚持党性的核心就是要站稳政治立场，坚持正确的政治方向，坚定宣传党的理论路线方针政策和中央重大部署，坚决同党中央保持高度一致，坚决维护中央权威。

人民性就是要把实现好、维护好、发展好最广大人民根本利益作为出发点和落脚点，坚持以民为本，以人为本。要树立以人民为中心的工作导向，不断丰富人民的精神世界，增强人民精神力量，满足人民精神需求。

要坚持团结稳定鼓劲、正面宣传为主，是宣传思想工作必须遵循的重要方针。宣传思想工作要不断进行理念创新、手段创新和基层工作创新。再开放条件下做好思想宣传工作，一项重要的任务要引导人们更加全面客观地认识当代中国、看待外部世界。

要宣传阐释中国特色，要讲清楚每个国家和民族的历史传统、文化积淀、基本国情不同，其发展道路必然有着自己的特色；讲清楚中华文化积淀着中华民族最深层的精神追求，是中华民族生生不息、发展壮大的丰厚滋养；讲清楚中华优秀传统文化是中华民族的突出优势，是我们最深厚的文化软实力；讲清

---

① 习近平：《论坚持党对一切工作的领导》，中央文献出版社 2019 年版，第 127 页。
② 习近平：《论坚持党对一切工作的领导》，中央文献出版社 2019 年版，第 128 页。

楚中国特色社会主义植根于中华文化沃土、反映中国人民意愿、适应中国和时代发展进步要求,有着深厚历史渊源和广泛现实基础。①

四、网络舆论的管理

(一)加强舆论管理的必要性

自古以来一切文明的进步,最初无一不是从所谓异端邪说开始的。异说的争论年复一年地继续下去,社会上一般群众又仿佛受到了智者的鞭策,不知不觉地接受了他的观点。

昔日的所谓异端邪说已成现代的通论,昨日的怪论已成今日的常谈。那么,今天的异端邪说,一定会成为后日的通论常谈。②

人们的生活有三种场域,即日常生活、个人生活以及公共生活。在公共生活领域,人们在参与公共事务中提升和完善自我。因此,舆论管理的目标在新的时代条件下,要不断开拓讨论空间,体现舆论的公共性特质,培育社会大众的公共精神,不断涵养社会公共生活的品质。在社会公共生活中人们不断培育公共精神,"公共精神是指社会成员基于公共理性而形成的社会品格与气质,表现为公共生活中普遍的责任意识、普遍的良知与道德感以及对于民主、法治、公平正义、契约、规则和秩序等价值理念的普遍认同与践行"③。公共精神是一个国家和民族屹立于世界的软实力,公共精神水平的提高,可以使社会成员的每一个个体,轻松自如地做到表里如一,从而享受高品质的内在生活。在任何一个社会中,人们在面对公共事务的时候,如果王顾左右而言他,那么这种生活态度不管是出于恐惧还是冷漠,都不是真正意义上的公共生活,也必然会导致公共精神的匮乏。公共生活、公共理性和公共精神是互为表里,三位一体。舆论管理的职能关乎社会的精神面貌,而且关乎每一个人的内在生活质量。现代舆论管理的职能就在于拓宽公共讨论的空间以及培育公共精神,这也成为舆论管理之所以合法的基础。因此,必须要建立相应的规则,培育规则意识,用制度来约束人。伴随着市场经济竞争的不断发展,社会利益的分化和社会阶层

---

① 习近平:《论坚持党对一切工作的领导》,中央文献出版社 2019 年版,第 26 页。
② [日]福泽谕吉:《文明论概略》,北京编译社译,商务印书馆 1982 年版,第 6—7 页。
③ 纪忠慧:《美国舆论管理研究》,新华出版社 2016 年版,第 31 页。

一定程度的固化，传统社会的总体性逐渐地被多样性的多元社会关系所取代。在西方社会表现得比较明显的是，不同阶层和同一阶层的不同群体的话语权发生分化，不在平等在加深，如果不能有效地协调解决，那么，已经存在的社会矛盾和对立的舆论的发酵，极有可能引发社会动荡危及社会稳定。在西方社会，如何防止言论和表达自由被社会的利益集团所垄断，确保公众能够发出和听到声音是舆论管理的迫切任务，特别是在全球化的地球村条件下，必须要对这个问题高度重视。

舆论管理活动所遵循的价值理性，是其公共性内涵规定的必然要求。舆论管理活动是为了实现公共利益和社会的良性发展，而不是为了维护个人或者集权统治。舆论管理的价值理性遵循公众意志而不是少数人的意愿，按照一定的舆论规则和法治边界疏导一定阶段的社会意见，从而实现社会公共利益的最大化。价值理性是以舆论管理规则的合乎规律性为前提的，舆论管理的规则的设定则基于舆论的基本属性以及舆论形成与演变的基本规律。

公共性是舆论的基本属性，为舆论管理的必要性和目的性提供了依据。自在性是舆论形成与演变的基本规律，为舆论管理的规则设定提供了参照。在舆论中，既包含理智成分又有非理智的成分。自在贯穿于舆论形成的过程、舆论表达方式以及舆论功能的实现三个方面，这是构成舆论实体的必要条件。舆论是社会自在控制的重要机制，是社会系统稳定的一个重要支点。原始社会没有阶级社会的国家也没有正常的管理机构，主要是靠舆论维持社会秩序。马克思在谈到习惯法的运用的时候，曾经讲过它所依赖的惩罚性制裁部分是舆论，部分是迷信。恩格斯讲到氏族制度的时候认为："除了舆论以外，它没有任何强制手段。"①

人类的早期，舆论在社会关系形成过程中具有基础性的控制和管理职能。在人类社会发展到高一级的阶段以后，舆论机制仍发挥着重要的作用。舆论作为自在的意见形态，可以被管理但不能完全被控制。舆论内容的管理需要谨慎小心，一旦把内容的管制作为管理的常态，"则不能不沦为少数人对多数人的思想控制，荒谬和灾难常常都是从这里开始的"②。

舆论管理包括宣传、反馈、疏导和控制等一系列环节在内，是一种动态的

---

① 《马恩全集》第 21 卷，人民出版社 1972 年版，第 192 页。
② 纪忠慧：《美国舆论管理研究》，新华出版社 2016 年版，第 35 页。

意见管理。成为当代美国企业和政府的组织化行为，避免了在西方语境中对于宣传的偏见。拉斯韦尔（Lasswell）在 1926 年的博士学位论文中，给宣传所下的定义埋下了日后分歧的种子。他在论文中对于宣传是这么界定的："仅仅指通过重要的符号，或者更具体但不那么准确地说，就是通过故事、谣言、报道、图片以及社会传播的其他形式，来控制意见。"①

从定义来看，从意见到舆论，从控制意见到舆论管理，它们之间既有联系又有区别。有判断能力的公众在讨论批判基础上形成的权威意见，才能被称为公众舆论，在互联网时代以前主要通过纸质媒体呈现出来，互联网时代的呈现就越来越多样化了。因为把意见和舆论往往互换使用，所以有学者认为："宣传作为控制新闻流动、管理舆论或操纵行为的手段，和人类有记载的历史一样古老。"② 拉斯韦尔在给宣传下定义之后也断言："宣传关注的是通过直接操纵社会暗示，而不是通过改变环境中或有机体中的其他条件，来控制公众舆论和态度。"③ 舆论管理的出现成为美国政府"制造同意"的一张王牌，公众舆论成为影响社会政治生活和政府相关决策的重要变量，是参与式民主理论和公共决策理论的重要范畴。作为政府管理"观点或者意见的市场"，美国学界更多讨论的问题是政府管理存在的必然性和合理性以及管理的边界和规则问题。政府与市场的关系，从自由资本主义时期的要求政府最少的管理，到以后要求政府的公权力全方位的干预，时代的变迁要求不断回答新的问题。特别是随着舆论测量技术的精细化和日常化，政策的制定者能够有效地做到事前和事后的信息对比和检测，确保有关决策在既定的轨道上运行。赫伯特·席勒（Herbert Schiller）认为："在高度发达的市场经济中，民意管理的先进机制，深深依赖着民意测验与调查。"④

在现代，社会舆论主体与舆论管理主体具有重合性。社会公众作为舆论的主体，应该是舆论管理的基本主体。大众传播机构作为社会舆论机关，比一般

---

① ［美］国哈罗德·D. 拉斯韦尔：《世界大战中的宣传技巧》，张杰、田青译，中国人民大学出版社 2003 年版，第 22 页。

② Garth S. Jowett, Victoria O&apos, *Donnell*, *Propaganda and Persuasion*, Sage Publication, 1999, p. 47.

③ ［美］国哈罗德·D. 拉斯韦尔：《世界大战中的宣传技巧》，张杰、田青译，中国人民大学出版社 2003 年版，第 44 页。

④ ［美］赫伯特·席勒：《思想管理者》，王怡红译，远流出版事业股份有限公司 1996 年版，第 128—129 页。

的社会公众具有更为强烈的自觉意识。国家能否成为舆论管理的主体，在西方是一个有争议的问题。国家作为组织化结构化程度最高的共同体，依法组成的政府作为国家的代表行使的是公权力。按照西方的传统的自由主义观点，公权力能否介入舆论的形成过程，这是有很大疑问的。但对个人表达自由的放任，并没有使得社会大众获得平等的表达机会，这种情况在有关种族仇恨的言论以及淫秽出版物等问题讨论中，已经有一些人对政府要坚持的中立原则产生不满。针对此种情况，美国学者费斯（Fiss）曾经指出："以往的论辩预设了这样一种前提性的观念，即国家是自由的天然敌人，正是国家企图压制个人的声音，因而也正是国家必须受到制约。这个观点相当有洞见，但只说出了真相的一半。的确，国家可以是压制者，但也可以是自由的来源。"①

在人类社会漫长的历史发展中政权的稳定与社会舆论密切相关，但是在对待社会舆论问题上，如果采取武力压制或者精神的控制往往适得其反，最终政策执行者深受其害。现在的社会中，政府、社会大众以及新闻媒体构成了舆论发展的三个支点，这三个方面从理论上都是围绕着公共事务等公共性问题而展开的。舆论管理的对象，不仅包括社会中已经形成的各种各样的舆论，而且应该包括舆论形成与传播的各种环境要素。但是，政府、新闻媒体和社会公众，不仅影响着社会环境的各种各样的因素，而且这三个方面本身属于社会环境的组成部分。所以，政府、新闻媒体和社会大众不仅是舆论管理的主体，也可以转换为舆论管理的客体。在当今社会，"管理主体之间的交叉轮动，成为舆论管理主体间性的标志之一"②。

在这三个方面的关系中，处于弱势地位的是社会公众，如何解决社会公众在舆论管理多元主体格局中的地位，特别是在转型期的国家和社会，这个问题表现的更突出。社会公众在网络时代面临新的问题，如果要在观念思想以及各方面不断与时代同行，就需要不断提高媒介素养，通过结构化的组织形式推动，从非理性更多地转化为理性的群体，从而不断地促成舆论公共性的提高。

引导政治话语向大众话语积极转化。政治意识形态的核心价值观就是民主、自由等。美国的传播理论与实践比较发达，对于意识形态的话语通过通俗易懂的方式，转变为大众的话语，在这一点上美国的意识形态输出考虑了不同话语

---

① ［美］欧文·费斯：《言论自由的反讽》，刘擎、段莹译，新星出版社 2005 年版，导论。
② 纪忠慧：《美国舆论管理研究》，新华出版社 2016 年版，第 26 页。

的特征。他们对于政治话语向大众话语的转化，做了很多的工作。对意识形态进行了形象化的解读，这种解读主要是从符合他们自身利益的方面进行了解读。比如，传播三权分立、多党政治等。面对目标国家与地区的问题与矛盾则加以放大，并把问题出现的原因归结为所谓民主的缺失和专制集权的体制。他们特别善于对有些国家所发生的民生问题进行意识形态的解读，并且大肆渲染，激发群众对政府的不满情绪。

这些年来可以发现一个很重要的规律性现象，当网络舆论遭遇社会热点、民生事件的时候，西方的意识形态的解读总会推波助澜，唯恐天下不乱。网络舆论场上因为突发社会事件所引起的舆论每天都有，大大小小的社会事件在网络上进行发酵，被上纲上线为社会制度问题，从而引导网民对抗政府。所以说，在互联网空间当中，美国的西方政治价值观，对于社会主义意识形态构成了严重的冲击。

舆论对于人们的价值判断具有重要的影响作用。众口铄金、积毁销骨就说明了这一点。法国哲学家莫斯科维奇（Moscovici）对美国等西方国家控制民众意识的方式已经有过精确的评价："西方类型的专制的主要差别在于它依靠的不是对生产手段的控制，而是对信息手段的控制，并将其作为神经系统加以利用……由外部迫使群众服从让位于由内心使群众服从，看得见的统治被不知不觉地换成看不见的精神统治，而这种精神统治是无法抵御的。"①

美国政府在运用网络进行意识形态输出，加强舆论引导，让意识形态话语向群众话语转化，就是为了建立世界对美国的认同。对于美国的认同它是一种社会认同的体现。在互联网的时代，人们的认识是碎片化的，社会利益关系的复杂多样，导致了人们对社会的认同度降低。因此，美国在国内的意识形态方面也很注意发展个体公民化的语言，强化意识形态的影响力和说服力，从而能塑造对美国的政治认同。21 世纪以来，生态、反恐等话语体系，被美国用来包装其政治意识形态话语，是在社会公共领域当中建立美国社会认同最为直接关键的一个环节。自由、民主、生态、反恐等公共话语通过现在的互联网跟个人的心理有机连接，使得美国社会的认同内化为价值观和生活态度，内化为对某种意义的期待和效仿，内化为个体评价判断和选择的标准。通过建立美国认同

---

① ［俄］谢·卡拉·穆尔扎：《论意识操纵》（上），徐昌翰译，社会科学文献出版社 2004年版，第 52 页。

的方式，美国对目标国和地区进行了意识操纵。在这样一种话语环境的潜移默化的改造中，美国政治意识形态进入了目标国家民众的头脑，从而成为他们判断是非的标准，以及其他国家民众对美国的顶礼膜拜。所以，穆尔扎（Muerza）的评论很生动："当一个人想操纵我们的意识，把它的信息报道用文本或行为的方式传递给我们时，他追求的目的是什么呢？他的目的是供给我们一些符号，让我们把他们嵌入上下文，并以我们的理解来改变这一上下文的形象……它必将影响我们的行为，我们则相信这些行为完全符合个人的愿望。"在针对某些国家和地区当中，美国认同机制建立的意图就在于，通过互联网的舆论生态和社会环境不知不觉地、不动声色地把美国的政治意识形态嵌入被改造的目标国的舆论生态之中，进而内化为民众的政治价值观和判断思维的标准。美国中央情报局局长艾伦·杜勒斯（Allen Dulles）早在1945年就已经说过："人的脑子，人的思想，是会变的。只要把脑子弄乱，我们就能不知不觉改变人们的价值观念，并迫使他们相信一种经过偷换的价值观念。"① 苏联解体给我们的教训要认真总结，敌对势力要搞垮一个社会，颠覆一个政权往往先是从意识形态领域开始的，首要的是搞乱人们的思想。在互联网时代，美国以输出意识形态为突破口，对包括中国在内的目标国家进行政治颠覆的意图愈发明显。没有互联网政治意识形态的安全，就难以保证中国共产党长期执政的安全。

（二）网络舆论管理的创新

舆论主体与舆论管理主体之间的重合，是要求舆论管理创新的基础。网络不断深化的时代，舆论的生产关系日趋复杂，话语权产生位移，从政府、新闻媒体不断向网络大众回归，这对于政府和新闻媒体构成了严峻挑战。舆论管理的参与各方，必须从思维观念和管理方法等方面顺应时代的变化。

从理论上来讲，舆论管理主体必须以维护舆论的公共性为出发点和落脚点，追求的应该是社会公共利益的最大化，但是，从现实来看，管理主体由于自身的立场和站位不同，会产生一定的不足。政府的舆论管理，除了要考虑公共利益这个目标，还要更多地考虑巩固统治地位的需要，而管理舆论的官员更看重的是管理的结果对其政绩的影响，这样的话，最终只会产生功利主义的倾向，

---

① 自李艳艳：《美国互联网政治意识形态输出战略与应对》，社会科学文献出版2018年版，第92页。

容易导致极端化的管理方法，要么通过强力压制舆论，要么可能无原则地讨好舆论，这两种情况在许多国家出现过。因此，要达到一个良好的舆论管理水平，必须要对拥有公权力的舆论管理主体进行制度约束，既要有他律也要有自律，从而更好地推动舆论健康发展。

当然舆论管理中的另两类的主体，大众传媒主体和公众主体，也要求进行建设性的理性的主体自律，这两类主体不同于享有公权力的政府机构，所以更多地要强调自律，如果过于强调他律，这不利于舆论的开放展开，在自律的基础上，要有他律的制度约束。社会发展的快速深化，多元管理主体之间的博弈妥协，对于舆论管理的提高和舆论的发展都是有重要意义的。

当今的网络社会同以往的社会有很大的不同，舆论管理职能在不同的社会形态下，在不同历史时期所扮演的角色与发挥的作用也是千差万别的。

以往的传统社会中，舆论管理主要表现为社会控制，在堵与疏的选项中，大多以堵为主，或辅之以疏或者堵疏并重，主要的目的在于巩固统治阶级的统治地位以及维持社会秩序，这样一种舆论管理与传统的人治社会是相适应的。那时社会因为发展的缓慢，舆论的变化也相对缓慢。

而在现代社会中，随着社会的快速发展，舆论现象日新月异，对于舆论管理的要求有了更大的提高。特别是现代的民主政治观念以及人民主权观念的普及，动摇了以往社会压制舆论的基础，使得舆论管理的职能更多地向维护好公共利益公共性方面转移。

在传统社会中容易形成意见中心，并由中心扩散到其他领域。在传统社会当中，舆论生产关系表现得比较简单，信息的流动是单向的，不存在比较复杂的矛盾运动关系，所以说传统舆论管理是通过简单的控制也就能确保舆论有利于当政者。

但是到了 19 世纪，随着工业革命和科技的快速发展，新的科技成果不断地运用于现代传媒，舆论的生产力发展水平快速提高。伴随着经济基础的变化，上层建筑也发生了相应的改变。大众传媒和社会公众在舆论发展中的作用越来越大，传统社会中堵疏的简单管理方法已经难以适应形势发展的要求。现代公众舆论的量和质以前所未有的巨大的能量表现出来，所有以民意为基础的现代政府忽略不见都是不明智的。另外基于现代的分析工具，对舆论的测量与分析也越来越成为公共决策的重要依据，现代社会舆论管理更多地转向收集公众意见、舆情检测、社会协商等功能延伸，局限于单一的控制舆论已经不适应社会发展了。

有学者认为舆论管理的职能很大的程度上是基于公共决策以及联系反馈，属于工具性理性的范畴，因此必然带有实用主义的色彩，舆论的公共性原则要求舆论管理职能应该从工具理性转变为价值理性，不断地拓展公共讨论的空间，"构建生态良好的意见市场"。当然，这有一定的理想主义色彩。在舆论管理中，不能阻碍就公共问题的自由辩论。如果公共行动的批评者必须保证其言论中的所有情节都符合事实，很容易阻碍公共问题的自由辩论。管理部门不能因为厌恶某些言论，而加强对它的管制，"甚至不能管制那些在传统意义上不被保护的言论"①。新闻界有权就公共讨论发表任何意见，有权发表合法获得的真实信息。公共官员和公众人物对新闻界发表的不实信息提起诉讼的时候，必须证明新闻界的实际恶意。

保证公民在合法的前提下，发表他们的意见和见解，并不是因为他们所发表的意见有多高的水平，而是人们发表他们的意见与民主法制紧密相连，这也是宪法所规定的公民言论自由的具体表现。从理论上来讲，人都是理智的，他们之间的观点对错，可以在同谬误的较量当中分出胜负，在真理的面前，人人都是平等的。"虽然各种学说流派可以随便在大地上传播，然而真理已经披挂上阵；如果我们怀疑她的力量而实行许可制和检查制，那就伤害了她。"② 对于思想市场中的表达自由，自由主义的观点有值得参考之处，但他们的阐述更多具有理想化的色彩，但美好的理论设计要落到现实必须考虑现实的条件，否则会走到美好愿望的反面。"假定全人类持有一种意见，而仅仅一人持有相反的意见，这时，人类要使那一人保持沉默并不比那人（假设他有权力的话）要使人类沉默才可算为正当。"这些分析都是在理想化条件下的展开，现搬到现实来或者用它观照现实都要慎重。但我们可以顺着这样的思路作一演绎，加深对某些问题的理解。"假如那意见是对的，那么他们是被剥夺了以错误换真理的机会；假如那意见是错的，那么他们是失掉了一个差不多同样大的利益，那就是从真理与错误冲突中产生出来的对于真理的更加清楚的认识和更加生动的印象。"③

---

①　纪忠慧：《美国舆论管理研究》，新华出版社 2016 年版，第 29 页。

②　[英] 约翰·弥尔顿：《论出版自由》，商务印书馆 2010 年版，第 53 页。

③　[英] 约翰·密尔：《论自由》，商务印书馆 2008 年版，第 19、20 页。

　　新冠肺炎疫情改变的不仅仅是人们的生活方式，同时在不断改变人们的价值观念。从疫情初期的对戴口罩的抗拒，到疫情发展的现实带给人们的触动，医学专家的研究也显示，戴口罩对防范疫情的传播是有用的，人们对戴口罩从抗拒开始走向接纳。但是，在新冠肺炎疫情期间是否戴口罩问题又逐步成了意识形态问题，涉及政治之争。网络上下充斥着不同政治立场的声音。从疫情开始之时的美国疾控中心不建议民众戴口罩，到地方官员强制民众戴口罩，是否戴口罩成为不同党派之间争论的议题。其实，口罩问题的政治化同一些政客和媒体的操作有很大关系。美国纽约州州长科莫（Comeau）看到了戴口罩对于降低新冠肺炎感染率的作用，在例行的发布会上，专门提到了中国戴口罩的问题，"我知道他们为什么戴口罩了，他们是对的，戴口罩是有用的"。尽管如此，反对者认为强制民众戴口罩侵害个人自由。把戴口罩这一个简单的科学问题，从意识形态的争论中解放出来，付出了生命的代价。关于戴口罩的党派分歧，最后也体现在普通公众的身上。团结抗疫的共识形成之难，实在是令人扼腕叹息。

　　舆论管理是否对内容进行管理调整以及管理的尺度，都是值得探讨的问题，因为这里面涉及的是舆论内容的管制与表达自由的管理之间的平衡。1996 年美国国会通过的《通讯严肃法》规定，通讯的传播者和服务商，对于暴力和色情内容的节目和信息要进行特殊规范，因而引起了广泛的争议。该法反对者提出的理由，就是政府无权干涉舆论内容。尽管该法被联邦最高法院宣布违宪，从这个案例我们可以看出舆论管理与美国的自由主义信念之间的确存在着不可调和的矛盾。法国历史学家托克维尔（Tokville）曾说过："为了享用出版自由提供的莫大好处，必须忍受它所造成的不可避免的痛苦。想要得到好处而又要逃避痛苦，这是国家患病时常有的幻想之一"[1]。

　　那么在舆论管理中，制定的规则对内容的约束到底应该怎么来理解，以及如何进行规范。按照一些学者的观点，只要时间允许，舆论的自我净化功能就会显现，除非涉及重大国家安全等问题，来不及经过人们自由发表意见加以澄清，舆论管理一般来说不应干预意见和观点本身。有人得出结论，以权力为中介的舆论管理，如果针对的是表达的内容，那么这种管理从长远来看是无效[2]。从舆论管理的实践以及舆论传播自身的特点来看，舆论在一定外力的作用下，

---

　　① ［法］托克维尔：《论美国的民主》，董果良译，商务印书馆 1991 年版，第 207 页。
　　② 纪忠慧：《美国舆论管理研究》，新华出版社 2016 年版，第 37 页。

有可能从显性状态变成潜伏状态。采取强力对舆论弹压，只能暂时改变舆论的表达锋芒，如果强力有所减弱或者其他条件具备后，舆论就有可能再次高涨，直至舆论原有目标完全得以实现。严肃地说，在一定的外力作用下，舆论会发生变形，外力越大它的反作用力也就越大。因此从舆论管理的发展规律来看，从内容的管理过渡到规则管理，"是代表近代以来的政治文明的方向"①。

舆论管理规则作为一种行为规范，在管理的过程中如果符合舆论发展的规律，就容易被舆论的参与者所接受，规则的要求变成参与者的主体的自我意识，从而达到舆论主体的自我约束。相较而言，舆论表达的内容，应该比舆论表达的方式更应该得到保护。当然这一问题在不同的国情条件下，不能千篇一律，而是各有不同的侧重。一定的社会条件下舆论的管理，跟一个国家的政治经济和文化的发展有很大的关系，当然也跟一个国家的政党和政府的政策选择有很大的关系。不同的社会制度在对待舆论问题上，必然有其特殊性。特别是在网络舆论作用越来越大的今天，无论在何种制度下，坚持法治基础上的开放透明管理，以及公民的有序参与，都已经成为舆论管理的理论前提与价值基础。舆论管理的理念方法，客观上体现了一个国家发展所处的历史方位，也能反映一定社会条件下社会管理活动的理性限度。

关于经济全球化有不同的观点和看法，网上有关的信息斑驳杂乱，对人们的认识形成了很大的干扰。中国一直坚持全球化是社会生产力发展的必然要求，是人类社会发展的必由之路，不仅符合经济社会发展的规律，也符合各国人民的共同利益。

人工智能等技术的快速发展，技术性的思维模式远远领先于哲学的思想的发展，带来的问题是人们的眼界狭隘而难以扩展。20世纪90年代后的全球化发展突飞猛进，远远超过了人们对于全球化的协调管理水平，这就不可避免地带来了大国之间因为意识形态的不同而带来的政治冲突与纷争，这一点在今天的时代愈发凸显出来。

经济学认为市场是自发、自律和自我调节的，有其自身的运行规律，如果从政治经济学的角度来看，市场天然具有社会性，甚至是政治属性，从来没有什么纯粹的市场经济。因此，解决人们讨论中的不同观点冲突，必须要从不同学科出发。视角的改变给人们认识世界的影响是巨大的，国家作为实体更关注

---

① 纪忠慧：《美国舆论管理研究》，新华出版社2016年版，第37页。

的是相对收益，因为一个国家同其他国家的收益相比之后的收益变化，会影响国家安全。所以，我们看到中美贸易战中，各国政府更加关注贸易条件等的变化。经济学更看重利益分配，政治经济学看重塑造信仰、意识形态及其影响。技术进步和国际分工导致的全球化只是表面现象，其基础则是政治协调与合作。

新冠肺炎疫情本是人类社会发展中所遇到的一个插曲，但在有些国家，新冠肺炎病毒政治化造成了严重的社会意见对立。美国媒体有意抹黑中国，在意大利因为新冠肺炎疫情的迅猛发展，有些政治势力开始操作。西方国家的学者没有认为中国的经验对他们来说是值得借鉴的，他们傲慢地认为他们的卫生系统更先进，他们所谓的民主政体对新冠肺炎疫情能比中国更好地应对。为了论证他们的观点的正确性，英国《经济学人》杂志在 2020 年 2 月份的一篇文章中宣称，他们通过所谓的数据分析，发现新冠肺炎的死亡率在民主国家中更低，他们煞有介事地分析了背后的依据，因为他们眼中的民主国家自由流动的信息，对问题公众可以公开探讨，从而能够在公众舆论的推动下，督促政府及时调整有关疫情防控的策略。

专家们在新冠肺炎疫情问题上的不同看法本来是很正常的，但随着意大利疫情发展的迅猛，有一些愤怒的网民将失控的责任推给前期一直比较乐观的专家。甚至意大利的右翼势力也乘机兴风作浪，借着某些专家对疫情的误判，攻击意大利左翼派别，把疫情问题政治化操作，以达到自己的一党之私利。

（三）华尔街日报的疫情抹黑报道引发的网络舆情

自从美国《华尔街日报》刊发"中国是真正的亚洲病夫"文章以后，引起了社会的广泛关注。到 2 月 25 号，在美国请愿网站上有 11 万美国公民发布请愿书，要求美国《华尔街日报》撤换标题并公开道歉。该请愿网站是 2011 年奥巴马政府推出具有网络问政功能网站，美国公民把自己关心的重要议题，向该网站提交请愿书，在请愿书发出 30 天内达到十万人的签名，便可得到白宫的回复。

随着华人圈的舆论发酵进一步的升级，美国《华尔街日报》被迫关闭了该文章的评论。许多读者表达了对《华尔街日报》的极度失望。认为《华尔街日报》发表的这篇文章，让人们感觉到文章的作者对中国带有歧视情绪。针对新冠肺炎疫情引发的舆情，很多人表示不可思议。尽管在网上舆论的压力之下，文章的作者在推特上透露文章的标题是该报的编辑拟定的，但是该作者并没有表示反对，所以说许多网友认为该作者事情出来后的解释只是欲盖弥彰而已。据《纽约时报》24 日报道，《华尔街日报》的 53 名员工联名致信报社管理层要求该报道歉，至今尚未正式道歉。在全球化的地球村时代，摒弃偏见尊重生命是当下最重要的。

《华尔街日报》因为发表严重侮辱中国人的评论，在中国人民的抗议下一直没有采取切实的改正措施。最终导致三名该报驻北京记者被吊销记者证。并被要求 5 天内离开中国。华尔街日报低调应对中方的处罚，但是包括美国国务卿蓬佩奥（Pompeo）在内的一些所谓的政治精英，倒打一把指责中国违反言论自由。甚至有人在 2 月 24 日的会议上主张要驱逐中国驻美记者。应该说中国所采取的吊销记者证的措施，是对《华尔街日报》的警告。但是，打着新闻自由的美国，对待其他国家的记者，经常采取不公正的态度和做法，特别是针对中国驻美记者的签证问题肆意刁难。从 2018 年的 2 月到 2019 年 6 月的一年多间，至少有中国 9 名主流媒体被派往美国的记者被拒签，从而无法完成工作安排。而且美国有关机构对外国新闻机构，经常采取各种各样名目繁多的刁难措施，比如，他们将中国、俄罗斯等国的媒体驻美国的分支机构，注册为外国代理人，甚至于美国国务院将中国五家媒体的驻美分支机构专门机构登记为“外国使团”，可以说令人大跌眼镜。对于中国媒体和记者的刁难，看起来理直气壮。中方采取的任何行动，在美方看来都是破坏言论自由的。美国政府对于中国驻美新闻机构的肆意打压，作为中国来讲难道做出合理的反击举措不是完全合理的吗！

针对有记者提问《华尔街日报》承认了错误，中方有何评论。外交部发言人赵立坚 2 月 26 日表示，《华尔街日报》通过不同渠道同中方沟通承认发表辱华文章是错误的问题表示，该报迄今没有对中方要求作出正面回应。针对美国国务卿蓬佩奥所称的中国政府驱逐《华尔街日报》记者，暴露中方对新冠肺炎疫情的反应存在问题。针对蓬佩奥的无端指责表示十分反感并坚决反对，蓬佩奥先生有关言论完全是非不分，他所谓的言论自由是典型的话语霸权和双重标准。美国国务卿蓬佩奥打着言论自由的幌子公然为《华尔街日报》发表辱华标题文章障目，对中国的抗击新冠肺炎疫情说三道四，指手画脚，混淆是非。中国政府针对美国的挑衅行为采取的反击措施，完全合理合法。

(四) 美国的舆论管理批判

当社会主义、共产主义等马克思主义意识形态登上了历史舞台以后，美国舆论的意识形态管理就加入了反共主义。1877 年美国爆发了全国铁路工人大罢工，美国媒体将其称为"共产党为暴力推翻政府而策划的阴谋"①，1917 年俄国十月革命以后，美国查封左翼报纸以及宣传小册子，压制共产主义言论。1919年的一年，因为被怀疑蓄意破坏和颠覆美国资本主义制度，大约 2000 人被起诉，其中有将近一半人被判有罪。② 美国专栏作家李普曼（Lippmann）曾经对美联社和《纽约时报》从 1917 年到 1920 年的四年间对苏维埃俄国的报道做过统计，发现它们的报道明显地表现了对资本主义制度的偏爱，而对任何激进形式的社会革命都抱有毫无理由的憎恨和恐惧。

第二次世界大战以后，美国在国内搞意识形态大清洗，1947 年当时的美国总统杜鲁门（Truman）签署了《忠诚调查令》，1950 年 9 月，美国国会通过了《麦卡锡法》，把矛头对准了一切进步组织尤其是美国共产党，许多民主进步人士、科学家以及进步团体遭到迫害。

美国经过半个多世纪的规制，美国舆论对社会主义共产主义和马克思主义已经形成了彻底的刻板成见。这样的意识形态偏见，"可以帮助动员大众对抗任何一个敌人，而由于该概念的模糊性，无论何人，只要为损害有产者的利益辩护或赞同共产党国家及所谓的激进派合作，都可以用这一概念对付他"③。随着时代的发展，美国舆论的意识形态自我审查机制逐步形成，舆论管理的意识形态潜规则也就发挥了其作用。

美国媒体尽管强调客观性原则，但是，对于主流的意识形态和资本主义的制度，总是持有认可的态度，在这样的意识形态环境下，对问题的分析判断，基本上秉持了资产阶级的核心价值观。美国媒体在有关的国际问题的报道中，经常采用双重的标准，对美国的盟友有关问题视而不见，对于意识形态不同的

---

① 张海涛：《再说美国——关于民主、自由、人权的书信》，北京出版社 1991 年版，第122 页。

② ［美］迈克尔·埃默里等：《美国新闻史》，展江等译，新华出版社 2001 年版，第301 页。

③ ［美］爱德华·S. 赫尔、诺姆·乔姆斯基：《制造共识——大众传媒的政治经济学》，邵红松译，北京大学出版社 2011 年版，第 25 页。

社会主义等国家则说三道四。李普曼的观察讲得很明白，"对于大部分事务我们并不是先观察而后解释，而是先解释然后观察的。"① 这在一定程度上告诉我们，立场在意识形态方面，特别是在美国的舆论媒体的管理上起了多大的作用。美国并不单纯地放任媒体的报道自由，冷战以及冷战结束后所形成的意识形态霸权，构建了美国舆论的意识形态管理框架体系。1953 年成立的美国新闻署专门负责美国舆论的意识形态管理。利用它所掌握的传媒手段，向世界宣扬美国的民主自由和生活方式，刻意报道其他国家特别是社会主义国家的阴暗面，对有关国家形成了强大的舆论攻势。里根（Reagan）担任总统的时候，曾经把美国之音、自由欧洲电台和自由电台比作"真理的灯塔、自由的象征，是告诉铁幕后面的人们不要放弃希望的工具"。

美国新闻署通过各种各样的方式，一方面有效地传达美国的价值观；另一方面收集外国舆论对美国政策的反应，构建了颠覆社会主义意识形态的舆论场。

美国地位舆论宣传服务于美国的意识形态，尽管有些机构对外宣称是民间机构，实际上都是由中央情报局控制并提供经费，直到 20 世纪 70 年代进行了相应调整，由国务院监督并提供经费。1999 年美国新闻署并入国务院后其原有的职能由国务院的三个部门分别承担，到了 21 世纪互联网快速发展时代以后，无线电广播明显落后，美国之音顺势而变，从 2000 年加大了网络建设，2012 年减少了短波广播，集中更多精力进行网络终端的推送服务。美国声音在网络推送方面可以说是煞费苦心，除了把传统的广播节目搬运上网，供网民收看或者下载外，还量身定制了各种各样的新闻与评论，特别是专门制作推出了针对中国的一些负面事件和敏感的政策内容的各种各样的专题。经常邀请一些海外的持不同政见者、民族分裂分子制作各种各样的节目。面对中国以及其他一些国家的互联网防控措施，美国之音还加大了科技研发与突破，不断寻找和推出各种规避网络审查的技术手段，体现他们在推进网络意识形态进攻上的进取状态。

2011 年的西亚北非的政治动荡，美国的有关机构通过无处不在的互联网，扮演了重要的推波助澜角色。美国等西方有些国家利用脸谱、推特等社交网络，推行西方国家的意识形态和价值观，掀起了网络媒体的蝴蝶效应。西方国家的插手是造成这次国家动荡的外部原因，特别是利用了网络新媒体，推行美国的意识形态。

---

① ［美］李普曼：《舆论学》，林珊译，华夏出版社 1989 年版，第 52 页。

从舆论和意识形态的历史关联来看，美国舆论的意识形态管理和这个国家的文化传统和社会基础紧密相关，但归根结底，是否符合美国国家利益最为根本。并且随着美国利益变化的需要和国际形势的发展，不断改变美国的意识形态管理的策略。沙卡文·伯科维奇（Shakavan Berkich）曾经写道："美国人生活在一个自己制造出来的神话当中。它是一个由一致的意识形态联结在一起的、多元的、讲究实际的民族，它有数以百计彼此之间毫不相同的派别，却都在执行着同一使命。"① 米尔斯（Meares）在他的《社会学的想象力》一书中指出，"在美国，自由主义文化价值观一直是几乎所有社会政治研究的共同尺度，以及几乎所有公共修辞和意识形态的来源。"②

因此看来，美国通过舆论管理，它的意识形态在社会的一切层面都得以渗透，没有美国舆论的意识形态管理，就没有主流舆论的稳定性和连续性。在意识形态发展的今天，不论美国在以往的反共还是今天的反恐，万变不离其宗地还是要维护美国意识形态的正统性、权威性、合法性，也就是说他要维护的是美国的国家利益。

美国的意识形态管理所要达到的目标是，塑造政府的领导人的正面形象，维护国家利益以及美国意识形态的正统性。外在的特征，是通过正向引导与逆向控制相结合。孟德斯鸠（Montesquieu）早就指出："的确，在民主国家，人民似乎为所欲为，不受约束，但政治自由并非随心所欲。在一个国家，即一个有法律的社会，自由只能是人们有权做应当做的事，而不是被迫做不应做的事。我们应该牢牢记住何为独立，何为自由。自由是有权做一切法律所允许的事情。一旦某个公民能做法律所禁止的事，那他就不再拥有自由，因为同样的，其他人也会有相同的权力。"③

---

① ［美］李普塞特：《一致与冲突》，张华青等译，上海人民出版社1995年版，第3页。
② ［美］米尔斯：《社会学的想象力》，陈强、张永强译，生活·读书·新知三联书店2005年重版，第91页。
③ ［法］孟德斯鸠：《论法的精神》第1卷，许家星译，中国社会科学出版社2007年版，第347页。（CHAPTER 3 What Liberty Is It is true that in democracies the people seem to do what theywant. but political liberty in no way consists in doing what one wantsIn a state, that is, in a society where there are laws, liberty can consist only in having the power to do what one should want to do and inno way being constrained to do what one should not want to doOne must put oneself in mind of what independence is and whatliberty is. Liberty is the right to do everything the laws permit; and ifone citizen could do what they forbid, he would no longer have libertybecause the others would likewise have this same power.

舆论媒体起着沟通不同国家不同民族文化且具有不可替代的作用，本应该为彼此新闻舆论机构提供便于工作的条件，但是美国的某些机构和人士为了对付中国无所不用其极。2020 年 2 月，美国将新华社、中国国际电视台（CGTN）、中国国际广播电台、《中国日报》和《人民日报（海外版）》美国发行机构作为"外国使团"列管。6 月，再将中国中央电视台、中国新闻社、《人民日报》和《环球时报》的驻美机构列为"外国使团"。对此，中国外交部发言人赵立坚曾表示，这是美方赤裸裸对中方媒体政治打压的又一例证，将进一步严重干扰中国媒体在美开展正常报道活动，也进一步暴露美方标榜的所谓"新闻和言论自由"的虚伪性。赵立坚强调，中方强烈敦促美方摒弃冷战思维和意识形态偏见，立即停止和纠正这种损人不利己的错误做法，否则中方将不得不作出必要正当反应。美国国务卿蓬佩奥 10 月 21 日宣布将 6 家中国媒体的驻美机构列为"外国使团"。据美国国务院网站，这 6 家中国媒体分别为一财全球（Yicai Global）、《解放日报》（*Jiefang Daily*）、《新民晚报》（*Xinmin Evening News*）、中国社会科学杂志社（Social Sciences in China Press）、《北京周报》（*Beijing Review*）和《经济日报》（*Economic Daily*）。针对美国对中国媒体的无理打压，10 月 26 日中国政府有关部门做出回应，中方要求美国广播公司（ABC）、《洛杉矶时报》、明尼苏达公共电台、美国国家事务出版公司、《新闻周刊》、美国专题新闻社等 6 家美国媒体驻华分社，自即日起，于 7 日内，向中方申报在中国境内所有工作人员、财务、经营、所拥有不动产信息等书面材料。①

美国一而再再而三地升级政治打压有关媒体机构，不仅干扰中国有关媒体在美依据美国法律而开展的正常报道活动，美方标榜的所谓"新闻和言论自由"的虚伪性也进一步被世人所认清。如果长此以往坚持冷战思维以及根深蒂固的意识形态偏见，将会严重干扰中美关系的健康发展以及两国人民的友好交流。

五、坚持党管所有媒体原则

（一）互联网时代的党管媒体原则

习近平总书记认为："过不了互联网这一关，就过不了长期执政这一关。"

---

① 《外交部发言人赵立坚就中方针对美方增列 6 家中国媒体为"外国使团"采取对等反制措施答记者问》，中华人民共和国外交部 https://www.fmprc.gov.cn/web/fyrbt_ 673021/t1826731.shtml.（访问时间：2020 年 10 月 26 日）。

他特别强调:"党管媒体,不能说只管党直接掌握的媒体,党管媒体是把各级各类媒体都置于党的领导之下,这个领导不是'隔靴搔痒式'的领导,方式可以有区别,但不能让党管媒体的原则被架空。"① 管好用好互联网,是中国共产党在新的时代条件下掌控新闻舆论阵地的关键,解决好这个问题,重点要解决好谁来管、怎么管的问题。西方的反华势力,谋求让互联网成为当代中国的最大变量,谋求通过互联网来宣传他们的价值观,他们希望从网民开始改变中国人的思想,要把党管媒体的原则贯彻党的新媒体领域,"所有从事新闻信息服务、具有媒体属性和舆论动员功能的传播平台都要纳入管理范围,所有新闻信息服务和相关业务从业人员都要实行准入管理"②。

媒体网络意识形态阵地建设,需要毫不动摇坚持党的领导,党管宣传、党管意识形态、党管媒体,是坚持党的领导的重要方面,在坚持党性原则问题上要理直气壮。深入开展马克思主义新闻观教育,引导广大新闻舆论工作者自觉抵制西方新闻观等错误观点的影响,做党的政策主张的传播者、时代风云的记录者、社会进步的推动者、公平正义的守望者。坚持正确舆论导向,坚持正面宣传为主,唱响主旋律,弘扬正能量,做大做强主流思想舆论,提高新闻舆论传播力、引导力、影响力、公信力。

坚持党管媒体原则,在今天快速发展的中国,要研究新问题提出新对策。有人认为,在社会主义市场经济条件下,中国存在党报党刊党台等为主体的传统舆论场,还有一个以互联网为基础的新媒体舆论场。新媒体舆论场是在社会主义经济条件下发展起来的,我们党坚持公有制为主体,多种所有制经济共同发展,自媒体的发展同多种所有制经济紧密联系,大多是在一定的资本为基础推动下发展起来的,有人认为传统上所坚持的党管媒体原则在新媒体时代没有意义,他们认为坚持党管媒体主要是对党和政府主办的重点新闻媒体而言的,对其他新媒体并不适用,这种观点在有些场域很有市场。

实现中华民族的伟大复兴不可能一马平川,我们必须准备具有许多新的历史特点的伟大斗争。"这场斗争既包括硬实力的斗争,也包括软实力的较量。客观地讲,国际舆论格局依然是西强我弱,但这个格局不是不可改变、不可扭转

---

① 习近平:《论坚持党对一切工作的领导》,中央文献出版社 2019 年版,第 129 页。
② 习近平:《论坚持党对一切工作的领导》,中央文献出版社 2019 年版,第 129—130 页。

的，关键看我们如何做工作。"①

在以往的时代，作为意识形态斗争的舆论往往作为服务于经济政治军事斗争的工具。但随着全球化和互联网的快速发展，非传统安全问题越来越成为各国高度重视的问题，围绕着非传统安全争夺话语权的纷争，成为各国争取软实力的重要组成部分。对于国际舆论及其管理问题学界讨论较多，有观点认为，新型国际关系的舆论，逐渐"超越了意识形态斗争的藩篱，有可能成为世界人民的共同意识"②。

（二）和平演变背后是意识形态的较量

尽管非传统安全问题超越了主权国家的界限，在各个国家各个民族共同的利害关系面前形成了共同的利益，这为跨越主权国家边界的舆论主体的出现准备了条件。以互联网为基础的传播使得信息瞬间传播到世界的每一个角落，有利于形成覆盖世界的全球舆论，舆论压力会对主权国家的决策产生不容忽视的影响。尽管如此，人类的共同利益增加并不会改变阶级为基础的国家的意识形态差异，特别是网络时代，意识形态的斗争会以新的面目出现。因此，共同意识超越意识形态只是美好的愿望，只有在阶级消灭、国家消亡的条件下，意识形态的阶级性才会逐步消失，回归其社会意识的本来面目。

苏联解体以后，西方国家利用掌握国际规则的优势，加强对其他国家的同化和吸引。美国的政界人士早就认识到，制定政策和实施对国外有影响的项目的时候，能否充分考虑外国公众舆论至关重要。在多极化的今天，没有舆论安全不可能存在国家安全。"舆论安全是指维护主权国家根本利益与安全的正向舆论免受威胁损害的客观状态。"③ 要确保一个国家的舆论安全，就必须对国际国内事务，做出清醒的判断，确保舆论导向正常发挥，避免出现舆论失调乃至舆论失控的状态。相较于舆论失控，舆论失调更容易被忽视。正如黄苇町针对苏联解体所总结的："实际上，危险已在节日游行时满街漂亮的标语口号和欢呼声的背后潜滋暗长。"④

---

① 习近平：《论党的宣传思想工作》，中央文献出版社 2020 年版，第 120 页。
② 纪忠慧：《美国舆论管理研究》，新华出版社 2016 年版，序第 3 页。
③ 纪忠慧：《美国舆论管理研究》，新华出版社 2016 年版，第 4 页。
④ 黄苇町：《苏共亡党十年祭》，江西高校出版社 2004 年版，第 66 页。

　　舆论一律是指社会舆论被一种意见所垄断。毛泽东早在1955年的《驳"舆论一律"》一文中就提出过这一概念。毛泽东认为："在人民内部，是允许舆论不一律的，这就是批评的自由。"① 对于人民与反革命之间的矛盾，对于反动分子，"只许规规矩矩，不许他们乱说乱动。这里不但舆论一律，而且法律也一律"②。在网络新闻传播中，如果不能客观报道有关问题，对持有不同意见者进行打击，过于追求表面的整齐划一，容易掩盖深层次的社会矛盾，最后导致舆论失控。社会主义国家如何通过制度的完善，既不搞资本主义下的舆论自由化，又避免舆论一律的弊端，是需要深入思考的问题。

　　马克思主义的新闻观是新闻工作的灵魂。在互联网时代，一些人宣扬西方资产阶级的新闻观，鼓吹所谓的无冕之王和抽象的绝对的新闻自由。有些人打着所谓"新闻自由"的旗号，"公然攻击中国共产党的领导体制和我国的社会主义制度"。有些人"不顾起码的是非曲直，以骂主流为乐、反主流成瘾，怪话连篇、谎话连篇"。许多戴着有色眼镜的西方媒体，在抹黑、丑化、妖魔化中国问题上睁眼说瞎话、行为无底线，无所不用其极。"任何新闻舆论，都有鲜明的意识形态属性，没有什么抽象的绝对的自由。"③

　　在舆论导向问题上，人们可能更多地理解党报、党刊、电视台、电台要讲导向。但是对于报纸副刊、专题节目、广告宣传、新媒体需不需要讲导向，特别是认为娱乐类、社会类的报道需不需要讲导向存在很大的误区。有些人错误地认为，娱乐、社会类新闻就是图人一乐，不必过于强调政治导向，尺度可以宽一点，这种认识是不准确也是不全面的，甚至是有害的。有一些娱乐类社会新闻，充斥着炫耀财富的纸醉金迷和花天酒地，违背道德法律的借腹生子、移情别恋等方面的内容，类似的八卦新闻很多，对整个社会起到的不是正面引导作用。习近平总书记特别强调："要让主旋律和正能量主导报刊版面、广播电台、电视荧屏，主导网络空间、移动平台等传播载体，不能搞两个标准，形成'两个舆论场'。"④

---

① 《毛泽东选集》第5卷，人民出版社1977年版，第157页。
② 《毛泽东选集》第5卷，人民出版社1977年版，第158页。
③ 习近平：《论党的宣传思想工作》，中央文献出版社2020年版，第185页。
④ 习近平：《论党的宣传思想工作》，中央文献出版社2020年版，第186页。

（三）坚持党的新闻舆论工作的基本方针

党的新闻舆论工作的基本方针是团结稳定鼓劲、正面宣传为主。在我国社会生活中积极正面的事物是主流，消极的东西是支流，要正确地认识社会发展的主流和本质。另外，我们正在进行许多具有新的历史特点的伟大斗争，挑战和困难前所未有。必须要营造团结奋进、攻坚克难的社会舆论氛围，不断调动各方面的积极性、主动性和创造性。在这方面，党的新闻舆论工作大有作为。

正面宣传必须要注意，不能搞简单的形式主义假大空，那样的正面宣传效果并不好。要提高宣传的质量和水平，增强吸引力和感染力。要花功夫去做，许多弘扬正能量的节目收视率也很高，只要用心做，群众就喜欢听喜欢看，不能重复空洞的政治口号，要把准受众的脉搏，结合受众的需求，提供相应的宣传服务。在正面宣传为主的过程当中，涉及真实性的问题。"真实性是新闻的生命，事实是新闻的本源，虚假是新闻的天敌。"[1]

在网络宣传当中，必须要坚持马克思主义的立场观点方法，正确全面地把握事实，客观准确地反映事物的本来情况。中国作为一个14亿人口的大国，社会发展日新月异，每天都会发生许多问题，"新闻媒体是社会舆论的发射器，也是社会舆论的放大器"[2]。在舆论报道中，必须要正确把握和处理正面和反面，以及正反两个方面之间的关系。要从总体上看问题，不能形而上学地一叶障目、不见泰山。对于一些本来不大、不报道也不会有什么问题的事情，但如果经过网络媒体的传播和放大效应，就会造成相当大的影响。如果在网络媒体当中充斥着各种负面消息，整个社会的人心就会涣散，积极进取的社会氛围就会受到影响。

在新闻报道和宣传当中，要加强引导，摆事实、讲道理，理论越辩越明。对于一些"重大政治原则和大是大非问题，要敢于交锋、敢于亮剑。对恶意攻击、造谣生事，要坚决回击、以正视听"[3]。近些年来网络上时不时地会充斥一些诋毁、恶搞、丑化英雄人物的歪风，经过网络治理，已经有了很大的好转。

加强网络意识形态阵地建设，关键在人。从事意识形态工作的领导干部、

---

① 习近平：《论党的宣传思想工作》，中央文献出版社2020年版，第187页。

② 习近平：《论党的宣传思想工作》，中央文献出版社2020年版，第187—188页。

③ 习近平：《论党的宣传思想工作》，中央文献出版社2020年版，第189页。

理论工作者，不能当绅士，要当战士。要尽职尽责，履行好自己的职责和使命。"以战斗的姿态、战士的担当，积极投身宣传思想领域斗争一线。"① 这也就是当年毛泽东同志所讲的，"我们必须坚持真理，而真理必须旗帜鲜明。我们共产党人从来认为隐瞒自己的观点是可耻的。我们党所办的报纸，我们党所进行的一切宣传工作，都应当是生动的、鲜明的、尖锐的，毫不吞吞吐吐。这是我们革命无产阶级应有的战斗风格。我们要教育人民认识真理，要动员人民起来为解放自己而斗争，就需要这种战斗的风格"②。

宣传思想工作的基本职责是围绕中心、服务大局。目标是实现两个巩固，"巩固马克思主义在意识形态领域的指导定位，巩固全党全国人民团结奋斗的共同思想基础"。做好新形势下宣传思想工作，必须自觉承担起"举旗帜、聚民心、育新人、兴文化、展形象的使命任务"。

做好新形势下的宣传思想工作，必须以习近平新时代中国特色社会主义思想和党的十九大精神为指导，增强"四个意识"，坚定"四个自信"，把坚持党性原则、坚持以人民为中心、坚持正确的舆论导向、坚持正面宣传为主等根本方针贯穿宣传思想工作的全过程。坚持团结稳定鼓劲、正面宣传为主，是宣传思想工作必须遵循的重要方针。坚持正确政治方向是第一位的，党管宣传、党管意识形态、党管媒体是坚持党的领导的重要方面。

宣传思想工作的重心和着力点。把统一思想、凝聚力量作为宣传思想工作的中心环节。坚持正确政治方向，在基础性、战略性工作上下功夫，在关键处、要害处下功夫，在工作质量和水平上下功夫，使宣传思想工作不断强起来。不断地总结经验，把工作的重心放在基层的一线，要抓好理念创新、手段创新、基层工作创新。

习近平总书记2019年9月27日在全国民族团结进步表彰大会上指出，要牢牢把握舆论主动权和主导权，让互联网成为构筑各民族共有精神家园、铸牢中华民族共同体意识的最大增量。

为加强党对重要宣传阵地的管理，牢牢掌握意识形态工作领导权，由中央宣传部统一管理新闻出版工作，统一管理电影工作，归口管理新组建的国家广播电视总局、中央广播电视总台。宣传思想工作是做人的工作的，要把培养担

① 习近平：《论党的宣传思想工作》，中央文献出版社2020年版，第189页。
② 毛泽东：《毛泽东选集》第4卷，山东人民出版社1991年版，第1322页。

当民族复兴大任的时代新人作为重要职责。其中，重中之重是坚定理想信念，坚定对马克思主义的信仰、对社会主义和共产主义的信念，坚定"四个自信"。尤其要重视对青少年价值观的教育，引导青少年扣好人生第一粒扣子。在整个社会营造出浓厚的积极向上的学习氛围，不断提升人民的思想觉悟、道德水准、文明素养和全社会的文明程度。

新时代的宣传思想工作，必须要把统一思想、凝聚力量作为宣传思想工作的中心环节，不断增强社会主义意识形态的凝聚力和吸引力。"科学认识网络传播规律，提高用网治网水平，使互联网这个最大变量变成事业发展的最大增量。"①

做好新形势下的宣传思想工作，必须按照习近平总书记所提出的，自觉承担起举旗帜、聚民心、育新人、兴文化、展形象的使命任务。互联网的时代，特别是要强调高举马克思主义、中国特色社会主义的伟大旗帜，坚持不懈用习近平新时代中国特色社会主义思想武装全党、教育人民、推动工作。牢牢把握正确舆论导向，唱响主旋律，壮大正能量，做大做强主流思想舆论，进一步鼓舞和振奋精神。"建设具有强大凝聚力和引领力的社会主义意识形态，是全党特别是宣传思想战线必须担负起的一个战略任务。"② 无论时代发展到什么时候，媒体的格局创新到什么阶段，"党管媒体的原则和制度不能变"。坚持党性原则，必须自觉地在思想上政治上行动上同党中央保持高度一致。新闻媒体的所有工作都必须"体现党的意志、反映党的主张、维护党中央权威、维护党的团结，做到爱党、护党、为党"③。

（四）推动网上舆论工作规范发展

网上舆论工作对于宣传思想工作来说，是重中之重。网络技术的发展和应用促成了新媒体的快速发展和普及。网上舆论，成为社会舆论当中发挥作用的突出方面，在整个社会发展中具有巨大的影响力。

对于网上舆论的作用，要辩证地看。积极的网络舆论，可以发挥正能量的作用；消极的错误的网络舆论，对整个社会的发展与和谐稳定则带来严峻的挑

---

① 习近平：《论党的宣传思想工作》，中央文献出版社 2020 年版，第 339 页。
② 习近平：《论党的宣传思想工作》，中央文献出版社 2020 年版，第 340 页。
③ 习近平：《论坚持党对一切工作的领导》，中央文献出版社 2019 年版，第 127—128 页。

战。网络舆论导向正确，是党和人民之福，反之，就是党和人民之祸。在新的时代条件下正确引导网络舆论这个最大的变量，提高互联网舆论工作的能力和水平，对于把握互联网上舆论的主动权，有效应对网络舆论至关重要。

要树立阵地意识。从阶级斗争的历史发展来看，某一时代的政权瓦解往往首先是在思想领域出问题。互联网在今天的时代，可以说是各种各样的思潮文化交融碰撞的最新阵地。从本质上看互联网本身并没有所谓好坏之分，作为一个工具关键是为谁所用，如何利用，如果互联网不被马克思主义所占领，那么必然为非马克思主义或者反马克思主义者所占领。网络舆论引导和建设过程中，必须要充分认识和把握网民的心理特点以及网络舆论形成的基本规律，不能想当然。在网络舆论阵地争夺中，必须要主动发声，大力开展中国特色社会主义思想的宣传教育，着力加强社会主义核心价值体系与核心价值观的传播，弘扬社会正气。在全社会大力提倡社会公德，引导网民牢固树立正确的三观，对于错误的社会思潮，比如，西方的自由主义、历史虚无主义等组织力量进行有力有理的批判，在同错误思潮的斗争中，确立马克思主义在意识形态领域的主导地位，更好地巩固全体人民团结奋斗的共同思想基础。

必须要增强创新意识。互联网的传播理念、传播手段，跟以往的传统的舆论传播有很大不同，必须要从传播理念、手段等各个方面进行创新。与时俱进、顺势而为。处理好网上舆论引导的时、效、度三者之间的关系。需要注重时机问题，要解决好什么时候说的问题，对于影响人民群众关注的事件要迅速发声，及时作出反应。度的问题就是要解决好适度与否的问题，讲究效果就是要解决好怎么说的问题，网上舆论引导必须要增强亲和力吸引力。要从网民的思想实际出发，不能假大空。

必须要有责任意识。相较于传统舆论，网上舆论呈现多元化，多种多样的声音交织在一起形成复杂的网上舆论环境。为应对网络舆论发展，需要把握大局大势，守土有责、守土负责、守土尽责。要着力解决好本领恐慌的问题，不断提高驾驭互联网的能力，占领网上舆论的制高点，打赢网络舆论战，不断提高处理网络舆情的能力，把握舆论的主动权。要积极学习使用网言网语，经常上网看看，同网民在线聊聊平等交流，更好引导新时代的网络舆论。宣传思想工作不管是线上还是线下，都是做人的工作，要坚持以人为本。在网络舆论引导的过程中，必须要坚持信息公开，谣言止于智者、止于公开，列宁曾经讲过："只有当群众知道一切，能判断一切，并自觉地从事一切的时候，国家才有力量。"

今天的时代，网络上的一些负面舆论乃至谣言在网络当中仍有一定的市场，很大程度上是网络信息对双方当事人的不对称造成的。引导要有效果就必须确保在重大问题上积极发声，加大信息公开透明的力度，对于人民群众特别关注的事件要通过网络平台第一时间准确公开告知相关的信息，及时跟踪披露事件发展的进展，这样的话就会压缩谣言传播的空间，更好发挥正能量的话语。

网络舆论引导要发挥作用就要建立完善网络舆论分析研判的预警机制，当今的互联网时代人人都是通讯社，网络信息数量呈现海量加速扩散状态。必须要有一支政治立场过硬、媒介素养水平高的专业化队伍，借助于大数据等手段对网络舆情做出科学研判，第一时间发现网络舆情当中的敏感性的苗头并做出及时反馈，为处理网络的群体事件预警防范打下良好的基础。

要培养代表网络正能量的网上意见领袖。网络领袖是具有较高社会影响力的网络活跃分子，他们在很大程度上代表网民的意见倾向，能发挥很大的作用。网络意见领袖对于相当一部分网民的思想倾向发挥引导作用，在舆论传播中起到主导作用。要发挥专家学者、作家、媒体人等的优势，培养他们成为意见领袖，积极发声，通过网络为网民提供科学的理性的观点和声音，有效引导网络舆情。另外，要顺应时代发展，敢于善于成为网络意见领袖，及时地发布权威的信息，对于网民的观测积极做出回应，从而成为沟通上下左右的桥梁和纽带，不断拓宽联系群众服务群众的方式。

净化网络空间。互联网本身是一把双刃剑。必须一手抓管理一手抓教育，从而让网络空间清朗起来。要完善网络立法，通过法律的方式对网上有害信息的生存空间进行压制，这也是许多国家网络治理的成功经验。我们国家这些年来，随着网络技术水平的不断发展，国家也加强了网络管理方面的法律法规，构建了包括法律、行政法规、部门规章等在内的比较完备的网络立法体系，对于散播谣言侵犯个人隐私等违法行为进行了严厉的打击，确保网络可管可控。

要加强技术创新，不断地提高技术把关的水平，互联网技术的研发可以有效地过滤各种有害的信息。更好地占领网络舆论引导的制高点，互联网的发展中核心技术是买不来的，一定要加强自主创新，一方面要加大网络媒体管理、高新技术的开发应用，通过技术创新所提供的先进手段加强对有害信息的监控，做到早发现，准确定位快速反应，第一时间清除有害信息，并为有关部门的应对提供依据。另一方面，要掌握舆情发展的规律，有效地过滤错误信息，针对特定的舆情通过一定的手段来降低关注度，降低对有关舆情的敏感度和关注转移网民的实现，为更好地处理相关问题拓展空间。

要加强对网民的媒体素养的培育，不断加强网络道德规范建设，提高自我约束的能力。更好引导网络舆论的重要方面，在网络发展过程中网民有序参与，依法上网、文明上网、理性上网。提高明辨是非的能力，正确认识网络当中的各种各样错综复杂的问题，自觉抵制不良信息，为建设一个开放有文明的网络社会作出网民的贡献。

（五）推动媒体融合发展

习近平总书记高度重视媒体融合发展。早在 2014 年 8 月召开的中央全面深化改革领导小组第四次会议上，习总书记就提出了"以先进技术为支撑，内容建设为根本"，推动传统媒体和新兴媒体深度融合的创新发展思路。2016 年 2 月 19 日，习近平总书记在北京主持召开了党的新闻舆论工作座谈会。强调媒体融合发展，关键在融为一体，合二为一。他提出要从相加阶段转向相融阶段，从你是你，我是我，变成你中有我，我中有你，进一步变为，你就是我，我就是你，打造一流新型主流媒体。

互联网在今天已经成为新闻竞争的主战场，也是党的舆论工作的主要阵地。习近平总书记与新媒体的亲密接触与多次调研，体现了中央对传统媒体和新兴媒体融合发展的高度重视，更是对媒体融合发展的有力推动。

在今天，先进的思想离开了先进的传播手段就很难深入人心，正确的主张离开了快速有效传播的技术加持，也就很难有效占领舆论阵地。习近平总书记在 2018 年 8 月 21 日的全国宣传思想工作会议上强调，要加强传播手段和话语方式创新，让党的创新理论"飞入寻常百姓家"。他特别强调要做好县级融媒体建设，更好地引导和服务群众。

习近平总书记认为："读者在哪里，受众在哪里，宣传报道的触角就要伸向哪里，宣传思想工作的着力点和落脚点就要放在哪里。要顺应互联网发展大势，勇于创新、勇于变革，利用互联网特点和优势，推进理念、内容、手段、体制机制等全方位创新。"

　　党的十八大以来，各大媒体很好地利用互联网技术，以技术进步为支撑，以内容创新赢得发展优势，报网端微百花齐放，文图音视争奇斗艳。无人机航拍 VR/AR 技术、人工智能等各种技术齐上阵，实现深度融合，向全面转型一体化发展的方向加速推进。通过媒体融合，各新闻媒体不断创新方法手段，适应受众需求，把握时度效，推进网上网下不同平台优势叠加互补，在今天，拥有强大传播力公信力影响力的新型主流媒体矩阵正在向我们走来。

　　在对外宣传过程中要创新宣传方式，打造融通中外的新概念、新范畴、新表述，讲好中国故事，传播好中国声音。在新的时代条件下，宣传思想部门对网络舆论宣传承担着重要的管理职责，必须守土有责、守土负责、守土尽责。宣传思想要强起来，首先领导干部要强起来，班子要强起来。要加强对宣传思想领域重大问题的分析研判和重大战略性任务的统筹指导，不断提高领导宣传思想工作的能力和水平。

第四章　网络思想政治教育阵地建设

以互联网为代表的信息技术日新月异引领的社会生产，变革创造了人类生活新空间，拓展了国家治理新领域，极大提高了人类认识、改造世界的能力。信息技术革命推动下的社会变革，要求国家治理体系治理能力建设要顺应数字化浪潮的挑战。学生培养的如何，以什么标准做判断是一个老问题，也是新问题。用分数进行一刀切的标准必须彻底改变。每一个学生都是独一无二的个体，他们的个人自然禀赋、爱好、特长各不相同，要一视同仁对待全体学生，不能把成绩的好坏作为评判学生的唯一标准。要培养学生学习的兴趣和好奇心，让他们体会到学习的快乐，在学习中找到信心。"要尊重学生、理解学生、信任学生、激励学生，公平公正对待学生，相信每一个学生都是可塑之才，善于发现每一个学生的闪光点和特长。"①

习近平总书记高度重视教育工作，特别是重视思想政治工作，党的十八大以来，习近平总书记关于教育工作强调得特别多，其中强调最多的是思政课建设。习总书记特别强调，义务教育阶段中的道德与法治、语文、历史三科教材建设，这三门课关乎维护国家意识形态安全、培养社会主义建设者和接班人，要高度重视，切实抓好。这三门课，不仅仅是对学生进行人文素养的教育，更重要的是对学生的三观教育塑造。培养人的目标一定要搞清楚，习总书记在2019 年 3 月 18 日的学校思想政治理论课教师座谈会上指出："如果培养了半天，培养出来的是吃里扒外、吃哪家饭砸哪家锅的人，甚至是我们这个制度的掘墓

---

① 习近平：《论党的宣传思想工作》，中央文献出版社 2020 年版，第 351 页。

人，那就会是失败的教育。"① 网络的快速发展，拓宽了思想政治教育的空间，"网络空间的产生、形成与发展，是思想政治教育空间的一次重大变革，它极大地拓宽了思想政治教育的发展领域与发展视域"②。这就要求教育工作者顺应时代发展大势，未雨绸缪做好研究应对工作。

要成为社会主义建设者和接班人必须要有正确的世界观、人生观和价值观。一个人的价值实现必须要跟党和国家前途紧密联系在一起。中国特色社会主义进入了新时代，我国日益走近世界舞台的中央，中国同世界各个国家的联系越来越紧密，相互的影响越来越深刻。在这样一个大的时代背景下，意识形态领域面临的形势也更加错综复杂，斗争也更具有新的时代特点。"学校是意识形态工作的前沿阵地，可不是一个象牙之塔，也不是一个桃花源。"③

一、高校思政教育的根本目的在立德树人

2016 年 12 月 7 日，习近平总书记在全国高校思想政治工作会议上作了重要讲话。高校思想政治工作关系高校培养什么样的人如何培养人以及为谁培养人的这个根本问题，高校思想政治工作和中心环节是立德树人，必须要把思想政治工作贯穿教育教学全过程，实现全程育人，全方位育人。中国特色社会主义高等教育的发展方向"要同我国发展的现实目标和未来方向紧密联系在一起，为人民服务，为中国共产党治国理政服务，为巩固和发展中国特色社会主义制度服务，为改革开放和社会主义现代化建设服务"④。

（一）互联网思维的提出

互联网思维是和生产力的发展如影相随的。一种新的技术来到这个世界上以后，从开始的工具广泛应用到改变整个社会生活，需要经过很长的时间。伴随着生产工具的变化，思维方式也在发生变化。不同的时代，有不同的思维方式和价值观念。工业化时代的思维模式，是标准化设计、大规模生产、大规模

---

① 中共中央党史和文献研究院：《习近平关于防范风险挑战、应对突发事件论述摘编》，中央文献出版社 2020 年版，第 48 页。
② 潘一坡、项久雨：《思想政治教育时空论》，《思想理论教育》2020 年第 11 期，第 47—48 页。
③ 习近平：《论党的宣传思想工作》，中央文献出版社 2020 年版，第 375—376 页。
④ 习近平：《论党的宣传思想工作》，中央文献出版社 2020 年版，第 276 页。

销售和大规模复制。

互联网时代的生产方式与大数据、云计算、物联网、人工智能紧密相关，这些新的工具的应用，形成的生产方式同工业化时代有了巨大的区别。由此，也促使着人类从工业化思维进入了互联网思维的时代。

互联网较于工业化时代，是去中心的、平等的、即时的，被称为近半个世纪以来人类最伟大的发明。这两种生产方式的不同，才孕育出两种思维方式的不同。互联网时代的思维，不管是在用户、产品、服务、体验，不能仅仅局限于互联网企业和互联网产品，而是泛互联网。未来的网络形态一定是泛在，也就是说跨越一切终端设备笔记本。手机、平板、手表、眼镜、汽车、家电等，所有的一切都将互联互通，让互联网产业与实体产业有了一个崭新的沟通维度。只有利用互联网模式来改变原有传统做法，才能让互联网与传统行业深度融合，创造新的发展生态。

最近几年"互联网+"这个概念炒得有些过热，也有一些对此质疑的言论。但是对互联网与产业融合，一定要具体问题具体分析，不能照搬照抄。现在的"互联网+"更多的是和经济社会的发展的结合。而教育领域尽管说也有了一批研究成果，但对于思想政治教育来讲，如何用网络更好促进思想政治课教学的结合，实现教书育人、立德树人模式的创新，给学生提供更多的增值服务和体验，这是一个量变到质变的转变，也是互联网在思想政治教育中的价值所在。

（二）互联网思维在思政教育中的运用

互联网思维没有用户思维，也就不可能转变为社会生活中的一个主导性的思维。互联网思维的核心，其实就是体现为用户思维。经济发展当中，原来的生产者的主导，随着互联网时代的到来，将转变为消费者主导。那么在学校的教学过程当中，要实现教书育人，什么很重要？如何实现以学生为中心来体现互联网时代的用户思维。在教育教学中，把用户思维同思想政治教育紧密相关，在互联网的时代学生获得知识的渠道越来越多，如何对待学生是一个很重要的问题。

互联网时代的简约思维在教育教学中有很重要的体现，我们的教育以及教师的教学设计，怎么直达学生的内心？简约思维最重要的一个体现要专注、简约。在教学中力求简洁，要从教学方式、教学内容、教学理念全方位增加学生的现场体验感，给学生提供超出其预期的教育产品和服务。要随着形势的变化和发展，不断对教学模式进行创新，并且促成学生参与中获得新的体验。要根据教育规律，不断地进行调试。

当然了，互联网思维还包括大数据思维。大数据思维就是要统筹全局的思维和能力。在高校的思想政治教育过程中，特别强调对学生思想状况的把握，而这一点有海量的数据作为支撑，可能会获得更好的答案。

互联网思维的即时思维在思想政治教育过程中的运用相当广泛。思想政治教育就是做学生思想工作，学生的思想又是在不断变化的。所以说，如何把握学生的思想的发展变化过程，这是一个很重要的方面，否则的话，就容易放马后炮，思想教育做不到及时跟进，起不到应有的效果。

随着移动互联时代的到来，移动互联网的存在形式和载体也在不断地变化。在移动互联网的时代，用户的体验场景，也发生了很大的变化。学生所接触的知识，许多是碎片化的。移动互联网加剧了用户知识获得的碎片化、时间的碎片化、需求的碎片化，对这三个方面的趋势要有清醒认识。

互联网的扁平化一个特点，以往大而全的教育方式，已经与时代的发展不相适应。不管是教材还是相关的一些学习材料，要从以往的大篇幅大块头，不断进行转变。顺应学生的学习方式的变化，采取得力方式，让学生能迅速地掌握，或者说认识把握到信息的要点及其主要内容。如果说作为一个平台，包罗万象但没有重点，很难做到做大做强。

互联网时代应该说是一个技术、思想和理念不断变化的时代，其实这个变化主要是人与人以及人与社会的关系的变化。网络应用要顺应网络场景的变化和发展，互联网在今天的青年大学生中扮演了不可或缺的角色的作用，成为学生成长的新空间、思想政治教育的新领域。所以，一定要把握互联网演变的规律和思政教育的规律的结合。更好地促进思想政治教育的发展，把互联网的威力更好发挥出来。

一方面，具有魔力的互联网让我们在这纷繁复杂的世界超越时空越来越快地抵近真相；另一方面，层出不穷的网络信息，乱花渐欲迷人眼，人们在网络的虚拟世界中也越来越难发现真相。真相不会自动呈现于人们的眼前，平衡扑面而来的信息与自己的理性思考辨别，避免成为互联网时代的集体施暴者已经成为当务之急。

没有理由的跟风嘲讽在虚拟的网络世界，成为许多人的生存常态，集体不理性的放大效应愈发突出。霸屏的片面观点相互对立，各执一端的指责喧嚣网络，在非理性的谩骂中，真相不再是人们的追求，选边的立场反而成为虚拟网络参与者的首选。矛盾双方缺乏彼此的理解，不愿意用理性包容的态度看待一切，彼此的立场在分歧中越来越远，为求异而求异，真相愈发远离。

要认清高校工作所面临的复杂形势，境外的一些势力打着各种各样的旗号，在我国的高校开展各种各样的活动，高校也成为一些境外宗教组织的渗透活动的重点，一些高校的少数民族学生成为宗教极端势力的重点渗透对象，要重视分析研判当前面临的问题。思想政治课建设必须用习近平新时代中国特色社会主义思想引导学生，培养学生"四个自信"，厚植爱国情怀，在中国特色社会主义现代化建设的历史进程中，在实现中华民族伟大复兴的奋斗中展现新时代大学生的爱国情、强国志、报国行。

二、网络思政教育话语建设

（一）后真相时代的网络中的愤青

后真相这个概念多用在"后"时代等概念中，诸如"后现代""后民主"等词语一样。当一个社会对于基本价值等失去了共识，文化的传播与接受就会出现问题。人们在这种情况下，对于真相也好、事实也好的选择，往往不再坚持以往的客观公正原则，社会大众往往是依据自己的立场有选择性地做出选择，在认识论上后真相就是一种认识态度，主要体现为或者不可能认识真相，或者认为认识真相并不重要。因此，后形而上学时代关于真相等问题的认识，哲学家往往从主观共识这个角度对真相进行界定，他们所理解的真相是和有关知识共同体对特定事物的共识紧密相连。在他们的认识中，客观性与主观性的界限已然模糊。

社会学家吉登斯认为，作为后传统的现代社会，人们以往与特定生活条件的联系不再紧密，人们原有的地方性的习俗以及个体经验越来越被专家知识所取代，但是专家在各种问题上的看法往往有分歧，经常出现公说公有理、婆说婆有理的状况。网络意识形态传播中，每一个网络社交媒体的参与者往往是信息的接受者同时是信息的提供者。移动智能终端可以给我们提供参与网络文化与意识形态的不可或缺的平台，信息和其提供者的关系愈发模糊，已然超出了发布者的控制。网络意识形态的传播让我们在虚拟与现实中难以取舍，如同鲍德里亚（Borderia）说的，我们处在虚拟与超现实的时代，网络参与者往往认为虚拟的现实更真实更重要，网络时代的主体往往处于不同的群体中，我们好像处于不同的认知部落，认识中的客观与中立变得愈发艰难，客观的观察者与中立的判断者成为稀罕物，权威知识被解构，民间网络信息对于个体来讲是浩如烟海难以全面了解，获取真相变得愈发艰难。

在历史和现在的网络当中，出现了一些相似的愤青文化。人们的意识和思维方式具有自身的特点，具有相对的稳定性与滞后性，人们的一些成见在一定程度上干扰了人们对一定条件下国内外信息的判断预处理，那么在这种情况下，人们更愿意接受与自己的思维更相近的一些东西，不客观的成见支配了人们对事物的认识与判断，决定着人们的主观偏好。应该说在今天的中国，特别是在网络虚拟空间中，具有这种思维方式的人，尽管在人数当中所占的比例不高但表现极为活跃，作为一个群体他们具有共同的价值观与极端思维，他们的言行往往容易吸引网民的眼球，在网络传播中他们同质性的言论在一定程度会扩大他们的传播力，也就是说网络意识形态传播中的群体极化现象。"分属于不同圈层之中的青年，既在圈层内部获得存在感、认同感、归属感等，又在圈层之间感受着孤独感、疏离感。""对网络圈层的长期沉迷，可能会带来对现实社会的排斥反应。"① 如果发生在某一个特定的时间，由于是非均衡的网络民意表达，极端的声音在这种情况下会无形中被放大。那么就要有一种愤青的网络言论在特定的条件下会煽动群体性的非理性，在议题上会形成一定的话语霸权，并且通过极端化的社会思潮对一个民族在一定转折时期会产生一定的影响。这是极端化的非理性思想，因为带来比较高调的道德压力，以及所谓的原则上的意识形态话语优势，对决策层施加了一定意义的道德压力，借助于网络舆论的传播，不明真相的网民误认为代表了广大网民意愿，从而产生了消极的误导作用。

---

① 项久雨：《透视青年"圈层化"现象：表征、缘由及引导》，《人民论坛》2020年第1期，第105页。

（二）互联网改变了教育样态

1. 教育大众化

今天的时代不论教育还是文化都走入了大众化，事情真相的揭露依赖于大众传媒以及网络活跃人物。网络参与者对于精英或主流媒体的信任已然不再如同以往的时代，真相的认知以及对待真相的态度人们往往受网络所左右。社会共识的解体，伴随着全球化网络化的快速发展，犬儒主义在有些领域和地域盛行。信息渠道的多样性在后现代为人们对真相的认识，带来了很大挑战，现在的网络时代，各种信息基本离不开网络，报道真相的制度体制、机构与人员就显得更重要。只有共识才能形成经验事实的真相，才能形成一定的稳定社会秩序包括网络秩序。

网络时代的犬儒主义是在网络时代某种群体思维一种独特的表现。所谓的自我反思，成为考虑自己利益的保护工具。在今天的网络时代，许多问题的讨论实质上是一个政治问题。政治问题，从来在本质上都是属于社会问题。今天的中国，从短缺经济走向经济社会的快速发展，人们对公平法治等的要求越来越多，从而在有关问题上达成社会共识，解决我们所面临的真正的问题，这是当下的中国必须要考虑。

互联网深刻改变了人们的生活和思维方式，也改变了国家的安全形势。传统的国家主权空间得到了极大延伸扩展，国家的安全空间已经包容了网络空间。在激烈的网络意识形态斗争中，自己不去占领网络阵地，就会被别人所占领；自己不去守护网上领土，丧失网络主权就不可避免，不仅如此，敌对势力就会把网络变成瓦解我们政治思想统治地位的"桥头堡"。

互联网作为意识形态领域斗争的主战场。谁不失时机牢牢掌握了网络意识形态斗争战场的制高点，谁就掌握了互联网时代的国家命脉。关乎国家安全的网络资源并不虚拟，谁掌握网络科技制高点，就可以在争夺信息、人心等的竞争中立于不败之地。网络安全，已成为我国总体国家安全观的重要组成部分，没有网络安全就谈不上真正意义上的国家安全。网络安全是我们必争必守必占的核心阵地。一位学者指出："21世纪掌握制网权与19世纪掌握制海权、20世纪掌握制空权一样具有决定意义。"西方反华势力一直妄图利用互联网扳倒中国。多年前，有西方政要就声称，"有了互联网，对付中国就有了办法""社会主义国家投入西方怀抱，将从互联网开始"。

于是，西方敌对势力和我国少数"思想叛国者"利用网络，借助电脑和手机等信息终端，恶意攻击我们的党，抹黑新中国的开国领袖，诋毁我们的英雄人物，掀起历史虚无主义的错误思潮，其根本目的是想用"普世价值"迷惑我们，所谓的"宪政民主""颜色革命""军队非党化、非政治化""军队国家化"等似是而非的论调，我们一定要高度警惕。

在互联网这个战场上，我们能否拒敌于心门之外，直接关系我国意识形态能否安全和政权能否安全。这是一场没有刀光剑影却杀机重重的网上舆论战争。当年苏联的垮台，后来在南联盟、西亚、北非一些国家发生的政权颠覆，同西方某些势力的意识形态渗透密不可分。利用目标国的网络平台，采用捏造事实、断章取义、移花接木等手法抹黑攻击，颠覆现实世界的战略对手。

一个政权的瓦解往往是从思想领域开始的，政治动荡、政权更迭可能在一夜之间发生，但思想演化是个长期过程。思想防线被攻破了，其他防线也就很难守住。我们必须把网络意识形态工作的领导权、管理权、话语权牢牢掌握在手中，任何时候都不能旁落，否则就要犯无可挽回的错误。

2. 新技术革命推动了学习的革命与发展

在知识领域，人们学习知识的方式也出现了很大的变化，今天网络学习碎片化的时代，人们学习所接触到不再是以往纸质的出版物，在网络时代更多地体现为知识类的音频或者视频作品。在新的时代条件下，满足自己的精神文化需求，往往需要对所学的知识进行付费。知识消费在新的条件下面临以往不同的发展环境。对于互联网时代知识的生产模式、传播流程，跟传统的时代在形式上有所不同。随着社会化大生产的发展，现代的经济体系都是建立在社会分工的基础上，知识产品同样如此。按照索维尔（Sowell）在《知识分子与社会》一书中的理解，现代社会的知识产业链中的具有原创性的"观念的奠基者"是生产的最上游，从具有原创性的观念的奠基者出发，产业链体现为从中心到边缘的生产扩散、消费模式。观念奠基者所产生的知识，构建了人类认识世界的关键基础，应该说社会生活当中的每一个人，不管是否自己自觉认识到，也不管他们对这个世界的认识是否正确，他们思考中所用的概念其实都受到观念生产者潜移默化的影响。观念生产者的核心之外的使用和传播，相应的知识和理念随传播者的应用范围得到了极大的扩展。在以往的时代，传播者主要体现为学者、记者、公共知识分子等，这些人是知识产业链的批发商，他们把从核心厂商那里的进货进行加工包装然后在市场上出售。所以，哲学当中的主客体关系，主体的认知都要受到前置背景观念的影响。新闻记者报道中，看起来体现为客观中立的事实，细究起来离不开新闻记者自己价值观念对事实的筛选与引导。评论家发表的对某一个事件的看法，看起来是表达了自己的观点，实际上应用的都是某个思想家的言论。并不仅仅局限于普罗大众，也包括作为在这个社会发展中起很大作用的政治家，比如，英国的撒切尔（Thacher）夫人对哈耶克的理论情有独钟，美国的里根总统则是罗素·柯克（Russell Kirk）的《保守主义的精神》的忠实用户。

不管是何种形式的知识产品，最终的消费者大多数是普通人，消费的客体从报纸杂志到今天的网上订阅课程。今天的信息化时代，人人都是知识的消费者，区别在于是享有免费的信息还是更钟情于付费的信息。在这个时代条件下，服务商借助于网络，把各种各样的思想标准化，进行有控制的知识产品的推销，把原来的在学校课本当中比较晦涩抽象的知识，通过一定的方式转变为普通大众能听得懂的、更接地气的话语，从而实现了抽象的大众化，拓展了学术支持的应用场景，开拓了普通人的思维方式，给有意愿个人提供了更方便的工具。虽说在今天的时代，知识对于整个社会认知发展功不可没，但是，互联网的发展，所造成的大量的知识供给，消费者目不暇接，但是具有原创性的知识依然供不应求。互联网快速传播的时代，知识分子，特别是作为奠基性原创知识供给者的知识分子，他们的理念对于整个社会，特别是对于网民的影响是巨大的，如果他们的理念有偏差就会造成很大的杀伤力。索维尔认为，知识本身就是一种权力，知识分子其实拥有巨大的权力。原创性的知识通过传播会产生极大的影响，具有权力的社会精英，如政治家、企业家等，如果他们把那些原创性的错误理念误认为是正确的，进而应用于实践的话就会造成很大的灾难。尽管如此，灾难后大众要求承担责任的是政治家而非知识分子。

权力与责任存在不对等，也就弱化了责任的追究。马丁·海德格尔（Martin Heidegger）在历史发展中扮演的角色的历史教训值得总结！当然在历史发展中，比海德格尔名气更大、影响更坏的知识分子也大有人在。

人类对于未来的美好蓝图的知识建构，总是受到特定的时代条件的影响，其中既包括主观因素也包括客观因素。到今天为止，人类并没有实现完美无缺的理想社会，对此必须要有充分的认识。在以往的历史当中，人们善良的愿望，往往导致了并不理想的结果。即使在思想观念出现问题的时候，有一些人仍要坚持文过饰非、掩盖错误，不断地为错误寻找各种合理的借口，并没有进行深刻的反思。这种情况下，如果把相关的一些理论付诸现实，就会不断重复以往的历史悲剧。现在信息社会，越来越多的信息渠道，在一定程度上给人们提供了更多的选择，但是对网络参与者独立思考的能力要求越来越高。能独立思考又能对信息有较强处理能力，往往在洞察真相、改造社会中处于相应的优势。所以，网络时代需要静下心来，不仅要面临各种信息轰炸，更要加强基本理论的辨别与学习，从而在纷繁复杂的网络世界当中，更好地实现我们的人生目标。

3. 网络思想斗争必须要坚持科学立场

在网络思想斗争中，必须要警惕打着科学之名而行迷信敛财之行为。有的打着人工智能的旗号进行网络占卜、测字以及其他活动。不管披着什么样的科学外衣，都掩盖不了封建迷信的本质。大数据算命，人工智能星座测试或相面，被忽悠者前赴后继，"95后"的所谓"算命大师"为"80后"安排人生，实在有些滑稽。互联网、人工智能、大数据给人类生活带来了诸多便利，打着高技术而牟取私利，借高科技还魂也大有人在，拉年轻人下水，宣扬封建迷信，传播文化糟粕也是需要高度警惕的。其实利用互联网，牟取各种利益活动的不仅仅是网络占卜，还有一些利用网络直播的勾当贩卖私货，有些人以大数据与区块链技术为噱头，进行敛财牟利。面对利用网络所进行的贩卖文化糟粕活动，必须要加强网络的社会治理，不断完善新技术应用的监管体系，打击各种违法活动。

2020年是中国接入互联网26周年，互联网让中国走向了发展的快车道，在信息化时代，我们迎头赶上，杀出一条血路，实现了从拷贝到中国到从中国拷贝的历史性转变。在网络意识形态斗争中必须要打牢科学根基，基础不牢，地动山摇，千里之堤，溃于蚁穴。在奔向星辰大海的征途上，一定不能偏离航向。

话语权的背后其实就是意识形态，国家与国家之间的较量，从硬实力的较量转移到软实力的较量，而软实力较量的重要体现就是对话语权的掌控，这是国际政治舞台当中的重要资源，掌握了话语权就意味着在国际政治经济斗争的舞台上占领了制高点。正如习近平总书记所强调的："进行具有许多新的历史特点的伟大斗争，既包括硬实力的斗争，也包括软实力的较量。"

按照马克思主义的基本理论，作为上层建筑的意识形态，由经济基础所决定，并反作用于经济基础。随着中国和平发展所取得的巨大成就，在许多方面对现有的国际政治经济秩序以及权力格局产生了一定的冲击。一方的快速崛起令相对衰落的一方产生了危机感，尽管这种危机感并不是现实的。这种危机感的存在引起了西方原有的领先国家与发展起来的大国之间将出现各种摩擦。因此，西方的不甘于失去原有霸权的国家为摆脱困境，制造了各种各样的"理论陷阱"，诸如修昔底德陷阱论证西方的国强必霸逻辑，金德尔伯格陷阱论证西方的霸权稳定条件，中等收入陷阱论证中国经济出现的困境。可以说此类陷阱目的都是一致的，是为打压中国的和平发展。

意识形态的较量说到底是利益考量，意识形态的斗争从来都不是孤立存在的，都是隐含在有关经贸问题、政治问题之中。美国发起的中美贸易摩擦，表面看是谋求对中国的经贸问题进行打压，实际上，这里面既体现了地缘政治的考量，又包含了核心技术的竞争，这一切都体现了意识形态方面的斗争。在今天，归根结底是发展的模式和发展道路的斗争，这是根本问题。西方的资本主义道路与中国的社会主义道路的斗争始终存在，只不过在不同的时空条件下，表现得不尽相同，有些时候比较激烈，有些时候略显风平浪静。敌对势力从来没有放松对社会主义制度的攻击，成本最低的就是把他们的制度打造成放之四海而皆准的模板，抹黑其他的社会制度，通过各种所谓的民主话语，谋求话语霸权，在潜移默化中攻心为上，瓦解其他的制度和政权，以达到不战而屈人之兵的目的。占据道德制高点混淆视听，是反华势力的拿手把戏，在这一点上，我们要向我们的对手学习，马克思主义者在互联网的时代，我们要敢于亮明我们的立场和观点，更要掌握网络意识形态的传播规律，打蛇要打七寸，从而取得事半功倍的效果。

西方的话语体系往往打着学术的旗号掩人耳目，给人灌输所谓的概念体系和价值标准，不知不觉中我们接受他们的价值观念，然后他们以所谓的具有普遍意义的理论来评判、裁剪中国的现实。西方国家的话语体系具有迷惑性，具有现实根据，因为发达国家的经济发展处在较高的水平，获得了一种马克思主义所讲的："统治阶级的思想在每一个时代都是占统治地位的思想。这就是说，一个阶级是社会上占统治地位的物质力量，同时是社会上占统治地位的精神力量。"①

在世界舞台上一个国家的经济、政治和文化活动如果处于引领性和主导性的地位，那这个国家的思想以及它的思想家就具有世界影响力。西方发达国家的社会科学，在当今世界体现了强大的影响力，不管是其理论的建构、理论的传播还是话语的创新，得益于长期以来他们的精心谋划。得益于工业革命以来西方国家在经济社会发展中所取得的领先优势，他们把自身的经验转换为话语优势，从而确立了他们自认为的发展模式的道德优势，软实力以硬实力为基础。西方国家发展当中所出现的一些问题，原来各方面的优势有相对缩小的趋势，相较而言，处于发展中的新兴国家则蒸蒸日上。在发展中国家，特别是中国的发展奇迹这个问题上，西方的话语体系就应运而生，西方中心主义的价值观念在当今的时代面前显示了它的弊端。西方的价值观是在一种对抗性的思维模式下发展起来的，往往充满着意识形态的偏见。从客观的理性的角度来看待，中国的道路与制度，对西方的相信所谓的文明优越论的武断论断的人们，形成了强烈的冲击。西方中心主义的意识形态传统遭受了冲击，西方国家的思维习惯以及所谓的自我优越感，总是把他们的发展模式、发展经验塑造成具有普遍性的样本意义，而且按照他们非此即彼的二元对立逻辑，以自己的意志划界，把世界上的不同国家划分为不同阵营，对其他的非我同类则充满了意识形态的偏见，难以正确的认识其他的模式与发展道路的经验与价值，因此眼界越来越狭隘，很难有大格局大发展。

面对西方势力在意识形态方面对中国的挑战，中国按照自己的节奏和规划发展，积极做好我们的工作，在中国特色社会主义发展过程中，呈现风景这边儿独好的局面。特别是一年多的新冠肺炎疫情考验，我们统筹了经济发展与疫情防控之间的关系，取得了重大的战略成果，在"一带一路"倡议指引下，我们坚持的"人类命运共同体"这一理念得到了越来越多的国家的赞同，中国特色社会主义在新时代影响力不断增强。相反西方国家遇到了经济增长乏力、贫富差距过大、各种各样的社会矛盾等难以解决的问题。和平与发展依然是当今时代的主题，中国特色社会主义的重要成就和特征就是在和平发展中不断崛起。从人类历史的发展看，搞单边主义、强权政治、搞对抗并不会带来国家的繁荣富强。中国的和平、发展、合作、共赢的旗帜，在应对单边主义、保护主义和

---

① 《马克思恩格斯选集》第 1 卷，人民出版社 1995 年版，第 98 页。

霸权政治时代高高飘扬，创造了中国之治的奇迹。

在网络意识形态斗争的过程中，我们不仅要批判西方网络意识形态的错误观点，更要批判其观点背后的理论基础，从根本上辨别清楚批判西方意识形态的错误。

对于西方意识形态的批判我们应该坚持历史的眼光，探究各种各样错误理论观点背后的理论假设，其中有一个假设就是抽象的人。从抽象到具体作为一种认识世界的方法是无可非议的，但如果离开现实，把抽象的假设与社会历史发展的实践相分离，从而得出脱离客观历史条件的绝对的结论，这样就不可能正确把握人类历史发展的客观规律。西方国家在发展的过程当中，都有自己独特的国情，每个国家走的道路也各不相同，有些方面甚至有较大区别。但是，在最近几十年的西方意识形态对外传播过程中，他们不断美化西方的制度，忽悠其他国家盲目地照搬西方的资本主义民主制度，并且给其他的国家许下了许多美好的但从没有实现的诺言，结果导致一些国家民不聊生、政局动荡。其实，一个国家的经济政治制度和一个国家的文化传统、历史传承、现实状况有紧密的关系。正如马克思所讲的："人们自己创造自己的历史，但是他们并不是随心所欲地创造，并不是在他们自己选定的条件下创造，而是在直接碰到的、既定的、从过去承继下来的条件下创造。"①

与资产阶级意识形态相反，马克思主义对人的认识是现实中的从事着改造世界实践活动的人，脱离历史的、抽象人在现实社会中根本不存在。辩证唯物主义的认识论，从实际活动的现实的人出发来进行研究。辩证唯物主义的认识论要求人们，不管是认识世界还是改造实际，都要实事求是应对我们周围的一切，不能从虚幻的想象出发来改造这个世界。

在构建中国特色社会主义的话语体系中，我们必须要坚持历史和现实的统一，在继承中发展，在发展中传承，多层面提升中国国际话语权。话语权之争是意识形态较量在新的时代条件下的突出表现。在较量中需要坚定理论自信，在国际政治当中，话语权的背后跟一个国家的综合国力紧密相关，关系到一个国家的兴衰和政权的更迭。西方国家在长期的发展中已经形成了一套比较丰富的、反映了他们价值核心的话语体系，因而能在国际话语斗争中处于主导地位，这也就是我们所说的话语霸权。新时代的中国特色社会主义，我们不仅要实现

---

① 《马克思恩格斯选集》第 1 卷，人民出版社 1995 年版，第 585 页。

从站起来、富起来到强起来，话语权的状况跟我们国家走向强大紧密相关。需要多层次的提升中国的国际话语权，一方面揭露和批判西方话语的虚伪本质和危害，另一方面要更好地发出中国的声音，讲好中国的故事。我们必须不断加强国家的硬实力建设，以硬实力的发展为基础，不断占领道义制高点。使我们硬实力和软实力相匹配，更好地展示新时代的中国形象。

4. 网络思想政治教育话语生成

网络思想政治教育话语的展开首先要有中心，要围绕着受教育者关心的问题设置议题，议题必须要精心提炼，增强议题的吸引力。以此为前提，不断增强网络思想政治教育的魅力，网络思想政治教育议程设置，要围绕思想政治教育的中心任务展开。围绕中心，服务大局作为基本职责。胸怀大局、把握大势着眼大事，找准工作切入点和着力点，做到应势而动、顺势而为。网络思政的议程设置必须从中国的实际出发，立足百年未有之大变局以及实现中华民族伟大复兴的战略全局。把符合时代发展需要、中国发展大势和网民关心的问题有机结合起来，从而提炼网络思想政治教育的主题。提炼适合专业要求的话语议程必须要坚持走网络群众路线，从了解网络受众关心的热点问题和他们的利益诉求，坚持从群众的实践中来，再到群众的实践中去，不能局限于社会生活的表面现象，要去粗取精、去伪存真，善于从现象把握本质。要增强政治的敏锐性，善于把握热点和重点，不能被现象遮住了双眼。提炼网络思想政治教育的重大议程设置，更好地引导受教育者积极讨论，引领网络舆论的导向，更好达到凝聚网络思想共识的目的。

今天的时代各方面发展比较快，议程设置需要与时俱进，讲究时度效，善于把握时机，讲究策略，更好发现、发掘网络热点，不能以不变应万遍。网络市场政治教育的议程设置，不能单纯地追求花里胡哨的形式，必须坚持内容为王。形式是为内容服务的，要用接地气的、具有鲜活生动特质的内容来不断增强网络思想政治教育的说服力。只有做到内容为王，才能在网络思政教育中赢得话语优势。在网络思想政治教育阵地建设中，话语的内容中包含的思想内涵永远是第一位的。没有深刻的思想内涵，网络思想政治教育的议程设置，就会徒有其表，显得很苍白，就不会有真正的魅力。要立足时代、立足国情、立足于人民群众的需要，不断概括出新的议程设置内容。从内容的角度看，议程的设置在网络思想政治教育中，必须要把马克思主义的基本原理和中国特色社主义的伟大实践相结合，善于把握分析新矛盾新问题，把科学的理论创新成果转化为符合网络思想政治教育要求的话语体系。中国特色网络思政教育的发展，建设内容为王的话语体系，必须提高教育者的本领，这个本领在网络思想政治教育中主要体现为，课堂中要学会讲故事，让事实来说话，不能单纯讲苍白无力的大道理，数字和事实最有说服力，最能打动人。网络思政教育过程中，需要用贴近实际的新鲜事例来融入教育当中，在贴近实际、贴近生活、贴近需求的阐述当中，不断增强理论自信，推动中国实践的发展。坚持内容为王，必须善于把网络话语体现的新东西，引用到网络思想政治教育中去，丰富话语内容。把网络思想政治教育的主题与网民受众的距离进一步地拉近，从而不断地推动弘扬主旋律，激发网络教育正能量。

网络思想政治教育过程当中，要通过创新表达方式，来提高议程设置的表达效果。要把收集到的材料加工成有效的教学内容，为表现内容，图片、文字、数字、音频、视频、动漫等各种各样的手段要协调好，以及通过声、光等多重手段刺激感官世界，更好地提升网络思想政治教育的表达效果。创新表达方式还有一个重要的表现，就是要用网民喜闻乐见的方式，把一定的教育内容转化为老百姓听得懂的生活化与网络化话语，用浅显的语言表达深刻的道理，用感性的形象展示深奥的道理，更有利于拉动教育者与网民之间的距离，增强吸引力、感染力和说服力。在教育的过程当中，要注意运用各种语言表达方式和方法，把名言、警句、成语故事等中国优秀的传统文化资源应用到教学中，更好地展现中国人的精神追求和精神价值。网络思想政治教育的过程中，必须体现以情动人、以情感人的交融，思想政治教育要达到效果必须要有感情投入，只有热爱这个工作，才能走进网民的心中。把以情感人和以理服人相结合，用真挚的感情去影响人、感染人、感化人。

为了达到教育的目的，增强网络受众的政治认同感，在网络思想政治教育的新的时代，不能高高在上，要懂得与网络受众展开平等的交流、情感的互动、思想的沟通结合，更好地达到理想的教学效果。网络思想政治教育涉及方方面面，需要把立德树人作为教育的出发点和落脚点，情理交融中提升网络思政的效果。

5. 德行培养是网络意识形态教育的起点

在网络意识形态教育中，最基本的是培养网民的德行。不论在现实世界，还是在虚拟的网络世界，作为人都要具备德、才两个方面。在教育特别是思想教育中，如何处理好两者的关系，应该以什么为最重要，看起来、说起来容易，但做起来有难度。以孔子为代表的中国的老祖宗一贯把品德教育放首位，孔子教学首先是看中德行，其次才是政事、言语以及文学等其他方面。中国古代特别重视德行教育，是因为是否具有德行直接关乎人与动物的区别。人的需要得以满足，民以食为天得以维持生命，求偶组建家庭得以延续生命。如果仅仅到此为止，那人类与动物无异。最关键的是人还要追求仁爱以广大生命，这是人类所独具的。

意识形态教育必须着眼于培育什么样的人的根本问题，运用马克思主义的伦理观和马克思主义的基本理论对不同层次的人群进行有针对性的教育。中国特色社会主义事业坚持以人民为中心，时代新人必须坚持以德为本的人类社会法则。在中国优秀传统文化中，如果一个人没有德行实际上不能称之为人，而是与禽兽无疑。从广义上看，德行包括了孝，但从狭义的德与孝的关系来看，孝为德之本也，做到在家孝顺父母、出门尊重师长是道德修为的根本。正如孔子在《孝经》中所指出的："夫孝，德之本也，教之所由生也。"不孝就是缺德，行孝是德行教育的开端，真可谓"孝门开，百门开"。

互联网的快速发展，互联网已然成为当代大学生的生活环境的须臾不可分离的一部分，大学生的思维方式、行为方式、社会关系已经被互联网深刻改变。正如马克思所说的："人们的观念、观点和概念，一句话，人们的意识，随着人们的生活条件、人们的社会关系、人们的社会存在的改变而改变。"① 互联网作为社会存在的变化，改变了教育，更改变了学生。自人类从自然界中分离出来后，劳动在创造人的同时，劳动经验的传承以及人类自身的生存维系就提上议事议程，作为"造就全面发展的人的唯一方法"② 的教育。思想政治教育作为国家和社会教育的一个重要组成部分，在不同的国家和地区具有不同的表现形式。随着阶级和国家的出现，思想政治教育成为意识形态教育的重要渠道。任何国家的当政者都面临着如何统一思想的问题，这关乎政权的稳定。

网络时代媒体的权威性不是由其级别或身份决定的，而是由其在互联网中的报道准确权威可信，以及由此联系的强大舆论引导力来决定的。作为官方权

---

① 《马克思恩格斯选集》第 1 卷，人民出版社 2012 年版，第 419—420 页。
② 《马克思恩格斯选集》第 1 卷，人民出版社 2012 年版，第 710 页。

威媒体，如果在微信公众号转发信息不做核实调查，过于随意很容易透支媒体信用，引起网络受众的反感，信誉易失再立很难。作为国家权威的电视台或报刊媒体，如果对地方党政机关所做的决定不做分析研判，转发容易火上浇油，适得其反，甚至会因为以讹传讹招惹官司。究其实质，高高在上的权威心态和现在的网络扁平化的时代不合拍，在人人都是传播者和接受者的时代，无论个人还是大的传播机构，其实都是平等的，这是平等竞争话语权的时代。如果不顺应时代的转变，意图通过舆论信息垄断维持自己的权威性，已经远远落后于时代的发展，注定要被时代淘汰。

三、人工智能下的思政教育

毛泽东同志说过："掌握思想领导是掌握一切领导的第一位。"① 思想政治教育是做人的思想工作，思想问题本身是共性与个性的统一。如何解决思想政治课教学的针对性，充分关照到每一个学生的发展实际，实现立德树人的教育目标，是思想政治教育工作者面临的挑战。人工智能的普遍运用，有助于实现思想政治教育的个性化，更好引领学生的成长成才。"个性化思想政治教育是运用大数据开展思想政治教育工作的客观要求。"② 习近平总书记在向国际人工智能与教育大会致贺信时指出，人工智能是引领新一轮科技革命和产业变革的重要驱动力，正深刻改变着人们的生产、生活、学习方式，要积极推动人工智能和教育深度融合，促进教育变革创新。③

当今时代，社会每一个方面早已被数据资源所渗透，成为各种社会活动信息化反馈的量化载体。在社会各方面的活动中，数据资源作为生产因素，对经济社会发展起着重要的推动作用。大数据概念是 1998 年首次提出，提出此概念的是计算机系统跨国公司美国硅图公司（SGI）首席科学家约翰·马西（John R. Mashey），此后世界著名的咨询公司麦肯锡公司提出"大数据时代已经到来"。伴随着数据资源的收集、挖掘、整理和运用，人们越来越认识到，在生产力的创造性发展中，数据资源所发挥了决定性的和重要性的作用，数据资源的研究得到了科学、系统、全面的展开。人类对海量数据的挖掘和运用，预示着

---

① 《毛泽东文集》第 2 卷，人民出版社 1993 年版，第 435 页。
② 李怀杰、申小蓉：《大数据时代个性化思想政治教育论析》，《思想理论教育》2019 年第 3 期，第 105 页。
③ 《习近平向国际人工智能与教育大会致贺信》，《人民日报》2019 年 5 月 17 日第 1 版。

新一波生产率快速增长和消费者剩余浪潮扑面而来的时代即将来临。

对于大数据的界定，麦肯锡全球研究院的大数据的定义是，一种规模大到在获取、存储、管理、分析方面大大超出了传统数据库软件工具能力范围的数据集合。国际商业机器公司（IBM）提出了大数据五个特点，即大量、高速、多样、真实性、低价值密度。

（一）人工智能的发展

作为计算机科学的人工智能（Artificial Intelligence，AI）是在 1956 年的达特茅斯会议上第一次提出的，原指"拥有模拟能够被精确描述的学习特征或智能特征的能力的机器"。[1] 作为计算机科学分支的人工智能正在不断发展中，学术界尚无公认的权威界定，有学者将其定义为"大致说来，人工智能是一门通过利用计算机、数学、逻辑、机械甚至生物原则和装置来理解、模拟甚至超越人类智能的技术科学"。[2] 人工智能不仅仅涉及计算机科学，而且广泛涉及包括认知科学、控制科学、信息科学、哲学社会科学等多学科，所以美国哲学家丹尼尔·丹尼特（Daniel Dennett）认为，人工智能就是哲学。[3]

IBM（国际商业机器公司）提出了大数据"5V"特点，即 Volume（海量）、Velocity（高速）、Variety（多样）、Veracity（真实性）、Value（价值性）。

表 1　大数据的 5V 特征

英文	Volume	Velocity	Variety	Veracity	Value
中文	海量	高速	多样	真实性	价值
表现	存储量大 增量大 PB 级别	实时性 存储快 处理快	来源多 格式多 混杂性	可靠性 准确性 客观性	商业价值 生活价值 社会价值

数据规模海量（volume）。大数据的数据包括采集、存储和计算量规模十分

---

[1] Mccarthy J，Minsky M L，Rochester N，et al，"A Proposal for the Dartmouth Summer Research Project on Artificial Intelligence"，*Journal of Molecular Biology*，No. 1，2006，P. 115.

[2] 孙伟平、戴益斌：《关于人工智能主体地位的哲学思考》，《社会科学战线》2018 年第 7 期，第 16—22 页。

[3] 尼克：《人工智能简史》，人民邮电出版社 2017 年版，第 17 页。

庞大。作为社会大众在现实生活中所运用的普通数据量并不大，起始量基本在10 到 100 MB 范围内。而大数据起始计算单位至少为 PB（Petabyte，千万亿字节），甚至达到 EB（Exabyte，百亿亿字节）或 ZB（Zettabyte，十万亿亿字节），这是普通网络参与者所难以想象的。

数据类型多样（Variety）。多样性是指不断变动的数据类型和数据来源是多种多样的，包括结构化数据（数据储存存在某种指定关系，如标准数据库、简历等）、非结构化数据（无法直接读取数据内容，如图像、声音、视频等）和半结构化数据（介于结构化数据和非结构化数据之间，有时也被归类为结构化数据，数据结构变化较大）。有分析认为非结构化数据占比在未来将会达到 90%。

数据流转和处理速度快速（Velocity）。大数据的更新和增长是呈现极速地、爆炸式的。如何做到快速准确地生成、配置和处理数据，这是现代社会面临的重要挑战。

数据的准确性真实性，即数据的质量（Veracity）。大数据要准确反映不断变化着的真实世界的一切，通过数据分析和处理，要准确客观解释和预测社会生活中发生的现实事件的整个过程，无论是数据本身还是数据挖掘得出的结论都要具有准确性，否则就失去了其存在的意义。

价值密度低（Value）。大数据本身包含多种多样的数据，鱼龙混杂，对使用者价值的数据往往分布于海量的数据集群中，价值大小和数据总量大小之间并没有直接关系。数据质量的差异性对于分析者从大数据中观察提取具有价值的信息有较大的影响，并影响到对数据分析结果的准确性。

不同学科对大数据的运用要求是不一样的，在社会科学看来，当多数人的大部分社会行为可以被记录下来时，称为"大数据（现象）"。现在更多是从运用角度去理解和诠释"大数据"，这一概念的实质意义并不是"大"。人工智能（Artificial Intelligence，AI）是计算机科学的一个重要分支领域，即以模仿人类智能的方式做出相关反应的机器和技术，简言之就是"拥有智能的机器"。人工智能的发展经历过三次热潮。第一次热潮是 20 世纪 50 年代后期至 20 世纪 60 年代，主要是通过自然语言处理进行程序翻译，以实现搜索与推理的效果。第二次热潮是 20 世纪 80 年代，此时人工智能已在一定程度上达到应用水平，产生大量专家系统。第三次热潮是从 21 世纪初至今，其核心是伴随大数据的出现，逐渐实现自我获得知识的机械学习，并形成主动学习与深度学习的能力。

人工智能在应用中主要涉及以下三个方面：一是识别，包括声音识别、图像识别、动画识别与语言解析；二是预测，包括数值预测、精准匹配、意图预测与需求预测；三是执行，包括表现生成、设计、最优化行动与作业自动化。如何把握人工智能的本质？马克思指出："自然界没有造出任何机器，没有造出机车、铁路、电报、自动走锭精纺机等等。它们是人的产业劳动的产物，是转化为人的意志驾驭自然界的器官或者说在自然界实现的人的意志的器官的自然物质。它们是人的手创造出来的人脑的器官；是对象化的知识力量。固定资本的发展表明，一般社会知识，已经在多么大的程度上变成了直接的生产力，从而社会生活过程的条件本身在多么大的程度上受到一般智力的控制并按照这种智力得到改造。它表明，社会生产力已经在多么大的程度上，不仅以知识的形式，而且作为社会实践的直接器官，作为实际生活过程的直接器官生产出来。"① 从"人的手创造出来的人脑的器官"与"智力的控制"的角度来看，人工智能的本质就是一种可以替代人类脑力劳动的机器。

全球范围内新一代人工智能的兴起和运用，在推动经济社会发展的同时，也深刻改变人们的日常生活方式以及思维方式。人工智能极大推动了新一轮科技革命和产业革命的蓬勃发展，关系到我国的科技跨越发展、产业结构优化以及生产力整体发展的跃升，推动了我国的产业链迈向全球价值链的中高端，是事关全局的战略问题。

人工智能的发展和移动互联网、大数据、超级计算等相结合，"呈现深度学习、跨界融合、人机协同、群智开放、自主操控等新特征"，对于经济社会以及国际政治经济格局产生重大影响。

在社会治理中，运用人工智能，更好把握社会舆情分析，提高公共服务和社会治理水平。人工智能的运用有力提高了媒体智能化发展水平，"人工智能运用在新闻采集、生产、分发、接收、反馈中，用主流价值导向驾驭算法，全面提高舆论引导能力"②。

在网络意识形态斗争中，要注意培养具有创新能力和合作精神的高端人才，积极推动人工智能和教育融合，更好地发挥先进科技在意识形态领域斗争中的

---

① 中共中央马克思恩格斯列宁斯大林著作编译局：《马克思恩格斯文集》第 8 卷，人民出版社 2009 年版，第 197—198 页。
② 《习近平谈治国理政》第 3 卷，外文出版社 2020 年版，第 318 页。

作用。

我们对网络意识形态斗争的认识和理解，不能仅仅局限在传统媒体条件下形成的一些方法，这些方法难以适应新的时代的要求。在新时代，网络媒体的快速发展使得媒体环境发生了巨大变化，依靠旧办法来解决问题已经越来越不适应时代发展要求。在一些实际工作当中，如何应对网络意识形态的斗争我们仍然比较习惯使用传统模式，必须要转变。出现了问题、负面评论、更多的虚假信息，我们采取澄清、引导的方式，从实践来看，被动的不如主动出击。在网络意识形态斗争中，必须要打好主动仗，下好先手棋。其实，在意识形态战斗当中，思政课教师要有敏锐性，必须把主动出击的意识确立起来，不断提升网络意识形态斗争的认识程度，加强对思想政治课教学规律的研究。工作当中，在第一时间打好第一枪，从而形成网络舆论工作引导的先发优势。

要善于运用大数据，如挖掘热点和难点问题，从而做到未雨绸缪。进一步地优化思想政治工作的舆论环境。正确处理好网民的言论自由权与网络秩序之间的平衡关系，是网络意识形态斗争必须要解决的一个根本矛盾。随着学生的民主意识和参与意识不断增强，科学技术的发展使得他们在网上发出更多的声音。各种各样的声音鱼龙混杂，这对网络意识形态的规范管理提出了新的挑战。新的时代更好满足包括学生在内社会大众的需求，又紧密贴近时代发展大势，提高网络意识形态的渗透力。网络意识形态通过潜移默化，渗透于社会网络参与者思想意识当中。要学习运用适合网络传播的手段和方法，在润物细无声当中引导广大网民。

这些年来西方某些国家的领导人喜欢用价值观的概念作为分析工具，解释和中国的摩擦与矛盾。他们认为，中国跟其他国家之间的冲突是价值观的冲突，图谋构建反对中国的"统一战线"。对于西方所讲的"价值观同盟"我们到底怎么看，是否中国人的价值体系与西方社会真的有那么大的差距？中国领导人讲的人类共同价值，这个词比较客观、比较中性，中国的价值观与西方人所说的所谓的普世价值，其实差距并不是那么大。西方所讲的自由、平等、博爱等，我们的社会主义核心价值观的自由、平等、公正、法治等，也具有很大的相似性。法治建设在中国的新阶段当中，得到了全力的推进，全面依法治国作为四个全面战略布局的重要组成部分，得到了全体国民的认同。

尽管不同的制度和社会发展阶段的差异，导致了东方和西方在价值观上的认识有相当大不同，但是承认差异，并不能夸大为双方之间的强烈对立。应该会造成很严重的误判，特别是如果用来指导政策的制定，那么很容易导致过激的反应。我国与西方的差异，体现在意识形态的差异，这是国家之间的利益在上层建筑上的体现。不同的国家不同社会条件下的成员进行接触，就会产生价值观的碰撞，意识形态产生作用通常跟国家权力的范围紧密相关。意识形态的扩张背后有军事经济和文化的强势支撑，在过去的相当长的一段时间，西方发达国家意识形态在各领域处于优势地位。相较于今天的西方世界，中国处于较弱的状态，各种各样的媒体大大夸张了中国和西方的价值差异。应该说改革开放40多年来，中国人民的生活有了很大提高，与西方的各种交流交往越来越频繁，双方之间的价值观的差异并不像我们想象那么大。在中西之间的意识形态斗争中，中方仍然处于防守的状态，或者说在应对西方意识形态攻击方面我们主要是防守，我们具有一定的对西方进行有效地实施反击的能力，但中国仍然缺少这方面的专业人士。中美之间的竞争主要就是利益之争，美国就是要维护他的霸权地位，制度的不同本质上就体现为两种不同的社会治理方式。美国的政客不断策划意识形态冲突，中方必须在双方之间的思想斗争中冷静观察、沉着应对。

（二）人工智能对于思政课的影响

在当前教育应用方面，人工智能越来越显现其"智能"的威力，人工智能在教育过程中的刷脸识别签到、学生课堂学习注意力识别、针对不同学生的学习资源个性化推荐等方面推进教育持续变革，不断激发着学生的学习兴趣和增强成长动力，同时推进教育教学水平上升和管理服务水平的提高，促进教育的全方位发展。2018年，教育部颁布了《高等学校人工智能创新行动计划》，提出了加快推进人工智能与教育的深度融合和创新发展，研究探索人工智能技术与教育环境、教学模式、教学内容、教学方法、教育管理、教育评价、教育科研等的融合路径和方法，发展智能化教育云平台，鼓励人工智能支撑下的教育新业态，全面推动教育现代化。实施"人工智能+"行动和支持高校智能教育。这些不同维度的"场景革命"，有助于充分发挥人工智能的独特优势，以快速、自动、稳定和精准方式推动思想政治教育从理念到实践的重要转变，进一步提升思想政治教育网络育人的实效。

人工智能给思想政治教育发展带来新机遇。随着国家和各类教育机构持续推进教育信息化，人工智能与思想政治教育的教育教学、学习方式、管理服务等方面不断实现融合创新，运用智能技术、平台和资源支撑教学方法变革、人才培养模式创新和治理水平提升。这些变革和机遇主要表现在以下方面：

在教育教学方面，教育部公布的《高等学校人工智能创新行动计划》提出，要"构建人工智能多层次教育体系"。人工智能以数据智能为驱动，能够提供思想政治教育的"智能教学系统"，根据学生思想需求、认识水平和问题困惑等不同客观现状，提供与教师教学相匹配的教育资源、学习资源，与课程教学相平行匹配的视频资源、文本资源等，提供面向特定学生个体或群体的个性化教育、终身教育，从而为思想政治教育提供智能化备课、个性化教学、多学科性前沿资源、学生感兴趣的视频资源和关注热点等，有效提升思想政治教育的教学质量和水平。

人工智能对于思想政治理论课所带来的挑战和机遇，需要进一步地分析。思想政治教育内涵上来说主要包括思想政治教育主体、思想政治教育客体、思想政治教育中介和思想政治教育环境这四个要素。大数据人工智能对于思想政治教育的影响体现在这四个方面。思想政治教育的主客体划分是相对明确的，思想政治教育的主体就是思想政治教育的承担者和发动者，思想政治教育客体是思想政治教育的接受者和受动者，教育者和教育对象这两者是对立统一的。思想政治教育中介是思想政治教育主体为实现思政教育目标的载体、手段、工具，而思想政治教育环境是影响思想政治教育主体、客体和中介的一切外部因素的总和。

从思政教育主体的角度来看，人工智能条件下的思想政治教育的主体主要有两个方面的影响。作为人工智能的高级智能的机器人，具有人的一般的感觉和识别能力，同时具有通过自身来修改程序实现高级自律并为主体所用的能力。从教学模式变革来看人工智能，可以为教育主体提供智能化的备课方案，跨学科综合性前沿资源，人工智能可以基于数据分析，准确地给教育主体反馈出教育对象的质量评估计算，自动完成评语和提供意见，并指明下一阶段学习发展方向。从教育主体对人工智能的运用来看，人工智能对主体的教学辅助作用越来越凸显，教育主体可以利用人工智能很好地加工教育信息，进行多维度立体综合分析，减轻了教育主体原有的一些低水平的机械性的一切负担，可以促成教学任务迅速完成。人工智能对教育主体、教育模式的变革以及教学负担的减轻都有重要作用。从思想政治教育客体的角度来看，思想政治教育客体是思想政治教育的接受者，他又与一般的客体不一样，他是教育实践活动和认识活动指向的对象。思想政治教育对象是思政教育中的客体，客体作为主体的研究和实践对象，是主体进行认识活动和实践活动的对象。人工智能的技术性应用，使道德教育从主体中心模式逐步呈现向客体中心模式转化的趋势，教育不再是为了单纯的生产而是为了人的精神化的生存。作为人工智能的核心要素算法是人工智能解决问题的指令，有效地实现了教育客体的个性化、多样化、动态化学习以及质量评价的科学化、规范化。思想政治教育智能生态的具体体现，提升了思想政治教育的时效性和创新性，不断提高客体受教育的程度，从主体中心转向客体中心，客体位置的转变、课程中心的转变以及思维能力的激发，人工智能给思想政治教育客体带来了重要变化。

思想政治教育中介的影响，思想政治教育中介是为了实现思想政治教育目标选择使用的载体、介质等，也就是说体现为承载一定思想政治教育的手段、工具或者语言文字。科学的思想政治教育载体，是连接思政教育主客体之间的桥梁和纽带。进一步深化和发展的以用户为中心的互联网时代的多对多传播模式，是思想政治教育现代化发展的重要中介。通过网络平台以智能技术为依托，充分发挥人工智能的信息检索和归类能力，给受教育者带来了同以往截然不同的影响，互联网的信息传播数量深度和广度上都是原有的传统媒体所无法比拟的。另外，思想政治教育中介自身对教育者提出了革命教学形式的硬性要求，如果要达到好的教学目标就必须改变教育者原有的思维方式和行为模式，利用新的教育中介，更好地把思想政治教育信息传播好。中介角色的转变、教材体系的改革、教学形式的变化是人工智能给思想政治教育中介重构和发展带来的重大机遇。

从思想政治教育环境的角度来看，依据马克思主义的理论，环境造就了人，反过来人们也应该以合乎人性的方式去改变环境，当然这里的环境既包括自然环境也包括了社会环境。在思想政治教育当中，教育环境直接影响着教学效果的达成。虽说在以往的教学改革当中，如何优化教学环境是取得良好教学效果所必须要认真对待的因素，但影响教育者和受教育者的思想和行为的因素比较多，只有与思想政治教育目标内容方式和进程有关联的因素才是思想政治教育。

在传统的教学理论中，教育环境比较简单，具体表现为比较直接的时空环境，而在人工智能条件下面临的是不断拓展的空间和延长了的时间。从空间上来看，人工智能技术的深度运用实现了教育环境的多样化，现实的环境转向虚拟环境加现实环境的转变，这是一个虚拟空间与物理空间的结合，从而在思想政治教育当中就呈现了智能化的一个场景。"在网络空间，思想政治教育时间不再呈现以往的紧张状态，而是被大幅延长了，思想政治教育的内容体系经历了创造性转化的过程，以更好地契合网络空间的特性。"① 从时间上来看，人工智能技术对于思想政治教育的影响可以更好地满足在灵活的时间范围内进行思想政治理论课的教学要求任务。总的来看，人工智能条件下思想政治教育环境不再单一，而是更加多样，对于受教育者来讲给他们带来了更多的新鲜感，体现了更多的技术含量。思想政治教育环境的变化，体现为空间与时间的拓展延伸，给思想政治教育的发展带来了重要的发展机遇。

作为引领新科技革命和产业革命驱动力的人工智能，正日益快速运用到包括经济、政治、文化、社会、生态等各个领域，在教育领域引发了新的革命，在推动思想政治教育深化发展上越来越发挥出其重要推动作用。人工智能的广泛使用，"场景"的呈现展现了无限的可能，以往人们梦寐以求的身临其境变为现实，甚至模糊了现实与虚拟的界限。跨界融合的人工智能与思政教育，丰富了思想政治教育的"场景"，完善了教育环节，实现了思政课一直强调的理论联系实际目标，身临其境的虚拟实际对于更好完成教学育人目标发挥了事半功倍的作用，思政教育的智能化前景鼓舞人心令人期待。思想政治教育要把握人工智能的发展机遇，通过创新技术的有效应用推动思想政治教育发展，实现5G时代思想政治教育形态发展的智能化。

人工智能"场景"如何应用于思想政治教育。思想政治教育运用人工智能平台，要求我们积极构建人工智能技术赋能的思想政治教育教学环境、教学方法和管理服务模式，探索基于人工智能的新教学模式，推进思想政治教育在思想内容、教育理念、授课方法、话语方式、社会环境等方面发生深刻变革，激发学生学习兴趣和吸引力，提升思想政治教育的质量和水平。个性化思想政治教育的范式，是指基于学生学习、交往、实践等大数据分析和建模，以可视化

① 潘一坡、项久雨：《思想政治教育时空论》，《思想理论教育》2020年第11期，第48页。

方式呈现学生整体性网络思想行为的问题、特征和规律，针对学生个体或群体制定有针对性的教育路径和策略的教育范式①。

网络信息技术创新推动了思想政治教育新发展。作为网络信息社会发展基石的互联网、大数据和人工智能，在技术形态上是递升渐进演变的，它们通过各自的方式渗透和嵌入思想政治教育的各个方面，在社会日趋网络化、数据化和智能化的历史演变中深刻影响着人们的思想。"互联网+思想政治教育"在思政教育的各环节发挥了重要作用，对于思政教育涉及的教育者、受教育者、环境和内容等思政教育的各方面都发挥了不容忽视的作用，通过一定的网络公共平台实现了不同要素的"强链接"，进一步拓展了思想政治教育的空间范围，在新冠肺炎疫情期间，充分发挥了网络教育的威力。

大数据技术有助于解决对特定对象行为特征和规律的科学把握。在思想政治教育中借助"大数据流"分析，能够全面了解受教育者的思想动态、价值倾向和社会舆论变化等，很好地弥补了传统思想政治教育的信息渠道狭窄不足的问题，精准把握教育对象的思想变化及其行为取向。通过对学生学习、社交等方面的大数据挖掘和分析，通过数据模型，有助于在思想政治教育中提出个性化、差异化的路径和策略。大数据在思想政治教育上的科学运用，推进了思想政治教育的网络化、数据化、可量化和可视化，真正实现"因材施教"的理念，促进了学生的全面发展。

人工智能应用于思想政治教育，借助算法对海量数据进行聚合、类化和算法创制，精准赋能思想政治教育的各个方面，实现思想政治教育教学智能化、学生学习个性化、质量评价动态化，提高了思想政治教育的针对性和实效性。算法植根于社会现实选择和价值判断，不能过于强调算法的中立性，不同算法对于思想政治教育的内容生产手段和分发传播路径有不同的价值，"每一种技术架构、每一行代码、每一个界面，都代表着选择，都意味着判断，都承载着价值"。

思想政治教育的对象是人，教育过程涉及不同的问题解决，算法的选择运用必须依据政治、伦理、法律等价值规则，否则会失去正确的方向，容易走向人们愿望的反面，产生认识偏执、泄露隐私、信息茧房等问题。在人工智能从

---

① 李怀杰、申小蓉：《大数据时代个性化思想政治教育论析》，《思想理论教育》2019年第3期，第105页。

弱到强的发展过程中，算法创新将不断推进思想政治教育发展。随着机器学习的进步和系统进化，要借助人工智能开发一系列适应思想政治教育发展需求的智能算法，创建思想政治教育人工智能分析平台和相应的流程再造，在新的科技背景下确立新的思想政治教育理论范式和实践模式，为每一个学生的自由而全面发展提供良好环境。

人工智能助推思想政治教育智能化，丰富了思想政治教育环境的场景，为受教育者提供丰富的网络教育和学习资源，满足了多样化教学和学习需求，实现思想政治教育场景革命。人工智能把思想政治教育教师从单调重复的低端工作中解放出来，减轻工作负担。把更多的精力放到有效的教育工作中，一方面充分考虑学生的具体学习状况，提高教师备课和授课的针对性。另一方面，提供有针对性的网络视频等资源，提高课堂教学的针对性和吸引力。

人工智能为思政课学习提供智能平台支持。基于大数据和深度学习的在线教育平台全方位、全时段为学习者提供个性化定制式学习，学生的积极性和主动性将呈现同传统教学模式不同的景象。人工智能技术对学生学习过程进行有效及时的诊断和反馈，为思想政治教育目标的实现提供更加多元精准的评价，促进学生的个性化发展。

围绕思想政治教育目标，有效组织实施教学涉及的各种要素，促进思想政治教育资源有效配置，精准优化教育组织管理结构和流程，通过思想政治教育的精细化和科学化促进思政教育的现代化。

四、网络爱国主义教育

（一）要加强爱国主义教育

爱国主义是中华民族精神的核心。中国共产党是爱国主义精神最坚定的弘扬者和实践者，始终把实现中华民族伟大复兴作为自己的历史使命。要弘扬爱国主义精神，必须把加强爱国主义教育作为永恒的主题。爱国主义教育，要贯穿国民教育和精神文明建设的全过程。爱国主义教育，要不断地丰富教育内容，创新教育载体，加强教育教学方式改革。特别是在广大青少年中开展深入持久生动的爱国主义宣传教育，要使爱国主义在青少年心中扎根。在爱国主义教育的过程中，要正确处理爱国主义和社会主义的关系。只有坚持爱国和爱党、爱社会主义相统一，爱国主义才是真实的、鲜活的，这也是当代中国爱国主义精神最重要的体现。弘扬爱国主义精神，必须尊重和传承中华民族历史和文化。形成正确的历史观、民族观、国家观、文化观，增强对民族的归属感、认同感、尊严感、荣誉感。加强爱国主义教育，既要立足中国，又要面向世界，要把爱国主义精神与对外开放结合起来。

无论哪个时代，意识形态问题总是人们关注和争论的焦点，并且是世界历史舞台上的决定性力量之一。高校肩负着学习研究宣传马克思主义、培养中国特色社会主义事业建设者和接班人的重大任务。强化思想引领，牢牢把握高校意识形态工作领导权就成为不容忽视的重要问题。以美国为首的西方国家对社会主义国家的和平演变战略一直没有停止，西方国家正在打一场没有硝烟的第三次世界大战。所谓没有硝烟，就是要社会主义国家和平演变。1946 年美国第一次提出要对社会主义国家进行和平演变的初步构想，1947 年美国明确提出采用和平方法"导致苏维埃政权的瓦解或逐步趋于软化"，1949 年再次强调对社会主义国家进行和平演变的思想，1953 年和平演变成为美国重要的国家战略。西方反华势力利用交流机会，加大对精英人士的意识形态渗透，寻找和培养代言人或利益代理人。西方采取多种手段、方式在中国宣扬其错误思潮并攻击共产党的领导和社会主义制度，严重冲击主流意识形态。美国以基金援助形式向中国学术界渗透价值观，通过学术机构、企业和政治精英来影响决策。西方通过文化全球化推行文化霸权，冲击中国社会主义核心价值观，欲使更多中国人成为资本主义意识形态的俘虏。利用宗教对中国大肆渗透，企图摧毁中国人的社会主义信仰。SAT 考试在阅读题中将加入《独立宣言》、美国宪法等选段，通过潜移默化的方式以此强化美国的价值观。约瑟夫·奈（Joseph Nai）指出：软实力，即我们的文化和意识形态的号召力。

（二）网络爱国主义教育争论

对于爱国主义的理解，网络中有不同的看法。从一般意义上讲，"爱国主义是中华民族的民族心、民族魂，是中华民族最重要的精神财富，是中国人民和中华民族维护民族独立和民族尊严的强大精神动力"。这是中共中央、国务院印发的《新时代爱国主义教育实施纲要》中明确规定的。对于爱国主义的认识有各种各样的误区，比如，有些人把狭隘的民族主义和爱国主义等同起来，也有人把爱国情感和爱国行为割裂开来，还有人把全球化和爱国主义对立起来。

互联网中，比较典型的错误观点是把爱祖国与爱国家对立起来。这个问题其实就是对爱国主义的对象理解问题。祖国这个词是带有主观色彩的与出生地相关联的一个概念，而国家是理解现代政治理论的一个绕不开的核心概念。西方政治学对于国家的概念的理解大约有六种不同的看法。① 在马克思主义对国家的理解中，把国家理解为阶级统治的工具，同时具有一定的社会管理职能。国家是阶级矛盾不可调和的产物，它具有历史性。恩格斯关于国家的看法具有权威性，他认为，"国家是承认：这个社会陷入了不可解决的自我矛盾，分裂为不可调和的对立面而又无力摆脱这些对立面。而为了使这些对立面，这些经济利益互相冲突的阶级，不致在无谓的斗争中把自己和社会消灭，就需要有一种表面上凌驾于社会之上的力量，这种力量应当缓和冲突，把冲突保持在秩序的范围以内；这种从社会中产生但又自居于社会之上并且日益同社会异化的力量，就是国家"②。列宁说得则更简洁："国家是维护一个阶级对另一个阶级的统治的机器。"③

在阶级社会当中，国家最本质的东西就是统治和管理。国家作为阶级统治的工具，是通过军队、法庭、监狱等暴力机关进行政治统治和社会管理的，因此国家具有政治、法律、地理等多方面的特点。相较而言，祖国更侧重于文化、情感方面，但是在现实生活当中，祖国不可能成为一种抽象的实体、脱离国家而存在，祖国仍然需要现实当中的国家作为基础。当然作为国家来讲，也需要认同和充满情感观念的祖国，这样民众会对国家更好地产生归属感。在今天的国际传播西强东弱的时代，西方国家利用他的传播优势，通过议程设置议题大造舆论，发动网络舆论战，殚精竭虑地模糊国家和祖国等概念，淡化民众的国家认同。在今天的中国，面对错综复杂的网络形势，如何宣扬爱国主义，是一个需要下功夫解决的问题。今天的中国，爱国主义的本质就是坚持爱国、爱党、爱社会主义的统一。有些人为了达到别有用心的目的，把爱国、爱社会主义和爱党完全区隔开来，这是很危险的。我们不仅要喊响爱国主义的口号，更要深

---

① 孙芳：《新时代爱国主义教育应辨析的四个认识误区》，《社会主义核心价值观研究》2020年第2期，第86—92页。
② 《马克思恩格斯文集》第4卷，人民出版社2009年版，第189页。
③ 《列宁选集》第4卷，人民出版社2012年版，第31页。

刻把握其时代的内涵，实现于爱国的伟大实践。今天的中国特色社会主义进入了新时代，80 多年前南开大学的张伯苓所提出的那三个问题，依然需要我们不断做出回答。

正如习近平总书记所说的："对每一个中国人来说，爱国是本分，也是职责，是心之所系、情之所归。"当我们面临错综复杂的外部环境时，未来的发展道路我们面临的风险考验会更多更复杂，这种斗争将会贯穿实现中华民族伟大复兴的整个历史进程。社会实践给科学技术的发展提出了研究的目标和方向，科学技术的发展又丰富多彩了人们的生活。当人们享受着科学技术带给人类的诸多方便、多姿多彩的时候，一方面，在互联网的时代又形成了许多变数，互联网给人们带来了诸多方便之处包括，网络购物、网络娱乐、网上学习、网上交友，有力促进了人们学习生活和人际交往；另一方面，互联网的发展给人们带来了许多焦虑和忧愁，人们面临着相当多的，诸如网络洗钱、网络诈骗、网络暴力、网络色情等带来的冲击。

不管人们是否承认，网络时代的到来已经改变了人们的生活，改变了人们的生存方式，改变了人们的思维方式。在今天这个时代，谁拥有了网络控制权，谁就对未来的发展掌握了主动权。互联网对人类社会的渗透是全方位的，就全球范围而言，网络对社会的结构、人们的互动模式以及整个社会的发展演变产生了深刻的影响。正如美国学者曼纽尔·卡斯特（Manuel Castor）所说的："互联网展现了有史以来最快速的沟通媒介穿透率，在美国，收音机广播花了 30 年才涵盖 6000 万人；电视在 15 年内达到了这种传播水准；全球信息网发展之后，互联网只花了 3 年就达到了。"[1] 网络的快速应用和发展，带来了经济社会的巨大变化。它不仅促进了生产力的发展，而且推动了全球化走向了新的阶段。可以说互联网推动了整个社会，从经济发展的技术层面到文化和意识形态方面，整体上发生了很大的转变。传统的文化在网络的时代不仅表达方式发生变化，文化的内涵也得到了拓展。从原来的技术精英把关控制到网络表达时代的意见领袖应运而生，可以说人类创造了网络，但网络改变了人类，网络促使社会变迁走向了一个新的发展阶段，占有和控制网络才能真正地拥有未来。互联网促进了市场的扩大和财富的巨大增长，互联网开辟了新的经济领域，增加了就业

---

[1] ［美］曼纽尔·卡斯特：《网络社会的崛起》，夏铸九、王志弘等译，社会科学文献出版社 2001 年版，第 437 页。

人数，互联网经济在国民经济中所占的比重越来越高。

（三）占领了互联网就拥有了青年的支持

教育的首要问题是培养什么样的人。古往今来，任何国家和社会，要维护其统治和社会稳定，都要通过教育发挥重要作用。我国作为中国共产党领导的社会主义国家，这就决定了中国的教育必须要把培养社会主义建设者和接班人作为根本任务，培养一代又一代拥护中国共产党领导和我国社会主义制度，立志为中国特色社会主义事业奋斗终身的有用人才。在推进现代化建设、建设教育强国的过程中，这是一个根本的问题。培养社会主义建设者和接班人，必须付出艰苦的努力。自中华人民共和国成立以来，西方敌对势力一直没有放弃对中国的"西化"和"分化"的战略，意图在中国"搞颜色革命"。为达此目的，他们对青少年下的功夫最多。毛泽东同志早就说过："帝国主义说，对我们的第一代、第二代没有希望，第三代、第四代怎么样，有希望。帝国主义的话讲得灵不灵？我不希望它灵，但也可能灵。"[1]

应该说现在的青少年，正是中华人民共和国成立以来的第四代到第五代这个范围，敌对势力同我们"争夺青少年的斗争是长期的、严峻的，我们不能输，也输不起"[2]。在培养社会主义建设者和接班人的过程中，最重要的是要培养理想信念，这一条具有根本性。今天的中国青少年，生活在改革开放的时期，没有经历过血与火的考验，人生阅历比较有限。所以，习近平总书记特别强调要学中国近现代史、中国革命史、中国共产党史、中华人民共和国史、中国改革开放史等，不断培育和弘扬社会主义核心价值观。通过学习教育，要给学生充分的讲清楚，只有社会主义才能救中国，只有坚持和发展中国特色社会主义才能实现中华民族伟大复兴。这是被实践一再证明了的历史逻辑和实践逻辑，只有这样才能增强学生的"四个自信"，才能不被各种各样的错误思潮所迷惑。

加强爱国主义教育，爱国主义教育是世界各国教育的必修课。爱国主义是中华民族的民族心、民族魂。做社会主义建设者和接班人，首先要培养学生的爱国情怀。培养学生的爱国主义精神，必须同精神文明建设紧密结合。引导学

---

① 李向国：《中国共产党意识形态观及时代价值研究》，人民出版社 2020 年版，第 177 页。
② 习近平：《论党的宣传思想工作》，中央文献出版社 2020 年版，第 344 页。

生树立正确的历史观、民族观、文化观、国家观，增强爱国意识和爱国情感。学生要通过学习，把我是中国人的观念牢牢扎根在心底。习近平总书记一再强调爱党、爱国、爱社会主义三者是统一的，爱国主义是具体的、真实的、鲜活的，要把爱党、爱国、爱社会主义有机结合在一起。

要教育学生加强品德修养。人无德不立，育人的根本在于立德，这是成才的基本逻辑。立德修身，既要立意高远，又要立足实际。要教育学生，对于所从事的学习以及未来的工作有热烈的情感，那是最基本的。要有对于美和道德鲜明的辨别力。在教学中德育是入学的第一课，也是学生离校前的最后一课，要贯穿学生的学习始终，贯穿学校教学的各个方面。学校是育人的地方，不能仅仅是教授技能、发放文凭的场所。加强品德教育，既要重视个人品德，又要重视社会公德、热爱祖国和人民的大德，真正地做到"品德润身、公德善心、大德铸魂"。① 道德教育与法治教育紧密相连，要让学生养成遵纪守法的良好习惯。引导学生从细节、从小事做起，踏踏实实修好品德，"学会感恩、学会助人、学会谦让、学会宽容、学会自省、学会自律，成为有大爱大德大情怀的人"②。

在学校教学过程中，要把品德教育、爱国主义情怀教育与中华优秀传统文化教育紧密结合。弘扬和阐发中国优秀传统文化中的时代价值，更好地对学生进行价值观的教育。积淀丰厚学生的传统文化底蕴，不断提升青少年学生的传统文化素养。要推动学生参加社会实践活动，感受中华传统文化的博大精深，汲取中华文化的精髓，做到传统文化基因的代代传承。要不断增长学生的见识，见识来源于学习与实践。在学习中，要做到博与专的统一，博览群书丰富提高自己。在学习实践中自觉增长自己的见识，丰富自己的学识。只有通晓天下的道理和掌握了事物的本质、发展的规律，才能穿透历史的迷雾看清生活与未来，真正做到求真理、悟道理、明事理。作为新时代的社会主义建设者和接班人，"不仅要有中国情怀，而且要有世界眼光和国际视野"③。

新时代的中国教育，必须教育学生立足中国，胸怀天下。引导学生正确认识和把握世界发展大势，让学生成为具有中国情怀、全球视野的人才。我们不

---

① 习近平：《论党的宣传思想工作》，中央文献出版社 2020 年版，第 347 页。
② 习近平：《论党的宣传思想工作》，中央文献出版社 2020 年版，第 347 页。
③ 习近平：《论党的宣传思想工作》，中央文献出版社 2020 年版，第 348 页。

仅要实现中华民族的伟大复兴，而且要成为能担负起为实现构建人类命运共同体作出贡献的世界责任的新一代青年。中国古代读书人就有胸怀天下、匡时济世的志向。今天的新时代的大学生，更应该胜于古人。新时代的青年学生要有奋斗精神，今天的中国已经有了很大的发展，各种各样的生活学习条件有了巨大的改变，但我们要教育学生深刻地认识到，要实现中华民族的伟大复兴，并不是轻松的，要付出更为艰苦的努力。把不愁吃不愁穿的环境中成长起来的学生，培养为具有吃苦耐劳、坚强意志的新一代青年要比过去付出更多的努力。今天的青少年一定要认识到无论什么时候，奋斗精神都不能丢。要创造出彩的人生，就必须要不断地历练、不断地奋斗，具有乐观向上的人生态度，做到刚健有为、自强不息。

占领了互联网就拥有了青年的支持。当前世界的互联网主体主要是广大的青年，在世界范围内大体是如此。但在中国，这种情况更为突出。作为网络原住民的青少年群体，是国家的未来、民族的希望，必须认真对待。可以说，拥有了网络就拥有了青年人，因为这个时代，网络跟青年紧密联系在一起，所以说从另一方面讲拥有了青年也就拥有了网络，占领了网络，也就拥抱了未来。作为国家和民族的未来希望的青年，他们的人生观、价值观等正处在形成过程中，他们很容易受到各种各样信息的影响。网络空间发生的和意识形态有关的事件，大多数是青年人参与了，甚至有一些是青年人组织的。一些敌对势力也是想尽办法争夺阵地拉拢青年人，将年轻的网民发展成他们的意见的接受者。在网络快速发展过程中，网民交流互动、利益诉求得到了一种释放的途径，这条便利的传播渠道也使得各种各样的声音很容易传播开来，不可避免地冲击削弱甚至瓦解了主流意识形态的表达，网络意识形态和意识形态的舆论场受到了很严重的冲击。

思想政治工作是党的意识形态工作的重要组成部分，意识形态工作做得好不好直接体现在思想政治工作的质量和效果如何。在思想政治工作当中，高校思想政治工作居于重要的地位。习近平总书记高度重视高等院校思想政治工作，他特别强调："高校思想政治工作关系高校培养什么样的人、如何培养人以及为谁培养人这个根本问题。"①

习近平总书记对于网络时代，我们需要开展什么样的教育以及如何办好人

---

① 习近平：《论党的宣传思想工作》，中央文献出版社 2020 年版，第 275 页。

民满意的教育有清醒的思考和认识。习近平总书记在 2015 年 5 月 24 日致国际教育信息化大会的贺信中明确指出："当今世界，科技进步日新月异，互联网、云计算、大数据等现代信息技术深刻改变着人类的思维、生产、生活、学习方式，深刻展示了世界发展的前景。因应信息技术的发展，推动教育变革和创新，构建网络化、数字化、个性化、终身化的教育体系，建设'人人皆学、处处能学、时时可学'的学习型社会，培养大批创新人才，是人类共同面临的重大课题。"

习近平总书记特别强调把立德树人作为中心环节，要运用新媒体新技术，把思想政治教育工作的传统优势同信息技术高度融合，不断增强时代感和吸引力。习近平总书记关于网络思想政治工作的重要论述，中心是要立德树人，关键是要融合、创新、变革，总的要求是要活起来。党的十八大以来党和国家有关部门对网络思想政治教育的认识不断深化，工作上越来越重视。2014 年召开了全国创新网络思想政治教育现场经验交流会，时任教育部部长袁贵仁提出要"切实加强网络教育主阵地、主平台、主渠道建设，创新推进高校网络思想政治教育，不断开创网络育人新局面"。在 2015 年，教育部举办高校网络文化建设工作会议，全面推进高校网络思想政治教育工作。2017 年，教育部把"网络育人"纳入高校思想政治工作十大质量提升工程。2018 年教育部开通全国高校思想政治工作网，时任教育部部长陈宝生表示，办网之魂就是要积极应对意识形态工作新挑战，发展壮大网络思政力量。大学生的网络思想政治教育，正在从幕后走向前台，从支流变为主流。马克思曾经讲过"技术的胜利，似乎是以道德的败坏为代价换来的"①，"每一轮科技革命都会引发新一轮教育革命"②，网络时代的思想政治教育，必须要处理好技术和伦理的关系。大学生网络思想政治教育一方面要把握好互联网发展的新机遇，运用互联网思维和互联网技术，占领网络阵地；另一方面，要避免见物不见人，时刻把学生的成长放在第一位。

要充分发挥互联网在现代传媒中的独特作用，互联网的迅速发展，对于思想政治工作以及舆论宣传工作不断开拓新的空间、创新活动方式提出了新的挑战，必须要高度重视。互联网信息化的发展，要求互联网发展到哪里，思想教育工作就要覆盖到哪里，把那些先进的信息技术充分利用起来，不断加强网络

---

① 《马克思恩格斯选集》第 1 卷，人民出版社 2012 年版，第 776 页。

② 王作冰：《人工智能时代的教育革命》，北京联合出版公司 2017 年版，第 12 页。

舆论引导。互联网已经成为舆论斗争的主战场，在互联网这个战场上我们能否顶得住、打得赢，直接关系我国意识形态安全和政权安全，这是习近平总书记2013年8月19日在全国宣传思想工作会议上表明的观点。要把网上舆论工作作为宣传思想工作的重中之重，宣传思想工作就是做人的工作，人在哪里宣传思想工作的重点就在哪里。要真正地成为运用现代传媒手段，进行宣传思想工作的行家里手。深入开展网上舆论斗争，严密防范和抑制网上攻击渗透的行为。错误的网络舆论要旗帜鲜明进行批驳，互联网下的社会管理，必须要依法办事，确保互联网可控，实现网络空间的清朗，要做好这项工作不是很容易，但只要有心，世界上就没有做不到的事。网上舆论斗争中，要从怕别人说什么这个心理中解放出来。网上的负面言论越少的国家，社会以及人民就越安定有序。随着互联网的媒体属性越来越强，网上的媒体管理和产业发展都远远的不能适应形势发展变化的要求，特别是面对传播领域面宽、传播能力强的微信、网络即时通信的快速发展，如何在法治的轨道上进行舆论引导，确保网络信息传播秩序和国家安全，这是我们现在首先要突出解决的问题。网上舆论工作是一项长期的任务，需要不断的改进网上宣传方式，运用网络弘扬主旋律，激发正能量，大力培育和建设社会主义核心价值观，把舆论引导的实践和各项研究有机结合起来，实现网络空间的朗朗乾坤。

五、高校网络思政的领导权问题

（一）高校一直是争夺的主阵地

在意识形态斗争中，高校一直是争夺的主阵地。高校网络思想政治教育是一个很重要的问题，关系到祖国的未来和青年的健康成长。当代大学生肩负着国家兴旺和实现民族伟大复兴的重任，大学生群体数量庞大，又具有其特殊性，可以说在培养什么样的人的问题上，高校必须充分考虑当代年轻人的特点，现在的许多年轻人，他们的信息获取渠道主要是互联网上，基本上不看纸质的主流媒体，在这个问题上必须予以高度重视，掌握舆论战场的主动权。成为培育时代新人的最大变量的互联网，作为现在人们活动的新的空间，越来越成为意识形态传播与发挥作用的主阵地。对于网络阵地必须高度重视，如果我们不高度重视并去占领这个阵地，敌对势力就会去占领。习近平总书记认为："网络意识形态安全风险问题值得高度重视，网络已是当前意识形态斗争的最前沿。掌握网络意识形态主导权，就是守护国家的主权和政权。"①

科学技术的发展不断地扩大了人们交往的途径和手段，可以说科技的进步把人们从繁重的体力劳动中逐步解放出来，闲暇时间的增多不断解放和促成了人们的思想深化，同时扩大了人们的活动范围。物质的交换与精神的交往相互促进，可以说今天的互联网时代是以技术发展为基础，使得人类交换范围扩大而促成发展起来的。马克思在《共产党宣言》中高度评价了资本主义在历史发展中的进步作用，是我们认识今天的时代发展的重要理论基础。

"随着世界多极化、经济全球化、文化多样化、社会信息化深入发展，互联网对人类文明进步将发挥更大促进作用。""网络空间是人类共同的活动空间，各国应该加强沟通、扩大共识、深化合作，共同构建网络空间命运共同体。"②

互联网是推动人类社会发展的重要力量，互联网加速了人们认识世界和改造世界的广度和深度。对于互联网的作用我们既要给予肯定，又要实事求是。有学者认为："马克思主义和互联网（包括大数据、云计算、人工智能、物联网、区块链、电子计算等信息技术）将会是实现共产主义社会的两个必要条件，马克思主义是精神条件，网络信息技术是物质条件，两者交互作用下将加速构建人类命运共同体，进而加速实现共产主义。"③ 该论断对于互联网缺乏明确界定，尽管大数据等和互联网有关系，但并不属于互联网的范畴。另外，互联网对于共产主义的建设起到加速作用缺乏理论和实证的依据，有过于武断之嫌。

（二）党始终高度重视思想政治教育工作

中国共产党对思想政治教育的重视。中国共产党在革命、建设和改革各个历史时期，都始终高度重视思想政治教育工作。在不同的历史时期开设政治社会等课程，中华人民共和国成立后，在思想政治课程开设问题上逐步规范化。在思想政治课设置问题上特别强调，课程内容与中国实际相结合，强调要为无产阶级专政服务。但是在"文革"期间，由于"左倾"路线的干扰，出现了一

---

① 《习近平关于社会主义文化建设论述摘编》，中央文献出版社 2017 年版，第 36 页。
② 《习近平谈治国理政》第 2 卷，外文出版社 2017 年版，第 532、534 页。
③ 左殿升等：《大学生网络思想政治教育研究》，人民出版社 2019 年版，前言第4页。

定的偏差，随着"文革"的结束，我们从阶级斗争为纲转移到以经济建设为中心上来，原来的以阶级斗争为纲的政治教育得到了根本的改变。"文革"结束以后，直到今天，高校思想政治课和中小学的课程设置处在不断调整中，课程改革比较强调理论联系实际，高等学校中强调把马克思主义基本理论与中国实际相结合。可以讲改革开放以后，高等学校思想政治课经历"85方案""98方案""05方案"这三个阶段，对于大学生政治素质的提高起了很大的作用。党的十八大以来，习近平总书记更加重视思想政治建设，2019年3月18日亲自主持召开学校思想政治理论课教师座谈会。

在今天的网络意识形态斗争关键时刻，为什么要特别强调高校意识形态教育工作，这是由中国高校的教育目标以及高等学校的性质所决定的。中国的高等学校不同于西方的高校，具有性质上的根本不同。中国高校的鲜明特征是"中国共产党领导下的高校，中国特色社会主义高校"。中国高校不仅要解决培养什么样的人的问题、怎样培养人的问题，更要解决为谁培养人的问题，也就是我们现在所讲的高等教育要培养"为人民服务、为中国共产党治国理政服务、为巩固和发展中国特色社会主义制度服务、为改革开放和社会主义现代化建设服务"的人才。这就决定了中国特色的高等教育所要培养的，并不仅仅是合格的公民，这只能是底线要求，重要的是要培养"担当民族复兴大任的时代新人，培养德智体美劳全面发展的社会主义建设者和接班人"。

高等学校既要承担培养人才的重要任务，其实又是科学研究、服务社会、传承文化和进行国际交流的重要场所。在所有的这些活动中，涉及意识形态问题，特别是意识形态中的价值观问题。自然科学研究本身是中立的，但是自然科学研究的技术应用以及研究方向确立都受到一定的价值观的影响，这种价值观念在理论上的表达就包含了意识形态问题。特别是在当今国际国内复杂形势这一关键时刻，各种各样的社会思潮在大学学习研究和教学中都进行着交流碰撞，各种各样的学术市场都和一定的利益相结合，从而加大了错误思潮的挑战度，打着学术旗号的各种思潮给人以很大的迷惑，对党和国家的意识形态构成危胁和尖锐挑战。特别是容易受到影响的大学生，他们正处于世界观和价值观塑造的过程当中，所以这个问题处理不好就容易导致马克思主义在高校当中边缘化、空泛化、标签化。如果总是不够重视，就会发生在学科中的失语、教材中的失踪、论坛上的失声的问题。

网络时代意识形态安全在高等学校中特别重要，习近平总书记对于思想政治课教育特别重视，对于宣传思想工作高度关注，并旗帜鲜明提出意识形态工作的重要性，要改变碰到问题绕道走的错误应对策略，必须要敢于亮剑，在党的十八大到十九大的五年中，习近平主持中央政治局集体学习马克思主义哲学共44次，两次学习政治经济学，其中一次涉及文化软实力，一次有关社会主义核心价值观。

我国高等教育要培养德智体美劳全面发展的社会主义事业建设者和接班人，必须坚持正确的政治方向。中国共产党领导下的高校，是中国特色社会主义高校，必须坚持以马克思主义为指导，全面贯彻党的教育方针。坚持不懈用马克思主义武装学生，为学生的成长奠定科学的思想基础。坚持不懈培育和弘扬社会主义核心价值观，引导广大师生做社会主义核心价值观的坚定信仰者、积极传播者、模范践行者。"思想政治工作从根本上说是做人的工作，必须围绕学生关照学生服务学生，不断提高学生思想水平、政治觉悟、道德品质、文化素养，让学生成为德才兼备、全面发展的人才。"[1]

（三）提高斗争领导力

相较于敌对势力长期把持网络舆论主导权，少数领导干部还没有在网络斗争大潮中驾驭新形势，缺乏网络意识形态斗争严峻形势的清醒认识。加强网络意识形态工作的战争，我们不能退也退不起，不能输也输不起。如果不重视网络安全，不把网络意识形态工作摆上位、抓在手，群众就会被敌人拉走。可以说，我们最危险也危险在这个战场，最关键也关键在这个战场。赢得主战场胜利必须要有主力军。在民族复兴大业之路上，我们要在有形的传统战场上和无形的网络战场上，提高政治站位，坚决捍卫意识形态安全和政治安全，这是我们义不容辞的责任。坚守意识形态斗争的主阵地不退缩、勇于斗争，当好网络主力军，在没有硝烟的持久战中必须确保顶得住、打得赢。

高校思政课要引导学生正确地认识世界和中国发展大势，正确认识中国特色和国际比较，正确认识时代责任和历史使命，正确认识远大抱负和脚踏实地。高校思想政治工作，必须要因事而化，因时而进，因势而新。遵循思想政治工作规律，遵循教书育人规律，遵循学生成长规律，不断提高能力和水平。要用

---

[1] 习近平：《论党的宣传思想工作》，中央文献出版社2020年版，第277页。

好课堂教学主渠道，思想政治理论课在改进中加强针对性，不断提升思政教育的亲和力，更好满足在新的时代条件下学生成长的发展需求和期待。高校思政课要运用新媒体技术，把思想政治工作的传统优势和信息技术高度融合，增强时代感和吸引力。其他各门课程都要与思想政治课同向同行，形成协同效应。思想政治教育中教师承担着神圣的使命，传道者自己首先要明道、信道。教育者先受教育，努力成为先进思想文化的传播者，党执政的坚定支持者，学生健康成长的领路人。要坚持读书和育人相统一，言传和身教相统一，潜心问道和关注社会相统一，学术自由和学术规范相统一。以德立身，以德立学，以德施教。对于思想政治工作，高校必须加强全面领导，不断提高党的基层组织做思想政治工作的能力。在高校教师和学生中，做好发展党员的工作，使每一个师生党员都能做到在党爱党、在党言党、在党为党。要让广大的青年学生深刻理解，坚定不移走中国特色社会主义道路，"既不能走封闭僵化的老路，也不能走改旗易帜的邪路"①。在人类历史的发展中，我们可以学习和借鉴其他国家创造的一切文明成果，"但我们不能数典忘祖，不能照搬照抄别国的发展模式，也绝不会接受任何外国颐指气使的说教"。②

新自由主义竭力维护资本主义私有制，成为维护资本主义利益的工具。新自由主义在经济领域主张私有化、市场化和投资自由化，反对国家干预经济。在政治领域，否定社会主义公有制、社会主义制度和国家干预。在思想领域，宣扬西方的普世价值观，极力向广大的发展中国家宣扬西方的价值观念，极力渗透西方的意识形态和生活方式。在战略领域，推进资本主义的全球化，企图在全球实现美国式资本主义。

新自由主义作为西方资产阶级主流的意识形态，在对中国进行和平演变中不断地发挥其作用。在经济领域，干扰中国经济改革的发展方向，在政治文化领域也产生了负面影响。新自由主义通过网络领袖不断诋毁和否定社会主义制度的优越性，针对中国改革开放过程中出现诸如贫富差距、贪污腐败等社会问题，把这些社会问题政治化，别有用心地把问题出现的原因归结到中国的社会主义制度上来，从而挑动人民群众产生对社会主义制度的不满，以达到推翻社会主义制度的目的。片面地强调经济人假设，鼓吹市场经济的完全私有化，在

---

① 习近平：《论党的宣传思想工作》，中央文献出版社 2020 年版，第 46 页。

② 习近平：《论党的宣传思想工作》，中央文献出版社 2020 年版，第 47 页。

社会成员中片面地强调竞争和个人利益，忽略了对社会成员的人文教化和人格培养。新自由主义把经济人假设作为理论基础，片面强调市场经济活动中的逐利行为，在新自由主义影响下，有一些社会成员不能正确认识和处理个人和集体的关系，有部分社会成员否定社会主义的集体主义思想，把个人利益凌驾于集体利益之上。

原来主张全球化的国家开始出现了逆全球化的思潮，尽管如此，新自由主义并没有终结其在西方国家主流意识形态的地位。新自由主义指导下的资本主义经济和政治体制，出现了这些难以解决的矛盾。资本绑架了所谓的民主选举，全球化幌子下，有一些资本集团获得了巨大的利益，广大的老百姓的利益在全球化时代则相对受损。在逆全球化中，在西方国家民粹主义开始泛起，民粹主义的出现在一定程度上是对新自由主义的社会效果纠正和反动。

新自由主义思潮在互联网时代的传播具有了新的特点，不断地变换着进攻的手法，并向社会主义意识形态进攻。在自媒体时代，最常用最重要的传播媒介就是互联网，互联网传播有较强的隐蔽性，网络信息传播的过程监控起来比较困难，在一些网络客户端和社交平台上，有一些别有用心的人散布流言蜚语，成为传播新自由主义的主要阵地。

在网络和媒体的时代，知识的传播更多地呈现碎片化的特点，不再是传统的、系统化的一种阐述，新自由主义思潮的传播主要是这样碎片化的传播，使得新自由主义思潮的内容更具有渗透性，实现监管的难度也更大，现在的青少年是网络的原住民，是网民的主力军。现在的大中小学生对网络有比较强的依赖心理，还处于叛逆期，他们的是非辨别力不是很强，很容易受到一些标新立异的错误思潮的影响，现在新自由主义思潮网络传播中影响比较大的人群就是青少年，那他们往往容易满足迎合青少年猎奇心理的一种娱乐化的方式，通过间接的传播策略，散布反党反社会主义的观点，从而蛊惑人心，蓄意实现和平演变。为了使得他们传播的新自由主义思潮更有吸引力，往往都穿上了看起来比较光鲜的理论外衣，运用后现代主义的立场来否定马克思主义指导地位，否定社会主义核心价值观，以增强其在中国传播和渗透的实际效果。

新自由主义对受众的渗透。互联网的传播，改变了以往单向度的传播模式，突破了时间和空间的界限，达到了图文结合，声情并茂。在传播受众间形成了比较强的互动，微信等社交媒体迅速成为思潮的新的阵地，构建了传播的立体化格局。传播方法上，使用互联网、大数据可以很好地做到针对不同受众采取不同的渗透方式，迎合受众群体变化的需求和内容偏好，从而做到精准投放。即使同样的内容针对不同的群体的知识结构背景，可以进行个性化地传播。渗透的话语上，从宏观的叙事转向与微观的具体个案相结合。在网络上有些特别善于迎合受众的段子手比较有市场，他们通过笑话或者中心的语言所传达的思想，能更好地拉近与受众之间的距离，日常生活的话语体系中掺杂了有价值倾向的新自由主义的思想观点。夯实文化根基，不断提升文化软实力，坚定文化自信。

牢牢把握社会主义先进文化前进方向，弘扬中华优秀传统文化、革命文化、社会主义先进文化。中华民族几千年的生生不息的繁衍发展中，经受挫折又浴火重生，说到底都离不开中华文化的有力支撑。构建中国特色哲学社会科学体系，形成自己的话语体系，为阵地建设奠定基础。

加强高校意识形态工作前沿阵地的建设，做民族复兴大任的时代新人。中国第一代领导集体就明确提出了防止和平演变的问题，美国把和平演变作为颠覆社会主义国家的一项长期战略，1964 年毛泽东提出保证党和国家不改变颜色，要培养和造就千百万无产阶级革命事业接班人的问题。1992 年邓小平南方谈话中明确提出，帝国主义搞和平演变把希望寄托在我们以后的几代人身上，中国要出问题，还是要出在共产党内部，对这个问题要清醒，要注重培养人，特别是要教育后代。高校作为意识形态工作前沿阵地，在新的时代条件下，必须要高度重视。高校是社会思潮的集散地，首当其冲的就是思想活跃的青年学生，他们是最敏感的知识分子，各种社会思潮碰撞身临其境，处于旋涡的中心，在困惑中探索人生，必须要旗帜鲜明地引导。

单位和领导干部必须要增强阵地意识，落实好意识形态工作责任制。中国共产党成立 100 多年来，高度重视意识形态工作。特别是党的十八大以来，以习近平总书记为核心的党中央立足两个大局，对于新时代党的意识形态工作作出了新的部署，提出了一系列的重要论述。习近平总书记特别强调坚持马克思主义在意识形态领域主导地位的根本制度，牢牢掌握意识形态工作领导权、管理权、话语权。在 2013 年的全国宣传思想工作会议上，习近平总书记就着重强调："经济建设是党的中心工作，意识形态工作是党的一项极端重要的工作。"这次讲话中他特别强调："一个政权的瓦解往往是从思想领域开始的，政治动荡、政权更迭可能在一夜之间发生，但思想演化是个长期过程，思想防线被攻破了，其他防线就很难守住。我们必须把意识形态工作的领导权、管理权、话语权牢牢掌握在手中，任何时候都不能旁落，否则就要犯无可挽回的历史性错误。"

马克思主义是中国共产党的指导思想，如果背离了马克思主义，就会失去灵魂，就会迷失方向。在坚持马克思主义指导地位等问题上，我们必须坚定不移，任何时候任何情况下，都不能有丝毫动摇。党的十九届四中全会通过的《中共中央关于坚持和完善中国特色社会主义制度 推进国家治理体系和治理能力现代化若干重大问题的决定》，把坚持马克思主义的指导地位确立为国家的一项根本制度，这是一次重大的理论创新和制度创新。宣传思想工作的根本任务是巩固马克思主义在意识形态领域的指导地位，巩固全党全国人民团结奋斗的共同思想基础。中国共产党人要实现中华民族伟大复兴的梦想，需要筑牢共同奋斗的思想基础，要筑牢共同的思想基础就必须加强理想信念教育。

宣传思想工作必须坚持团结稳定鼓劲，正面宣传为主的方针，又要敢抓敢管敢于亮剑，有理有利有效开展舆论斗争。坚持正面宣传为主，绝不意味着放弃舆论斗争。西方敌对势力，一直图谋把中国纳入他们的价值体系中去，不断通过各种手法散布错误舆论，争夺阵地、争夺人心、争夺群众，目的是要搞垮中国的社会主义制度和推翻中国共产党的领导。如果听任这些人恣意妄为、指鹿为马、三人成虎，谣言盛行，势必搞乱党心民心，危及党的领导和社会主义国家政权安全。在是否坚持四项基本原则的大是大非和政治原则问题上，我们必须要有主动性，掌握主动权，打好主动仗。

（四）提升中国特色社会主义理论体系的网络宣传水平

要不断把理论研究与舆论工作紧密结合，提升社会主义主流意识形态传播的效果。在互联网的时代，理论与舆论之间的依存度非常高，舆论宣传还是要靠理论来推动，宣传的作用发挥归根结底要以理论认同为基础。马克思和恩格斯等经典作家之所以能够在人民群众当中有强大的威信，以及巨大的动员力量，很大程度上取决于他们卓越的理论建树。要把理论工作做扎实，这是做好宣传思想工作的根本。同时理论建设、理论传播要拓展舆论空间。在 21 世纪的今天，要推动中国特色社会主义理论体系话语权的建设，效果直接关系到"四个自信",关系到中国特色社会主义在当今世界上的地位。理论工作与舆论工作必须要紧密结合。

要充分调动马克思主义理论学者的积极性,鼓励他们参与到网络舆论建设当中。我国马克思主义理论研究有庞大的队伍,他们的事业与中国特色社会主义事业紧密相关,他们是维护国家意识形态安全的中坚力量。他们参与到网络舆论建设中来,就能更好地弘扬正能量。应该说这方面我们现在正在做,并取得了一定的成绩。现在已经有一些思想政治教育理论刊物的公众号,以及众多高校有自己的微信公众号,通过公众号以及平台来进行理论宣传。中国社会科学院建立了马克思主义研究网等。还有一些学者通过微博、微信推送马克思主义有关的重要理论研究文章,在宣传的同时扩大了同网友的交流。但要看到,网络正能量舆论在今天并没有形成合力,更多的是由各个单位或者个人在自发进行。因此,要在评价、学风建设以及专业包装等各个方面,不断地加大推进工作的力度。在这一点上,宣传部门和网信部门应该能更好发挥牵引作用。对于在网络平台宣传大有作为的学者,要通过树立典型的方式,大力表彰,形成示范带动作用。对于民间的爱国网站、微信公众号、微博话题等博主以及传播平台,鼓励扶持他们发展。积极培养一批忠于党和国家的意见领袖,特别是学者型的意见领袖。通过短视频等各种方式,使得理论研究不断深入,理论传播不断扩展。

实现政治话语、学术话语和大众话语的有机统一。这三种不同的话语体系各有其特征,学术话语准确严谨,政治话语立场鲜明,大众话语通俗易懂。在宣传思想工作中,必须要考虑三种话语有机结合,只有这样才能对西方意识形态进攻当中的话语体系进行解构和批判。否则,就会难以得到学术界和大众的理解和支持,增加宣传工作的难度。有一些话语本身具有双重属性,特别是在网络当中,一些政治话语和学术话语是结合在一起的,对于有一些问题的争论,比方说普世价值、新自由主义、历史虚无主义等,这些既是一个政治问题,其实也是一个学术问题。我们一定要考虑网络围观的网民对这些问题的理解,把学术的话语、政治的话语更好转化为大众的话语。在弄清理论真相的基础上,让广大的网民更好地了解西方所宣传的理论观点的模糊、错误之所在,坚定他们走社会主义道路的信心。这三种话语都是为中国特色社会主义话语体系来服务的。政治话语必须要发挥定调的功能,确立权威地位。政治话语体现的是党的意志，党员必须在话语体系之内发表网络言论。自由不是绝对的，而是相对的，只有在法律法规党纪范围内才能得到保护。学术话语必须要讲清楚马克思主义的基本立场观点和方法，以及讲清楚某些概念内涵和外延。对于大众话语不仅要生动活泼，更要通过灵活的形式表现深奥的内容，内容和形式两者要有机结合在一起。

马克思主义理论宣传要讲究方法，寓教于乐。青年的价值观影响和决定着国家的未来。今天的各种各样的网络市场，其实争夺的主要是青少年。因为他们的世界观人生观价值观正处在定型的变化发展过程中，这就要求我们加强网络舆论的教育和引导。在学校教育中，把网络思想舆论斗争跟思想政治课有机结合，培养和提高学生认识是与非、辨别美与丑的能力。另外，利用各种媒体资源，开展各种各样的教育活动，提高青少年网络媒介素养。要把马克思主义理论、中国特色社会主义理论体系，同各种各样的网络游戏、网络影视产品有机结合，寓教于乐，避免满堂灌的问题，采取符合网络时代的表达传播方式，更好达到教育效果。在社交媒体快速发展的互联网时代，人人都有麦克风，人人都是信息的传播者，又是信息的接受者。在思想舆论的市场竞争中，网络宣传思想工作者和青少年教育工作者，必须要把专业的理论通俗化、大众化，不能板起面孔，居高临下进行教育，要在平等对话的氛围中使得科学的道理潜移默化发挥作用。要向习总书记那样，学会讲故事，做到言之有理，言之有物，传播真理，赢得青少年的广泛认同和信任。近些年来，有一些网络书籍和网络流行歌曲的创作，尝试运用马克思主义理论进行大众化教育，效果比较好，既取得了良好的经济效益，又有良好的社会效益。文化产品越被社会所接受，越具有广泛的认同感，这样的产品才能被群众叫好，才能真正地经受住市场的考验，才能走出国门，走向国际。这方面需要各类企业以及教育机构形成合力，更好发挥作用。党的十九大报告明确提出："意识形态决定文化前进方向和发展道路。必须推进马克思主义中国化时代化大众化，建设具有强大凝聚力和引领力的社会主义意识形态，使全体人民在理想信念、价值理念、道德观念上紧紧团结在一起。"① 牢固确立意识形态教育中坚持马克思主义指导地位的根本制度。

在网络意识形态斗争形势异常严峻的今天，我们一方面要高度警惕，不能

---

① 习近平：《论党的宣传思想工作》，中央文献出版社 2020 年版，第 11 页。

掉以轻心；另一方面，不能盲目悲观。要以习近平新时代中国特色社会主义思想为指导，坚定道路自信、理论自信、制度自信、文化自信，妥善应对各方面的挑战。互联网就像一把双刃剑，既可以促进世界各国人民之间的文明交流，也有可能产生信息鸿沟和信息霸权行为。我们应该努力通过互联网传播正能量，真正让世界变成地球村，让国际社会成为休戚与共的命运共同体。当然，我们也要清醒地看到互联网的发展，对国家的主权、安全、发展利益提出了新的挑战，迫切需要国际社会认真应对，不断提高互联网空间国际治理水平，解决治理赤字，实现网络共治共赢。

如何在和平、安全、开放、合作的网络空间，建立多边、民主、透明的国际互联网治理体系，是摆在全世界各个国家和人民面前的突出问题，也是我们以后需要正视和解决的问题。

作为评价尺度的价值观，对于人们的行为选择具有重要的导向作用。价值观本身具有普遍性，也有个体的差异性。在一个社会的转型发展中，价值观的多样化是一个不可避免的问题。在一个成熟的社会中，社会意识形态一个重要的职责是整合个人的价值观，从而使得个人的行为选择与整个社会的发展需要相适应。我国处于转型时期，个人的价值观和社会的意识形态领域都出现了多样化的倾向。社会主义主流意识形态对多样文化价值观的整合能力，遭到了严重的挑战。网络舆论就成为社会主义主流意识形态与非主流意识形态之间一个重要的较量场所。网络空间中的思想市场格局，要求我们不断提升马克思主义中国化最新理论成果的中国特色社会主义理论体系的网络宣传水平，更好发挥网络宣传作用，这也是应对美国政治意识形态输出的一个必然。习近平总书记高度重视互联网的重要作用，从 2015 年 12 月 16 日世界互联网大会的召开，到 2019 年在人民日报社召开中央政治局学习会议提出全媒体建设，习近平总书记对于新媒体的发展成为新闻舆论工作的主战场、党的理论传播的主战场、世界人民交流互动的主战场有了清醒的定位，也进一步凸显了基于互联网的新媒体的重要地位。

在各个方面的资本以及群体参与到自媒体的思想竞争当中，多元化的社会思潮对于马克思主义的指导地位，对于中国特色社会主义的冲击是前所未有的。思想市场竞争的法则要求我们，对于思想理论的阵地，我们要积极去占领，否则很容易自我边缘化，丧失思想市场的主体地位。

在内容上必须要突出问题意识，强化中国特色社会主义理论体系阐释现实社会问题的意识和能力。理论来自火热的实践生活。苏联的解体就是从意识形态领域出问题开始的。苏联时期马克思主义的教条化，丧失了对社会问题的阐释力，失去了人民群众的信赖和思想认同。中国特色社会主义实践是生动丰富的，对于我们的改革开放和社会主义现代化建设实践的理论反映成果——中国特色社会主义理论体系也在不断创新和发展中。我们现在要做的工作就是如何创新理论宣传，更好地争取人心。这就要求新闻报道从宣传者本位，转变到人民群众的受众本位。不能单纯地以完成任务为目标，而是要切切实实地从理论宣传的效果，即主要体现为将网民的接受程度和认可程度作为标准，不能出现网络宣传报道不讲效果，而越讲网民越烦的负面效应出现，那就走到了愿望的反面了。

网络宣传要体现真实性和针对性。在宣传的过程当中，不能形而上学，单讲成绩掩盖失误和不足，在开放的条件下，网民获取信息的渠道极为丰富。我们既要讲成绩，又要讲不足，关键是怎么讲？如果说掩盖失误只能导致降低党和政府的威信，有时片面讲的成绩越多民心越远，"塔西佗陷阱"足以引起我们的高度重视。要不断改革宣传工作的评价机制，媒体报道必须针对现实问题，并为相关的报道创造宽松的舆论环境。单纯的表扬不利于我们事业的发展。有些时候小骂大帮忙，我们事业的前进和人民群众对党和政府的信任，都会发挥很大的作用。要增强理论的解释力和提高宣传能力，脱离实际的所谓的学术研究往往中看不中用。要在研究过程和宣传中，始终做到具体问题具体分析。相关的宣传报道文章，既要有理论素养，又要针对现实问题。对于现实问题，给予客观的评价并指出未来的发展方向，坚定人民群众、特别是广大网民跟党走的信心和决心。

网络宣传必须以受众为中心，拓展宣传渠道中对中国特色社会主义理论体系的宣传。中国特色社会主义理论体系的宣传报道，除了官方的媒体，必须要在网络社交媒体当中不断的扩大宣传渠道，形成全社会不同网络媒体都来关注马克思主义中国化的成果。有人认为马克思主义理论、中国特色社会主义理论体系，只能由官方媒体来报道，对此必须要有清醒的认识。马克思主义理论、中国特色社会主义理论体系，不仅仅是中国共产党的指导思想，也是全国各族人民的指导思想，是指导我们实现民族复兴的重要理论武器。对于网络条件下传播媒体的体制机制改革需要不断与时俱进，不断适应新传媒形势的要求。包括商业媒体在内的各类网络媒体，需要实施严格的市场准入审核机制，严格管理 IP 地址的分配。相关的宣传部门和网信部门作为主管单位要严格进行审核，同时，建立严格的责任追究制度。对于在网络传播中否定马克思主义，歪曲特色社会主义的网络舆论媒体实行一票否决，该关停的坚决关停，严格依法依规办事。对于积极传播马克思主义的网络媒体要给予物质和精神的关心和支持，给予其广阔的发展空间，形成以先进的榜样带动整个行业的发展的良好局面。对于网络自媒体运营平台来说，尽管他们并不直接发布新闻舆论信息，但作为管理方必须承担起相应的管理责任，不能以单纯追求营利为目的而回避其政治责任。必须通过行政、教育、法治、经济等各个方面的手段，加大对自媒体舆论平台的治理力度。对于在自媒体平台当中出现的诋毁党和社会主义的言论，必须追究管理方的相应的责任，如果出现重大的恶性事件，必须依据法律给予严厉的制裁。真正形成所有媒体，一心向党，维护好社会主义思想文化秩序的良好局面。对于商业媒体的管理以及采编人员的马克思主义新闻观的教育必须要抓好。管理不仅仅有力度，而且应该有温度。马克思主义新闻观的教育应该常态化。今天不仅在新闻采编队伍当中要加强教育，在学校中也要加强教育，并且对于学习的效果进行严格考核。在各类新闻奖的评比中，也要引入马克思主义理论学者参与其中，把做到贯彻马克思主义新闻观作为首要指标。

把广大中青年党员干部动员到网络上来，发挥网络宣传思想工作生力军的作用。宣传思想工作中遇到的一些阻力，有些来自外部，有些来自我们党员队伍的内部。有些人还专门挑那些党已经明确规定的政治原则来说三道四，缺乏纪律约束，毫无顾忌，口无遮拦，以此显示自己所谓的能耐，以受到敌对势力的追捧为荣。党内决不允许不受党纪国法约束，甚至凌驾于党章和党组织之上的特殊党员。部分党员干部对于网络上的自由主义等意识形态毫无警觉，在这样一种情况下必须要确立党的意识，不断提高党性修养，真正在网络世界中展现党员领导干部的先锋模范作用。习近平总书记在 2016 年 4 月 19 日的网络安全和信息化工作座谈会上强调，网民来自老百姓，老百姓上了网，民意也就上了网。党员领导干部要通过上网，积极回应老百姓的关切，扭转党员领导干部漠视、逃避网络舆论责任的不良现象，在网络意识形态的宣传中自觉成为正能量的传播者。对于网络宣传思想工作，不仅要专门组织网评员队伍，更重要的是要把具有上网能力的中青年干部组织到网上去把他们在网上的言论表现作为评价体系的重要组成部分。在网络舆论战的时候必须要有高度的自觉，迎难而上，不能逃避甚至渎职。

网络意识形态工作要进行得好，我们宣传部门与各行各业的实际工作要紧密结合。具有9100多万党员的中国共产党，通过网上的先锋模范作用将对意识形态斗争取得胜利作出重要的贡献。

第五章　网络核心价值观与国家形象塑造

2020 年人类面临了历史上罕见的多重危机。国际国内面临的不确定因素仍比较多。国家意识形态层面，也面临内外的多重风险。如何正确理解习近平总书记在党的十九大报告所讲的："意识形态领域斗争依然复杂，国家安全面临新问题"仍然是一个重要问题。

美国国务院的斯金纳（Skynner）认为，美中关系"是与一种完全不同的文明和不同意识形态之间的斗争，美国以前从未经历过"，并说"这是我们第一次面临一个非白人的强大竞争对手"。这是亨廷顿的文明冲突理论在新的时代的翻版，严重影响中美关系的健康发展。

习近平总书记在 2021 年 1 月 25 日的世界经济论坛"达沃斯议程"上所作的《让多边主义的火炬照亮人类前行之路》，提出了要解决这个时代面临的四大课题，其中的第二个课题是"摒弃意识形态偏见，共同走和平共处、互利共赢之路"。当今世界，社会制度和历史文化各不相同，各国的历史文化和社会制度并没有高低优劣之分，一个国家选择什么样的制度，关键是看"是否适合本国国情，能否获得人民拥护和支持，能否带来政治稳定、社会进步、民生改善，能否为人类进步事业作出贡献"。

自古以来就存在多样的人类文明，差异是人类文明的属性。没有多样性就没有纷繁灿烂的人类文明，"差异并不可怕，可怕的是傲慢、偏见、仇视，可怕的是把人类文明分为三六九等，可怕的是把自己的历史文化和社会制度强加给他人"。

有问题并不可怕，习近平总书记提出了解决问题的原则出路，那就是"维护和践行多边主义，推动构建人类命运共同体"。在历史的发展中，必须要包容开放、反对封闭和排他，人为地隔离或者隔绝，最终会让世界走向对抗或分裂。要秉持人类命运共同体理念，坚守和平、发展、公平、正义、民主、自由的全人类共同价值，摆脱意识形态偏见，最大程度增强合作机制、理念、政策的开放性和包容性，共同维护世界和平。

一、国家形象中的核心价值观

（一）国家形象背后的价值观

何为国家形象？对于这个概念，从不同的立场出发，答案各不相同。"国家形象是指国家主体在对内和对外互动交往中呈现出来的印象认知和表现评价。"① 国家形象在哪里？不是中国百姓的心里，是在外国人的心里，这才是国际形象。如果说要改善国家在国内老百姓心里的形象，那就是国内形象而非国际形象。不仅要改变外国人对我们的看法，而且需要顺势引导。价值观是指一个人对周围的客观事物（包括人、事、物）的意义、重要性的总评价和总看法。国家形象和价值观紧密相关，不可分割。

拿破仑（Napoleon）说，一支笔杆子胜过两千支枪。艾森豪威尔说，一美元的外宣费用等于五美元的国防费用。尼克松在"水门事件"中受挫，差点受到弹劾。他感叹，三份不友好的报纸比一千把刺刀更可怕。"当下年轻人被形象地称为'网络时代的原住民'，网络是他们获取信息、知晓外界社会的主要内容来源，也即形成社会想象的重要来源。"②

价值观教育至少承载着以下四个方面的任务：首先，引导人走向接近善的价值认知、价值态度、价值判断、价值理解、价值认同和价值行动；其次，促进受教育者对社会主流价值观的价值规定、价值规范的内化，生成为自我的内在品质；再次，唤醒人的价值意识自觉、促进人的价值意义思考、提升人的价值精神境界；最后，价值观教育还要让人树立崇高的价值理想，促进价值观理想向社会现实转变，实现现代社会的进步和美好。③

---

① 李智：《中国国家形象：全球传播时代建构主义的解读》，新华出版社 2011 年版，第 28 页。
② 张璨尹：《网络言论传播与国家形象在年轻一代的良性内构》，《西南民族大学学报》（人文社会科学版）2018 年第 7 期，第 168 页。
③ 崔振成：《现代性社会与价值观教育》，博士学位论文，东北师范大学，2011 年。

一个国家的存在与发展离不开主导价值观，或者是核心价值观，这是已经被人类历史发展一再证明了的，这个核心价值观是核心价值体系的凝练和概括。从历史上看，有些国家的核心价值体系是统治阶级根据自己的需要建构的；有些国家的核心价值体系则是社会环境和社会意识交互作用的产物。党的十七大提出要建构社会主义核心价值体系，并且从四个方面作了具体规定。我国的核心价值体系构建主要是基于这么几个原则：第一，应当立足国情，国情包含了一个国家的历史文化传统。第二，从现实中抽象出来，也就是从实然当中抽象出应然。第三，科学理论指导下形成的。第四，核心价值体系要形成一个完整的、内涵丰富的系统。党的十八大正式提出包含三个方面、共二十四字的社会主义核心价值观，是对社会主义核心价值体系的进一步概括。

价值观是一个国家的追求的体现，如果一个国家社会忽略了价值观的追求，把物欲追求放在第一位，各种问题都会出来。国家不富裕当然需要钱，但钱是满足国家发展各项事业需求不可或缺的，但不应该是国家的追求。

前些年在网络当中弥漫着关于中国的各种各样的负面舆论，比如说，"中国威胁论""中国强硬论""中国傲慢论""中国掠夺论""中国不负责论""中国搭便车论""中国失败论""中国崩溃论""中国全输论"等等。还有一些关于中国政治方面的谣言等，各种敌对势力造谣生事、居心叵测、制造混乱。

"思想"一旦离开"利益"，就一定会使自己出丑。① 马克思、恩格斯在创立历史唯物主义的过程中，对利益问题作了深入的研究和阐述，发现了历史为繁茂芜杂的意识形态所掩盖着的一个简单事实：人们首先必须吃、喝、住、穿，然后才能从事政治、科学、艺术、宗教等等。满足生存的需要是人们一切社会行为的基本出发点。正是这种生存的需要和对实现需要的追求构成最基本的利益行为，而这种利益行为推动着人类物质、精神生产的发展和社会的前进。恩格斯在《神圣家族》中批判布鲁诺·鲍威尔（Bruno Powell）时指出，思想一旦离开利益，就一定会使自己出丑。在分析了法国 1789 年资产阶级革命的利益动因后进一步阐明，这种利益是如此强大有力，以至顺利地征服了马拉的笔、恐怖党的断头台、拿破仑的剑，以及教会的十字架和波旁王朝的纯血统。人们与天奋斗，与地奋斗，进行科学实验和探索，改造自然，是为了谋取利益。人们进行社会方面的探索，进行各种政治制度、法律制度的创新和探索，同样是为

---

① 《马克思恩格斯文集》第 1 卷，人民出版社 2009 年版，第 286 页。

了实现自身的利益。人们与人奋斗，进行殊死的民族战争、阶级斗争以及社会革命，更是为了谋取利益。总之，精神和思想的后面是利益，各种社会行为的背后是利益，阶级斗争的根源是利益的斗争，利益是人类一切社会活动的最终动因。马克思一针见血地指出："它正确地猜测到了人们为之奋斗的一切，都同他们的利益有关。"① 因此，利益是研究意识形态问题的逻辑基础和最基本的出发点。

在现代世界上，每个社会或每个社会集团、政党等社会群体，都在以不同方式向群众传播灌输自己的意识形态，同时要以各种手段来削弱、肃清敌对意识形态的影响。换句话说，每个社会或社会集团都希望自己的意识形态能为更多的群众所接受，并不断强化和扩大自己的意识形态影响。这是为什么呢？简单地说，这是每个社会或每个社会集团的根本利益之所在。社会主义核心价值体系是社会主义制度在价值层面的本质规定，是全党全国各族人民团结奋斗的共同的思想基础，是实现科学发展、社会和谐的推动力量，是国家文化软实力的核心内容，反映了我国社会主义基本制度的本质要求。它不仅渗透于经济、政治、文化、社会建设的各个方面，而且在所有社会主义价值目标中处于统摄和支配地位，对于每个社会成员的世界观、人生观、价值观都具有深刻的影响，为中国特色社会主义的发展和完善提供了思想根基，是我国社会主义制度的内在精神之魂。

（二）共同体的价值观共识

恩格斯在《路德维希·费尔巴哈和德国哲学的终结》中指出："如果一个人只同自己打交道，他追求幸福的欲望只有在非常罕见的情况下才能得到满足，而且绝不会对己对人都有利。"② 生活在同一文化共同体的人们，在共有的社会心理意识基础上，依据共同的观念体系形成的意义世界，进而构建起可以被一体遵守的行为规则。而这一过程又是伴随着一个共同体形成而逐渐发展并构成一个共同体特征的重要方面，也是一个共同体特性的突出表现。不同的文化共同体就是不同群落人不同生活的写照。不同的生活经历必然形成不同的心理意识、观念体系、意义世界和行为规则。所以，一个共同体与另一个共同体在文

---

① 《马克思恩格斯全集》第 1 卷，人民出版社 1995 年版，第 187 页。
② 《马克思恩格斯文集》第 4 卷，人民出版社 2009 年版，第 292 页。

化的内容、形式诸方面都存在一定的差异，具体表现在他们的心理意识、观念体系、意义世界和被遵守的行为规则差异。①

基本社会关系的稳定及核心价值观的统一，能够更好地实现社会团结、避免社会分裂。尽管追求以强国富民为目标的"现代化"依然是我国人民的基本共识，但如果没有社会团结就不可能有强国富民。在经历了最近四十多年的社会变迁之后，各种社会思潮此起彼伏。在这最近的十年，全球化发展一波三折，互联网技术、人工智能和大数据使得情况变得更为复杂。尽管经济基础决定上层建筑，但价值观与国内生产结构、社会关系的联系愈发含混不清，反倒是与由全球生产体系所决定的各种复杂的社会关系相关。由此国内话语在全球化的时代，也就与世界体系内的霸权话语系统形成紧密的联系，与西方的所谓"自由民主"霸权话语系统密切相关。一批激进学者把改革开放时期取得的一切成就归于哈耶克，不能不说过于偏颇。

自冷战结束以来，核心价值观不断被抽象化、符号化，逐渐成为生存方式的图腾、阵营间对抗的利器，乃至民族兴衰的原因。换言之，符号化的核心价值观被从本国的基本社会关系中剥离出来，意识形态领域成为国际斗争的战场，成了深刻影响基本社会关系的杠杆。苏联的解体告诉我们，苏联不是被经济挫折打败的，不是被科技创新打败的，也不是因为军备的落后被打败的，细究看来，苏联是被观念打败的，是被符号打败的，是在解构和建构核心价值观的混战中采取鸵鸟政策而失败，一句话是在意识形态的战斗中吃了败仗，当然苏联的解体还有其他原因，这次竞争的失败损失惨重。

在思想战线上和世界体系中求生存、求独立自主，构成了中国式保守主义兴起的国际因素。"只有在共同体中，个人才能获得全面发展其才能的手段，也就是说，只有在共同体中才可能有个人自由。"②

世界上没有一个与社会完全格格不入的个体存在。如果这个判断是正确的话，我们就可以说，他们之间必定存在一个维系这一共同体的共有心理意识。所谓共有的心理意识，就是指存在于某一共同体中每个个体之间内在的默契和心领神会。如同博弈理论中所指的那种对等的博弈一样：当一个个体在面对某种事物或现象时，他的理解与另一个与他同样生活在同一共同体的个体是相同

---

① 张永和：《信仰与权威》，法律出版社 2006 年版，第 37 页。
② 《马克思恩格斯文集》第 1 卷，人民出版社 2009 年版，第 571 页。

的。这个个体也绝对相信，他所理解的与另一个个体的理解是相同的，而且他也绝对相信，另一个个体是知道自己知道他知道的。如果是这样的结果，我们可以说，他们之间的共同心理意识就存在了。文化共同体的存在是不争的事实。从文化的视角看，如果没有一个个独立的文化共同体存在，我们也无从谈起文化这一现象。也就是这一个个独立文化共同体的存在，使我们的世界显得如此丰富多彩。随着人类社会的不断发展，人与人之间的交流，一个文化与另一个文化之间影响和吸收就在所难免①。

以往，美国通过商品的对外倾销而扩展文化思想的输出，将其本身的文化价值观传播到世界各国。正如詹姆斯·彼得拉斯（James Petras）在《20 世纪末的文化帝国主义》开篇中所言："美国的文化产业有两大目标，一个是经济的，一个是政治的。经济上是要为其文化商品攫取市场，政治上则是要通过改造大众意识来建立霸权。"文化产业化的目的之一是使意识形态和价值观念的传播取得一种更为隐蔽、快捷和高效的新形式。美国原是一个文化资源相对贫瘠的国家，但随着科技的突飞猛进，对全球性传播媒体的相对高度垄断，已突破了文化产业所固有的地域限制，形成了全球一体化的文化市场，与制造业一起并称为美国财富增长的双轮引擎。随着贸易、技术和金融的跨国界流动，美国推行"世界美国化"，形成"文化帝国主义"，更加注重资本主义文化核心价值观的渗透。"在网络空间中，国家形象逐渐摆脱了现实物质条件的束缚，媒介技术发展影响其变化。国家形象不再仅是国家客观基础的事实呈现，更大程度上是信息符号的创造和重组来实现的形象再造。"②

在文化产业的市场化运行轨道中，美国巧妙地将其所倡导的文化价值观融合到文化产品之中，同时充分利用当代科技的优势以及商业资本运作的成熟性，通过影视作品、新闻资讯、音乐、书籍等不同文化镜像，讨巧地为自己贴上了"自由、民主、平等"的价值标签，在全世界范围内塑造了一个"美妙美国"的虚构幻象。不仅如此，美国政府在战争阶段仍不失时机地利用其在国际传播体系中的霸主地位，建构公众认知的美誉度。战争的理由正当与否、战争正义与否都以美国强势的对外传播声音为标准，美国把自己塑造成正义而强悍

---

① 张永和：《信仰与权威》，法律出版社 2006 年版，第 39—41 页。

② 陈联俊：《论网络空间中国家形象的传播与塑造》，《学术论坛》2018 年第 1 期，第 175 页。

的"世界警察"，向全世界编造伟大的美国"英雄梦"。在出口文化产品的过程中，出口国同时潜移默化地输出其特定的核心价值观和生活方式，这一点在美国的文化产品对外传播过程中尤为突出。

为此，美国文化学者托马斯·英奇（Thomas Inch）曾不无得意地说："美国大众文化传遍了全世界，它默默地起到了我国一位无声大使的作用。我们应该知道美国的大众文化是怎样向全世界宣传美国的。"文化产业因其规模化、技术化的生产与复制，广泛传达了一种单一的群体认同，美国对他国特别是对第三世界国家大量倾销其文化产品，作为重要的渗透手段，这种强大的文化攻势是否会引起全球性的"道德恐慌"，是否会威胁接收国家固有的社会核心价值体系？这已成为发展中国家面临的非常严峻的问题。

随着互联网和手机用户数量持续增长，中国新媒体发展态势强劲，新的应用和传播形态不断涌现。新媒体不仅进一步变革着大众传播格局，而且快速向政治、经济、文化等诸多领域渗透，成为一种高度社会化的媒介。具备强大传播功能的新媒体日益深刻地影响着社会发展，其"双刃剑"效应进一步凸显。快速、开放发展的新媒体极大拓展了人类空间，虚拟与现实的社会冲突成为世界性新问题，各国在大力发展新媒体的同时不断加强新媒体治理。如何趋利避害，化新媒体风险为国家发展机遇，是当前中国重要的问题之一。

与国际媒体打过交道会体会到国际社会在某些方面对中国的偏见。要想改变这些偏见，有一些鸿沟必须跨越。其一是长期以来国际社会形成的对我们的误解。其二是因为政治体制不同对中国的排斥。其三是文化差异而造成的沟通困难。

国际沟通最容易的是找到共同的关注点。共同的关注点在今天的时代主要集中于气候问题、能源问题、软实力提升、人权问题、互联网管理等，这些是世界上任何人都关注的。世界高度关注中国软实力提升的问题，中国正如何提升管理水平、提高人口素质、教育程度、改善环境，都应该以我们的方式告诉世界。

世界关注的还有中国的互联网管理问题。任何一个国家都不可能不管理互联网，涉及国家安全、暴力、黄色的内容都要管理。在互联网上发出各种声音，这对促进社会进步是好事，同时互联网的信息存在大量真假难辨、无理谩骂的问题。今天中国的互联网的快速发展没有一个国家像中国这样。大家喜欢互联网，就应该爱护它，让它健康有序地发展。每个人都可以在互联网上依法行使自由表达权。中国具有全球最大、最开放、最活跃的新媒体市场，自1994年开通互联网以来，所有源生于西方国家的新媒体应用几乎已在中国落地并勃兴。

随着新媒体应用的丰富和使用率的增长，新媒体对社会的渗透性越来越强，成为高度社会化的媒介。值得关注的是，每一种新媒体应用都有着庞大的用户群，并催生新的文化形态。应用丰富多样的新媒体已经成为当前社会生活的"中心"，呈现并重构着当代中国的文化乃至传播生态。

在中国和美国的竞争中，志在必得的美国构筑了一个全球的反华同盟网络。美国官员越来越意识到，能否说服同盟国家相信美国的计划，让跟随者感觉到亲近华盛顿会获得远远比亲近中国更多的收益。在今天的国际关系中，中国具有越来越大的吸引力。在这样背景下，以前跟随美国的一些盟国，恐怕很难加入美国为首的对中国冷战的新体系。从2020年1月下旬开始，针对美中冷战表达不同意见的国家开始增加，英国前首相鲍里斯·约翰逊（Boris Johnson）的英国政府主张允许华为给英国的5G移动网络提供设备。美国特朗普政府时期一直在游说英国禁用华为设备，当然美国的理由是华为跟中国政府的关系比较密切可能影响国家安全。欧盟的法国、德国也准备给华为开绿灯。对于欧盟的法国、英国、德国等国家而言，与华为合作，采用华为的设备从经济和技术上来说对他们很有利。特朗普政府打着华为设备有安全风险的借口，希望联合其他的盟国打压华为，表面上看是为了国家安全，实际上是为了维持本国技术领先地位，美国的做法并不是为了保障他的伙伴国的国家安全。在美国发起的跟中国的竞争中，美国的有些盟友已经做出了自己的选择。菲律宾退出了华盛顿双方之间维持了几十年的安全联盟。正像一些有识之士所强调的，构筑一个明确的反华同盟是注定要失败的，不管美国曾经的盟国是否发自内心地愿意成为以中国为首的新的国际经济政治体系的一部分，但谁都不能忽略中国是一个庞大的经济机遇和地理现实。从2021年1月拜登政府执政后，中国又面临着美国为首的西方国家的组团打压与丑化，意图损害中国的国际形象。

国家与国家之间的较量是硬实力与软实力的综合较量，中国的《孙子兵法》讲，高水平的战略是不战而屈人之兵，从肉体上消灭对手不如从精神上降伏更令人期待。

二、新冠肺炎疫情下的国际传媒斗争

（一）新冠肺炎疫情下的形象抹黑

"你们赞美大自然令人赏心悦目的千姿百态和无穷无尽的丰富宝藏，你们并不要求玫瑰花散发出和紫罗兰一样的芳香，但你们为什么要求世界上最丰富的东西——精神只能有一种存在形式呢？……精神的谦逊总的说来就是理性，就是按照事物的本质特征去对待各种事物的那种普遍的思想自由。"① 在网络意识形态发展的新阶段，资本主义所标榜的自由，其实是虚假的。正像马克思所讲的："政府只听见自己的声音，它也知道它听见的只是自己的声音，但是它耽于幻觉，似乎听见的是人民的声音，而且要求人民同样耽于这种幻觉。因此，人民也就有一部分陷入政治迷信，另一部分陷入政治上的不信任，或者说完全离开国家生活，变成一群只顾个人的庸人。"② 资产阶级宣扬的所谓新闻出版自由，其实质都是资本的自由。在资本主义条件下，对于最广大的人民群众来说，所谓的自由只是中看不中用的东西。正如马克思所说的："新闻出版自由是美妙的东西，也是某种能够美化可爱的生活习惯的东西，是令人愉快的东西，是令人愉快的、极好的东西吗？但是，有这样一些坏人，他们用语言撒谎，用脑袋搞阴谋诡计，用双手行窃，用双腿潜逃。言谈和思维、手和脚都是美妙的东西，美好的语言，令人愉快的思维，灵巧的双手，最出色的双脚，只要没有坏人滥用，都是美妙的东西！但是，还没有找到任何防止滥用的办法。"③

1. 中美网络战

在改革开放大环境下，各国企业你中有我、我中有你，中国企业走出国门，遍布世界各地。目前中国的电信公司在美国运营的有四家，包括中国联通美洲公司、中国电信美洲公司、中信集团全资控股的"太平洋网络"（Pacific Networks）及其全资子公司 ComNet USA。不管哪个国家的电信公司，如果要在美国运营那就要受到 FCC 监管。

依照美国《通信法》第 214 条的规定，外国电信公司如果要在美国领土范

---

① 《马克思恩格斯全集》第 1 卷，人民出版社 1995 年版，第 111—112 页。
② 《马克思恩格斯全集》第 1 卷，人民出版社 1995 年版，第 183 页。
③ 《马克思恩格斯全集》第 1 卷，人民出版社 1995 年版，第 186 页。

围内开展国际电信业务首先要取得 FCC 颁发的业务授权，这是前置条件。由美国的相关法定部门，譬如司法部、国土安全部和国防部的有关成员组成的一个名为"Team Telecom"（电信安全审查小组）的非正式机制，负责在"214 牌照"审核决定中向 FCC 提供有关国家安全和执法风险方面的分析评估。在中美关系面临转折的大背景下，美国司法部 2020 年 4 月 9 日发布正式公告，指出电信安全审查小组认定中国电信的运营涉及了"重大且不可接受的国家安全和执法风险"，建议 FCC 撤销和终止中国电信美洲公司的 214 业务牌照"。

如果司法部要求 FCC 按照审查小组的建议撤销中国电信的 214 牌照，FCC 就应尽快完成对中国电信和其他中资企业在美业务授权问题的审查，然后作出相应的决定。

如果撤销和终止牌照，可能会带来的不利影响主要体现为，海外联系国内网速会变慢。海外和国内视频通话的延迟都会变大，线路会非常不稳定，各种高质量的服务估计都会受到程度不同的影响。

在互联网影响越来越广泛而深刻的时代条件下，微信、微博、直播平台等社交媒体工具的作用无处不在，对网络舆情产生了较大影响。突发公共卫生事件的舆情影响力，一定程度上对新冠肺炎疫情的发展有一定的作用。突发公共卫生事件的信息传播链条中，受众在舆情传播中扮演着两个方面的角色，既是信息的接受者和消费者，其实也是信息传递者或者信息的间接提供者。如果互联网平台发布的信息缺乏权威性，网络受众对网络信息的认知不够准确，借助无网络信息传递的放大效应，就有可能引发网络舆情环境下网民过度的应激反应。网民在通过网络获取有关以前信息的时候，各类社交媒体有关疫情信息扑面而来，这就会带来很大的困扰，识别所遇到的信息真假是一个很困难的事情，如果说受众获得的信息是虚假信息，这样的话会先入为主地干扰了受众对某一个问题的判断，对突发公共卫生事件有关报道的时间差，容易引发衍生的事件。认真执行《突发公共卫生事件条例》《国家突发公共卫生事件总体应急预案》，公共卫生事件发生后，应对的基本预案如果缺乏具体操作性和针对性，一定程度上就不能很好地减少公众的恐慌。网络受众对相应的卫生监管机构的组织运行制度政策了解不够，导致对当前为了防控疫情所采取的措施产生认知偏差。所以说，当媒体发布武汉封城，世界卫生组织认定新型冠状病毒肺炎已构成国际突发公共卫生事件等信息公布于众的时候，包括网络发布的信息所做出的过度解读，使得网络受众所获取的信息出现失误，进而影响其特定情况下行为选择，抢购风潮一定程度上加剧了医疗物资紧缺的状况。

2. 疫情期间的网络抹黑

在新冠肺炎疫情全球肆虐的情况下，许多国家经济处于停滞状态，为了转嫁本国所遇到的问题和矛盾，西方媒体借机炒作。比如，武汉是新冠肺炎源头、中国搞胁迫外交等，这些抹黑中国的方式使得中国的国际形象受到了很大的影响，有一些国际媒体甚至认为中国的国际形象因为疫情、香港等问题而不断下滑，他们自以为是地得出一个结论，中国人应该怨恨政府。但是，民意调查给了他们一个响亮的耳光，调查结果显示中国人对政府的支持度不仅没有减少，反而在不断提高，甚至说在当今世界成为对政府最乐观的国家。西方的有些媒体对这个问题作出了分析，不怨恨政府主要有以下原因，第一个比如，经济原因，中国经济的快速发展特别是脱贫攻坚消灭了绝对贫困，人们的生活变得更加富裕也更加幸福，相较于中国的年轻人，发达国家的年轻人可能面临着一些收入减少经济危机等情况。第二个原因是中国政府的管控能力特别强，中国从1949年成立到今天的70多年，在外部势力的打压下不断地向前发展，改革开放前的30年建立了独立的比较完整国民经济体系，在改革开放以后，经济社会得到了快速的发展。第三个原因，中国人都对中国的近代历史有深刻的认知，中国之所以经历了百年屈辱，很重要的一个原因是帝国主义的入侵，中国人民特别珍惜国家的主权和安全利益。第四个原因，在当今中国我们的价值观教育立足中国的优秀传统文化，人民对于大我与小我有一个清醒的认识，中国人有不同于西方的价值观选择，不纠缠于抽象的所谓的人权自由，中国人民更希望使得这个国家变得更强大而不是单纯地强调所谓的个人的人权或者自由。另外，公众在网络有关疫情信息的传递中，因为公众对自身的卫生保健知识比较缺乏，导致对一些网络传播的信息或者谣言缺乏辨别能力，出于对亲朋好友的关心，转发虚假信息又产生了进一步的传播行为，这样就加剧了社会公众的恐慌情绪。"在多元化的网络空间关系和网络价值系统中，网络社会心理对国家形象传播产生的影响是集群心理、从众心理、极化心理、虚幻心理。"①

在国际政治关系中意识形态发挥了重要的作用。中国在国际关系中的两大

---

① 陈联俊：《论网络空间中国家形象的传播与塑造》，《学术论坛》2018年第1期，第177—178页。

对手，一个是美国，一个是德国。德国的对华政策从"建设性接触"开始转变为"现实性接触"。德国在 2020 年 9 月 2 日颁布的《德国—欧洲—亚洲：共同塑造 21 世纪》的印太政策方针。这个方针特别强调，有必要实现在印太地区的发展合作关系的多样化。尤其强调了价值观相同的伙伴的合作。在德国的外交政策中，价值观的分量提升。现实性接触和以往的建设性接触战略大的区别体现在，两国在意识形态和价值观上的分歧不可改变。强调西方价值观，利用规则、规范和制度来约束中国的行为。现实性接触战略明显强调德国与中国在价值观上的差异，把这一点作为对华政策的出发点。德国对华政策的转变，并不是一时的意识形态转向，也不是基于现实的无奈之举，而是具有战略意义上的转变。德国将美国与中国的脱钩政策视为德国崛起的契机，希望借机填补美国出让的局部领导权真空。德国一方面代表西方与中国在价值观和意识形态上划清界限，将中国确定为所谓的体制性挑战者，把自己打扮成西方价值观以及规范体系的代言人和国际秩序的主要维护者。把中美之间的对抗，看作德国崛起的战略机遇，充分利用了特朗普政府放弃美国对西方国际秩序的领导权的契机。中美之间的对抗扩大了德国的战略空间。德国的领导作用主要希望发挥在捍卫西方的规则秩序与理念的基础上。

中国和德国是当今世界两个崛起的大国，但是遵循了不同的崛起路径。中国是在西方学主导的国际体系下，从外围向中心运动，而德国则是在西方体系内部的自下而上的崛起。

中美之间的冲突是利益冲突，而不是像有些媒体所说的价值观的冲突。在人类历史的发展中，特别是人类社会生活越来越向着你中有我、我中有你的状态演进，在今天的时代，不同国家的话题越来越具有一致性。在国家与国家之间的竞争中，有一些西方的学者和领导人喜欢用价值观这个概念，把中国同其他国家的摩擦定义成价值观冲突，从而为他们构建价值观同盟的反华统一战线作理论的铺垫。我们必须小心防止落入西方的话语陷阱，西方的某些势力所强调的普世价值，其实如同我们所强调的人类共同价值。普世价值的话语是随着西方的扩张主义而不断地走向世界。普世主义的普世价值并不仅仅是一个概念，更多的是一种人与人之间的联系。各地方所采取的政策，其共同价值是比较中立开放的，在这个问题上中国和西方并没有本质的区别。在中西之间的对比当中，双方之间的差异，许多出现在意识形态的层面。意识形态相较于价值观来说出现得比较晚，在整个人类社会中，存在社会团体和人的交流的差异，价值观就会产生碰撞，而意识形态的作用分布于国家权力的范围内，意识形态的作用范围往往跟权力有密切的关系，意识形态的扩张往往要以军事、经济或者文化为基础。在过去的几十年里，相较于东方而言，西方的意识形态是扩张的主要力量。东西方的结构性差异，中国在意识形态的冲突当中处于相对弱势的一方，从意识形态竞争的角度看，中国是处于明显的守势，在今天并不具有强烈的针对西方的反击能力，而且中国人缺乏这方面的主动性。不过2021年3月中美双方在安克雷奇战略对话后，中美之间的斗争形势发生了巨大的转折性变化。

中美之间的较量主要是利益之争，美国所强调的意识形态的真实意图其实还是要维持美国的霸权地位。社会主义制度与资本主义制度作为两种不同的政治制度，是两种不同的社会治理方式。美国人认为这两种治理方式是无法在地球上并存的，这种观念未免过于荒唐。美国的某些人不断激化意识形态的冲突，并且歪曲为中西两种价值观的对立。中国共产党和中国政府这些年弘扬人类共同价值，比较理性审视和把握中西之间、中美之间的意识形态摩擦，对其影响做了分析，必须认识到这是利益之争，而非所谓的价值观冲突，由此说来恢复其本来面目就具有重要意义。

自新冠肺炎疫情发生以后，西方国家，美国、澳大利亚等，采取了各种各样的措施以避免遭到病毒的侵扰，并且西方的一些媒体和政客把新冠肺炎疫情看成神秘的致命病毒而引发恐慌，他们归咎于中国不透明、多疑。澳大利亚广播公司网站2月27日发表了一篇文章，文章的题目是《许多人认为冠状病毒是中国的"切尔诺贝利时刻"，但中国政府可能证明他们是错误的》。最近数十年来，西方国家的一些观察家一直在预测中国会走向崩溃，并且捏造出了各种各样的理由，如他们会认为中国经济受到操控，银行负债太多，中国的环境越来越不适合人类居住等，一腔情愿地认为这些问题一定会导致老百姓揭竿而起。遗憾的是，这么多年来，某些人的所谓的预言一而再再而三地遭到了失败。这一次新冠肺炎疫情西方唱衰中国的结局又如何呢？中国在新冠肺炎疫情发生以后，封锁了病毒发生的中心湖北省武汉市，湖北省的人口是澳大利亚的两倍，世界卫生组织把中国所采取的举措称为前所未有。该报指出，北京告诉你什么才是中国成功的秘诀，中国共产党领导的5亿多中国人摆脱了贫困。中国高铁早就建成了，而反观澳大利亚，高铁讨论一拖就是几十年。曾经被称为"亚洲病夫"的中国现在已经成为全球经济增长的引擎，有望在未来超过美国成为最大的经济体。这篇文章的作者提出，在过去十年间专家们一直预言中国，而中国看到西方发生了什么，阿富汗和中东战争，西方银行的崩溃把世界拖入了金融危机，西方世界民族主义和民粹主义抬头，加剧了经济和社会的进一步分化。总的看来，这篇文章的分析是比较客观的。

美国政客对在中国武汉发生的新冠肺炎疫情，不断展开对中国的抹黑行动。美国众议院共和党少数领袖凯文·麦卡锡在一条推文中使用"中国冠状病毒"，美国国务卿蓬佩奥 3 月 6 日将病毒称为"武汉冠状病毒"，还有美国亚利桑那州的众议员保罗·戈萨（Paul Gossa）也将"新冠肺炎病毒"称为"武汉病毒"。针对美国政客给新冠肺炎病毒贴上武汉或者中国标签的做法，澳大利亚前总理陆克文（原名凯文·迈克尔·拉德，Kevin Michael Rudd）在 2020 年 3 月 11 日的澳大利亚《悉尼先驱晨报》的报道中进行了批评，他认为："给冠状病毒贴上'武汉'或'中国'的标签一点解决不了问题。"相反，"事实上，这可能会阻碍解决问题的进程"。陆克文认为："在这样的时刻堕落成独立的民族主义和种族主义团体，完全不是我们需要的。"

美国等西方国家利用互联网对其他国家进行意识形态输出，力图对目标国进行改造来维护其自身利益。中国作为美国最希望改造的非民主国家，中国改革开放 40 多年来，美国一直没有放弃它的这一目标。特别是人类进入互联网社会，美国在这一个问题上的所作所为更富有侵略性。

利用中国等目标国的网络平台制造舆论声势。移动互联网的时代，社交媒体正在开辟一种全新的传播方式。美国草根媒体之父丹·吉尔莫（Dan Gilmore）在《自媒体》中认为，"传播方式已经完成了转变。出版社和广播是一对多的媒介，电话是一对一，现在我们有了想怎样就怎样的媒介：一对一、一对多、多对多"①。

全球化的深入，美国致力于推动公共外交。利用互联网等技术突破国家为主导的传统外交模式，借鉴商业模式来推动公共外交。通过去中心化和扁平化，政治意识形态输出向多中心、多层次之间的联动互动转变，形成美国的一个重要战略任务。基于网络的政治意识形态输出的草根性越来越突出，美国越来越

---

① 李艳艳：《美国互联网政治意识形态输出战略与应对》，社会科学文献出版社 2018 年版，第 81 页。

多地利用网络媒介，通过各种方式传播美国的价值观。当今世界微博等新媒体领域不断拓展，美国在意识形态传播过程当中，将重点越来越多地放在数字领域，因为互联网是他们真正想要的受众活跃的地方。今天的互联网世界，中国成为美国面向全球输出意识形态的主要对象。政治意识形态安全关乎国家的核心利益，互联网也成为第四种主权空间，网络空间中的意识形态较量越来越明显地看出是背后资本的实力以及外国势力在操纵。美国通过资本介入、扶持代言人妄图操控中国的不断发展的网络平台，引导舆论的走向越来越明显。

基于社交媒体的交互性，互联网越来越成为意识形态斗争的主战场，对意识形态安全有重要的影响。我们国家的微博、微信等运营平台，都属于民营资本所有，有可能存在与公共利益的矛盾，有可能威胁我国的意识形态安全。意识形态说到底是对经济基础的反映，如果说主流的网络平台被民营资本掌握了主导权，那么有可能在关键的时候，在某些重要问题上，亲近资本而损害了整体的利益，从而丧失一定的基本原则。

在网络意识形态斗争阵地建设方面，西方的敌对势力，不遗余力在国内物色扶植他们的代理人，组织网络写手进入网络舆论场，导致了各种各样的危害国家安全和人民根本利益的信息充斥网络信息平台。有些反华的书籍在网络上得以传播，无助于形成社会共识，扰乱了人们的思想。可以说在今天网络意识形态斗争的严峻形势面前，一些网络舆论场的争夺愈发激烈，特别是一些所谓的网络名气博主有的具有海外背景，再加上在外资的扶持下，很容易成为意见领袖。他们通过各种方式，对历史发展当中的一些片段进行选择回忆和有选择的遗忘，在一定程度上通过片面的表达，迎合了社会当中的一部分负能量，成为某一些人负面情绪的宣泄地。甚至在一定程度上被人利用，成为攻击党、攻击国家的前沿阵地。特别是在网络新媒体的运作下，容易把某一个小问题操作成一个网络舆论的焦点问题，通过网络传播的链条发酵，产生越来越大的难以左右的后果，掌控舆论导向就越来越重要。通过争夺传播平台，形成传播链条等方式，美国等西方的政治意识形态在中国得到滋生蔓延。苏联的垮台原因多样，但美国的意识形态操控对苏联的政权瓦解是一个重要的历史教训。俄国学者谢·卡拉·穆尔扎（Xie Kare Murza）对此做了总结，美国的意识形态操控导致了苏联放弃了社会主义意识形态，之所以能得逞，因为这种意识操纵的手法表现得比较高明，"我们不强迫你去做，我们要潜入你的心灵，进入你的潜意识，达到你自己愿意去做"①。

苏联的垮台验证了意识操纵手法的实际效用。在今天与互联网紧密结合的网络外交时代，美国在伊朗大选、东北非颜色革命中不断运用这一方法，实现了目标国家和地区政治格局改变的目的。在中国的网络舆论中，逢中必反，逢美必捧，成为互联网领域攻击社会主义制度的典型特征，对社会主义意识形态造成了严重冲击。

中国崛起与美国的打压。2008 年的国际金融危机让中国不经意间走近了世界舞台的中央，这次的国际金融危机暴露了西方发达国家的治理体系所存在的问题，中国经济的出色表现让西方的经济黯然失色，中国成为世界经济的重要引擎，2019 年中国对世界经济增长的贡献率达到了 30%。2020 年的新冠肺炎疫情，则进一步暴露了西方发达国家的治理体系和治理能力神话的破灭。第二次世界大战以后，苏联成为与美国相竞争的第二号大国，美国启动对苏联"围剿"的冷战，经过 40 年的军事、政治、经济、思想等各个方面的打压，随着 1991 年底苏联的解体，美国终于赢得了冷战的胜利，成为唯一的超级大国。

在美苏争霸期间，日本经济快速崛起。日本在二战以后经济迅速发展，成为仅次于美国的全球第二大经济体。20 世纪 80 年代初期，美国贸易逆差上扬、财政赤字剧增。到 1985 年的时候，日本成为世界上的最大的债权国。日本制造的产品遍布全球，日本的经济扩张令美国人感受到日本带给他们的压力。

为了遏制日本的发展，在美国的牵头下，1985 年 9 月，美日德法英五国财政部长和中央银行行长在纽约广场饭店举行会议，达成了著名的广场协议。通过汇率的方式，迫使日元和德国马克升值，遏制日本和德国出口。由此，日本的泡沫经济破裂并持续了相当长的时间，到 1994 年，美国遏制了日本的发展势头。中国和美国的发展说到底是两国之间社会制度较量的体现，当然这个矛盾的发展，特别是中国的崛起，美国认为对他构成了威胁。美国学者亨廷顿在《文明的冲突与世界秩序的重建》一书中指出："正在出现的全球政治主要和最危险的方面将是不同文明集团之间的冲突。"亨廷顿对于中国和美国两个文明的差异，他的分析认为，"在最广泛的层面上，盛行于众多亚洲社会的儒家精神强调这样一些价值观：权威、等级制度、个人权力和利益居次要地位、一致的重

---

① 谢·卡拉·穆尔扎：《论意识操纵》（上），徐昌翰译，社会科学文献出版社 2004 年版，第 52 页。

要性、避免正面冲突、'保全'面子，以及总的说来，国家高于社会，社会高于个人。此外，亚洲人倾向于以百年和千年为单位来计算其社会的演进，把扩大长远利益放在首位。这些态度与美国人信念的首要内容形成了对照，即自由、平等、民主和个人主义，以及美国人倾向于不信任政府，反对权威、赞成制衡，鼓励竞争、崇尚人权，倾向于忘记过去、忽视未来，集中精力尽可能扩大眼前的利益。冲突的根源是社会和文化方面的根本差异"①。亨廷顿关于中美文明的分析，应该说在西方学界是具有代表性的。

　　世界上的所有国家既具有共同性，也有其特殊性。中国相较于美国而言，历史悠久，5000年绵延不绝的、具有顽强生命力的中华文明让中国人具有自己的优越感，这是一个特殊性。在发展之路上有特殊性。中国的发展之路打破了思想史上的"休谟预言"，休谟认为，经历由盛而衰的民族很难实现复兴。但是中国民族在历史上几度由兴盛走衰落，然后又重新崛起，休谟预言难以解释中国的发展道路。西方赢得世界不是通过其思想、价值观或宗教的优越（其他文明中几乎没有多少人皈依它们），而是通过它运用有组织的暴力方面的优势。西方人常常忘记这一事实，非西方人却从未忘记。② 西方人眼中的普世主义，对非西方人来说就是帝国主义。③ 西方文明的价值不在于它是普遍的，而在于它是独特的。因此，西方领导人的主要责任，不是试图按照西方的形象重塑其他文明，这是西方正在衰弱的力量所不能及的，而是保存、维护和复兴西方文明独一无二的特性。由于美国是最强大的西方国家，这个责任就不可推卸地主要落在了美利坚合众国的肩上。④

　　相较于中国的特殊性而言，美国也有其特殊性。美国人所自认为的道德优越感跟美国的宗教有很大的关系。美国人认为自己有责任向世界各国传播其价值观，这一观念同美国的移民的宗教倾向不可分离。从17世纪前往美洲的欧洲移民起，他们认为自己是上帝的选民，是在整个世界的山巅之城，在流淌着牛

① ［美］萨缪尔·亨廷顿：《文明冲突和世界秩序重建》，周琪等译，新华出版社2009年版，第201页。
② ［美］萨缪尔·亨廷顿：《文明冲突和世界秩序重建》，周琪等译，新华出版社2009年版，第30页。
③ ［美］萨缪尔·亨廷顿：《文明冲突和世界秩序重建》，周琪等译，新华出版社2009年版，第162页。
④ ［美］萨缪尔·亨廷顿：《文明冲突和世界秩序重建》，周琪等译，新华出版社2009年版，第287页。

奶和蜂蜜的应许之地，是建设基督博爱的典范，美国人具有拯救世界的天定命，是自由的卫士。他们把美国自誉为灯塔国，拥有以美国式的普世价值改造世界的自信。正如肯尼迪在 1961 年参加华盛顿大学诞辰百年庆典活动的时候所讲的："比起世界上其他任何人，我们都背负着责任，承受着风险，这种风险和责任，无论规模和期限都前所未有，不仅是为了我们自己，而且是为了全体希望自由的人。"美国式的自信可见一斑。

中国从共产党成立之日起，1949 年中华人民共和国成立之时，中国作为一个社会主义国家坚持以马克思主义为指导的意识形态，坚持不干涉他国内政，不输出意识形态。但美国从立国之日起就确立了所谓的"美国精神"，向全球推行所谓的民主、自由的普世价值。1776 年 7 月 4 日的《独立宣言》宣称，"我们认为这些真理是不言而喻的：人生而平等，造物者赋予他们若干不可剥夺的权利，其中包括生命权、自由权和追求幸福的权利"。这可以说是美国普世价值的最初版本，以此作为意识形态武器向全球推广，尤其盛行于 20 世纪 90 年代冷战以后。

（二）透过现象看本质

美国利用网络信息技术的优势地位所获得的传播优势地位，对其他国家的主流意识形态进行攻击和丑化。2009 年 5 月，美国政府怀疑古巴、伊朗等 5 个敌对国家有可能会对美国利益构成妨害，授意微软公司切断五国 MSN 即时通讯服务端口。此种行为十分霸道无礼，但是在网络斗争当中此类行为经常上演。

他的目的就是通过非武力的方式，促成目标国家的民众放弃原来的政治价值观和他们的政治认同，转而促使目标国的民众向往美国的价值观和美国的生活方式，推动目标国的政治体制向着美国所希望的方向进行演变。这样一场战争没有硝烟，阻力小，成本低，效果好。不仅能在很大的程度上击毁目标国政府在网民心目中的形象，一定程度上会增强美国在世界的认同度，从而达到一箭双雕的目的。美国利用它的互联网优势，对其他网络大国无端指责，不断升级对包括中国在内的网络监控。全世界计算机系统在运行中所受到骚扰，往往跟美国等西方国家有关。美国为达到监控中国网络的目的，有时候捏造事实，栽赃陷害，无所不用其极。在近代以来的长期的发展中，西方国家利用其所处的经济政治上的优势地位，在世界上搞侵略和霸权。在经济上对其他国家进行盘剥，在思想文化层面对其他国家进行精神上的控制。经济上的盘剥是精神控制的基础，精神上的控制可以比较低的成本支出维持自己的霸权地位。对于其他国家的崛起发展，美国则认为对其构成威胁，当然这并不是真正的威胁，而是通过舆论炮制出的无中生有的所谓的威胁。比如，通过所谓"清洁网络"的幌子封杀中国的 5G 技术，谋求自身的技术垄断和竞争优势，反而让其他有可能对美国构成竞争威胁的国家，始终处在廉价的原料供应地与劳动的供应者的地位。新冠肺炎疫情改变了世界发展的走向，加上美国的选举暴露出的问题让美国的制度体制弊端暴露于世人面前。这一次的抗击新冠肺炎疫情充分彰显了中国共产党的坚强领导以及中国特色社会主义制度与中华文化巨大优势。西方国家所宣扬的所谓的民主人权在新冠肺炎冲击面前遭到了无情的冲击。非常时期的中国故事所体现的中国精神，正在重新构建中国的话语表达，西方津津乐道的自我叙事方式在崩溃，为了掩盖他们在应对新冠肺炎疫情中的进退失据的无能所体现的自欺欺人乃至自我麻痹，反而彰显了中国所取得的巨大成绩。

美国对新媒体技术的扩散应用积极支持，把美国的价值观念传播到全世界。美国打着尊重普世价值的名义，干着全球推广美国自由价值观的目的。2010 年奥巴马时期的国务卿希拉里曾经谈到为何支持开发新的网络工具，原因是"使公民能够避开政治审查而行使其自由表达的权利"。通过脸书、推特等社交媒体进行美国价值观的输出和意识形态渗透，成为美国政府对外交往中着力实施的外交政策。美国一方面利用境外网络媒体，对中国进行意识形态渗透；另一方面则利用资本的力量，在中国境内培植、收买网络水军，以所谓的言论自由为名，对中国共产党的领导和社会主义制度进行攻击。并且利用其网络优势，企图制造一边倒的所谓主流民意，妄图以西方的价值观来塑造中国网民的价值观念。

特朗普治国理政长期以来依赖社交媒体，打压让特朗普难以跟支持他的选民作有效的沟通。这里面暴露的一个问题，就是资本的力量在当今的网络世界，怎么得以规范，不能让社交网络成为中世纪的异端裁判所。网络媒体的言论审查是有必要的，掌握度是一个很重要的方面，这也涉及资本力量的边界。德国总理默克尔认为，推特等平台封杀川普的行为有问题，法国财政部长则批评推特关闭川普的账号是寡头威胁民主。政治寡头与科技资本寡头双方之间的争斗，在今天的时代给我们深刻的反省。科技本身是中性的，如何在网络意识形态的斗争中，让科技发挥正向的作用，而不是威胁人类，这是一个重要问题。这涉及垄断的形式的变化问题，对商品的垄断可以让人变得贫穷，而互联网时代的信息垄断比商品的垄断带来的危害更大。私人企业控制某一个行业必然会产生垄断，垄断如果难以得到抑制，就会产生腐败等问题，如何约束互联网时代的资本巨头的行径，维护社会的公共利益，已经成为必须要解决的问题。

社会恐慌对社会公共秩序的影响比较大。新冠肺炎疫情作为公共安全卫生事件的出现，比较强烈地刺激社会情绪，引发了一定程度的社会恐慌。社会恐慌，是人们对日常生活中各种潜在或现实的风险过分担忧，以至于在某些情境条件下，产生的集群性恐慌行为。"小数偏差"相关的是"小数法则"，人们往往把小样本中的某件事的概率分布看成总体分布，在小量信息的基础上来研判不确定事件。"小数偏差"是公共舆情事件的共同特征，在新冠肺炎疫情的网络舆情中，每天不断播报的各种病例和各种疫情事件，每一个人都会产生代入感，与网络新闻中的人物产生、产生共情，个人的悲情变成了网络的悲情，一个人的恐慌变成了集体的恐慌，一定会影响公共秩序。随着传播渠道的越来越广，社会恐慌事件对于公共秩序的冲击，只能是越来越大。个体是有情绪的，当人们有负面情绪的时候，往往倾向于打破原有的模式，集体性的负面情绪影响就更大。疫情是一个比较复杂的涉及医学和社会方方面面的事件，在疫情引发网络舆情的发展中，医学的层面往往被社会的层面所取代。自然事件引发的社会恐慌，随着科学技术的发展，人们会应对得很好，但是包括疫情在内的社会事件如果转换为社会问题，就会形成大规模的社会恐慌，这是在全球都需要解决的问题。面对疫情而引发的公众恐慌，是正常的现象，作为政府和社会应该共同努力将负面影响降到最低。疫情恐慌所反映的一些社会问题，比如说，国家的高度依赖、自我预防知识的不足、公共观念淡薄等，需要在应对危机当中不断地解决。

个人恐慌转变为社会恐慌，信息共享的问题所体现出来的大众愤怒批判的声音，其实是恐慌的发泄方式。脑子从正规的渠道获得真相，是听不到权威的声音的，公众只能从其他的途径寻找。新冠肺炎疫情引发网络舆情，有人认为公众存在过激反应，主要体现为不理性的语言、主观片面的评价、过分冲动的行为、社交媒体的评论当中有相当的攻击性。社会恐慌存在主要是因为公共部门的信息反馈不及时，另外公众自身的专业素质有待的提高。在这一次的抗击新冠肺炎疫情的战争中，体现了集中力量办大事的制度优势，在社会动员法治化水平上，提升专业水平，提高公众的参与质量都有许多值得做的地方。

城市化的发展如何提高社会的组织能力，每一次都依赖政府的大规模动员成本太高。疫情引发的恐慌不仅仅是一个科学问题，其实也是意识形态问题。

西方网络文化霸权主义的双重标准。在全球化不断深入的互联网时代，相较于以往的军事征服或者经济控制，文化作为一种维持霸权的手段越来越发挥了更大的作用。

其实，无论国内事务还是国际事务，要形成正常的秩序必须要坚持正义的原则。但对于正义的理解，学界的认识多有不同。依照罗尔斯（Rawles）的《正义论》所说的，在社会制度的诸多价值中，正义是其首要价值，其他的诸如效率、稳定等社会价值也有重要的影响。正义是"在社会的基本制度中从分配权利和义务的办法，确定了社会合作的利益和分担的适当分配""某些法律和制度，不管它们如何有效率和有条理，只要它们不正义，就必须加以改造或废除"。在社会生活中，每一个人都拥有"基于正义的不可侵犯性，这种不可侵犯性即使以社会整体利益之名也不能逾越。因此，正义否认为了一些人分享更大利益而剥夺另一些人的自由是正当的，不承认许多人享受的较大利益能绰绰有余地补偿强加于少数人的牺牲"①。不管少数人还是多数人的正当利益与自由，都是不可剥夺的。在国际关系的处理问题上，不管是发达国家还是不发达国家，都要享有相应的权利和承担相应的义务，这样的世界秩序才能稳定。这种对正义的理解和规则面前一律平等的含义是相通的，这其实就是"形式正义"的含义，"形式正义要求的力量或遵守制度的程度，其力量显然有赖于制度的实质性正义和改造它们的可能性"②。

体现"形式正义"的国际关系原则，比如，国家无论大小强弱一律平等，相互尊重主权平等等已经为联合国宪章等国际法规所确认。但是，单纯强调"形式正义"会导致实质的不公平，所以"实质正义"要求发达国家要给予不发达国家更多的权利，包括了经济政治文化等方面的权利，从而让这些国家有更多的发展机会。应该承认，有关的理论是清晰的，适用界限是明确的。但在

---

① ［美］约翰·罗尔斯：《正义论》，何怀宏等译，中国社会科学出版社2006年版，第3—4页。

② ［美］约翰·罗尔斯：《正义论》，何怀宏等译，中国社会科学出版社2006年版，第59页。

现实的国际关系中，西方国家往往滥用实质正义的原则，在有关国际问题的处理上，没有真正照顾到发展中国家的利益需求，往往把他们自己的制度和发展模式推广到其他国家，打着民主自由的旗号，干涉他国内政。

近代以来，西方发达国家在各方面走在了世界的前列，在这些国家形成了制度和文化的优越感甚至产生了种族优越感。在遇到各种各样的突发事件或者有关国际问题的时候，他们往往以西方的标准作为世界文明的普世标准，在他们的观念中，西方的制度文化和价值应该适用于世界各国，唯有如此才反映了时代的进步，如果跟他们的要求相背离，那就要引起各种各样的国际纠纷，甚至通过各种方式干涉别国内政。其实，这样一种文化帝国主义早就受到了马克思主义者的批判。在今天"这种文化帝国主义在西方也遭到了后现代主义理论的批判和解构"①。今天的世界，随着发展中国家的整体崛起，传统的发达国家自身的问题暴露其治理的弊端。以往的居高临下指点江山的西方某些政客，再像以往那样用他们的文明与道德评判他国的发展，已经难以令人信服，西方世界出现的逆全球化和民粹主义，在一定程度上已经对他们的发展道路提出了严峻的挑战。

在网络世界中，有些人对自己的民族抱有不正确的看法，总是认为西方的月亮更圆。其实中国的发展，真正的英雄是中国人民。"中国人民的特质、禀赋不仅铸就了绵延几千年发展至今的中华文明，而且深刻影响着当代中国发展进步，深刻影响着当代中国人的精神世界。"②

由于美国国内的意识形态教育，毒化了美国国民对中国的形象的认识。随着中国的崛起，美国的思想库的言论以及官方的各类报告，大肆渲染奇谈怪论。不管表现形式如何，他们所蕴含的逻辑都是一样的，也就是中国正在崛起，而中国又不是一个民主国家，这样的话，中国就会给世界带来许多不确定的因素。因此，战略竞争者、中国威胁论等论调就会出现在美国的许多官方的演说当中。美国希望通过与中国的接触，施展美国对中国的影响，推动中国的变化，实现中国向政治多元化、民主化方向前进的目标。在这样一个大的背景下，要达成他们的目标，互联网就被用来当作对中国进行意识形态输出和价值观改造的有

---

① 李滨：《西方"双重标准"的根源究竟何在》，《人民论坛·学术前沿》2020 年第 2 期上，第 8 页。

② 习近平：《论党的宣传思想工作》，中央文献出版社 2020 年版，第 296 页。

力武器。美国舆论界始终有一个观点，对于非民主国家来说，如果它的实力还不够大的时候，积极地对该国进行民主改造。如果这个国家的实力超过了美国的时候，适应杰克逊主义的逻辑，就要顺从、服从他的领导权力。因此，在美国的学界当中，遏制新兴大国的崛起，采取各种方式来打压中国，就成了他们的必然选择。在 20 世纪 80 年代的日本，因为有可能对美国的经济地位构成威胁，美国通过广场协议等方式打压日本。今天的中国成为世界上第二大经济体，长期的经济增长速度在大国当中遥遥领先，这又引起了美国一部分人的不安。美国人对中国日益增强的经济实力愈发担心，美国人希望在经济和贸易问题上对中国采取强硬立场。把中国塑造成一个发展快速的非民主国家，成为美国舆论界贴在中国身上的标签，这也是支撑中国威胁论的基础土壤。在中国势力迅速发展但是又没有超过美国的背景下，美国未雨绸缪，利用互联网等方式，对中国进行意识形态的输出以及加快民主化改造的步伐。第一就是维护美国的超级大国地位，防止中国的势力超过美国。可以说在今后一个相当长的时期内，以中国为代表的非民主家迅速崛起。美国将会在一个民主价值观和现实主义权力政治的交替当中，不断对中国进行打压，各种各样的意识形态输出的方式将会千变万化。面对这样的复杂形势，我们务必保持警觉！

（三）社会主义制度优势凸显

中华人民共和国成立 70 多年来，中国特色社会主义制度取得了令世人瞩目的伟大成就，中国人对中国特色社会主义制度充满了高度自信，破除了以往对以美国制度为代表的西方民主制度的盲目迷信。特别是中国新冠肺炎疫情的成功应对，充分体现了社会主义制度的优越性。中国人对社会主义制度和资本主义制度的比较有了更清醒的认识。时任美国国务卿蓬佩奥在 2020 年 7 月发表了题为《共产中国与自由世界的未来》的演说，他声称："我拒绝这样的看法，即我们生活在一个势在难免的时代，某些陷阱是命中注定的，共产党的主宰地位是未来，我们的做法并非注定要失败，因为美国并没有衰落。正如我今年早些时候在慕尼黑所说的，自由世界仍在获胜。我们只需要相信这一点，知道这一点，而且为此感到自豪。""现在是自由国家采取行动的时候了。……面对中国的挑战，需要欧洲、非洲、南美，特别是印度——太平洋地区的民主国家使出力气，投入精力。"这段话体现了美国政府所代表的美国主流社会，对中国社会主义制度所取得的成功的忧虑。

中美两个大国在意识形态的斗争中具有不同的利益诉求。美国希望中国尊重其世界第一的地位和核心利益，而中国希望美国尊重中国的社会制度与发展权利。美国的核心利益在不同时期有不同的体现，依据《美国国家安全战略（2015）》的表述，美国的核心利益主要包括国家安全、经济繁荣、价值观的优越性以及美国主导的全球秩序。今天的美国为了维护其全球的领导地位，特别看重推广其民主自由价值。二战以后遏制共产主义并推广西方的价值观被称为美国的核心国家利益之一，这在相当大的程度上影响甚至决定着美国的外交政策方向。2017 年特朗普上台以后，把美国的核心利益浓缩在"美国优先"的口号中。2017 年特朗普政府发表的首份《美国国家安全战略报告》，特别明确地把中国和俄罗斯定义为修正主义国家和战略竞争者。第一次把中国放在对美构成竞争的大国之首，以往一直排在第一位的俄罗斯排在了第二位。美国特朗普政府认为中国已成为美国安全利益的首要关切。当时的白宫的新闻稿把这份国家安全战略报告称为美国"新时代的新国家安全战略"，明显体现了对于中国的针对性。

美国认为它是现行国际秩序的缔造者和既得利益者，相对应的中国是美国眼中的修正主义国家。中国所倡导的全球治理理念与美国所主导的国际秩序在一定程度上有冲突，这是不可避免的，但是美方把中美双方安全利益的诉求有碰撞的正常现象称为另起炉灶。中国新一代领导人主张共商共建共享的全球治理理念，希望构建更加公平合理的国际新秩序，在国际事务中增加发展中国家的代表性，美国认为这与美国优先的诉求不相容，他们认为中国的发展对美国构成了全方位的挑战，并认为中国不尊重美国的霸主地位，意图塑造一个与美国的价值观和利益背道而驰的世界。在这样一种情况下美国特别宣扬"中国威胁论""中国取代美国论""中国另起炉灶论""中国政治渗透论"等这些奇谈怪论，鲜明体现美国把中国视为假想敌。在这样的情景之下，中国对美国的态度是什么呢？中国则把美国视为重要的战略伙伴。为了澄清美国舆论对中国的错误认知，中国一再强调坚持以维护联合国宪章宗旨和原则为核心的国际秩序与国际体系。如何巩固第二次世界大战胜利成果？这当然就包括了二战以后确立的美国领导地位。习近平主席在 2018 年博鳌亚洲论坛年会开幕式发表主旨演讲，他强调："无论中国发展到什么程度，我们都不会威胁谁，都不会颠覆现行国际体系，都不会谋求建立独立势力范围。中国始终是世界和平的建设者、全球发展的贡献者、国际秩序的维护者。"

中国希望美国尊重中国的核心价值和核心利益，推动塑造更加公正合理的国际新秩序。对中国的核心利益的概括，在2011年国务院新闻办发表的《中国和平发展白皮书》中，提出了六大核心利益，即国家主权、国家安全、领土完整、国家统一、中国宪法确立的国家政治制度和社会大局稳定、经济社会可持续发展基本保障。当然随着经济社会的发展，核心利益的表述有所变动也是完全正常的。

在中美关系发展中，中方一直强调相互尊重。习近平主席在党的十八大以后提出构建"不冲突不对抗、相互尊重、合作共赢"的新型大国关系。但是，美国的主流舆论对于中国所倡导的新型大国关系并不是特别积极，特别是关于"相互尊重"有他们的不同看法。美国的有些智库人士声称美国不能尊重中国的核心价值和核心利益，包括社会制度等。尽管美国的某些高官，如奥巴马在2014年到访中国的时候曾经说得很好，美国"支持中国改革开放，无意遏制或围堵中国"等等。但是，在具体的实践操作层面，美国对中国的核心利益的干涉以及负面影响，暴露了美国所谓的尊重中国的虚伪性。

今天的中美关系中，双方都认为对方不尊重自己，说到底双方之间缺乏互信。这种互信的缺乏，同两个国家之间不同的政治制度、意识形态有关，也有双方之间的沟通不畅、信息不透明的原因。当然了，中国的崛起对于美国的焦虑加深也有很大的关系。但是，如果中美双方之间的这种缺乏互信长期持续难以解决，进而会导致双方之间的战略误判，就可能会使得双方陷入安全困境。两种文明的冲突、两种意识形态的对立、两种社会制度的较量，是当下中美之间的主要矛盾的体现。中美关系的核心问题，依然是中国作为崛起大国与美国作为守成大国之间的结构性矛盾。对于这种结构性的矛盾，到底应该如何解决？在以往人类的历史发展中难以找到现成的答案。美国学者，曾经担任过克林顿政府助理国防部长的格雷厄姆（Graham），将中美之间的结构性矛盾命名为"修昔底德陷阱"。

古希腊历史学家修昔底德（Thcydides）在《伯罗奔尼撒战争史》中写道，当时古希腊新兴势力雅典城邦与守成势力的斯巴达城邦之间长达27年的战争，"使战争不可避免的真正原因是雅典势力的增长和因此而引起斯巴达的恐惧"。

艾利森（Alisone）在他的《注定一战：中美能够避免修昔底德陷阱吗?》一书中套用了修昔底德的分析思路，指出："在未来的几年中，我们所熟知的修昔底德状况在两国间将会愈发紧张。"尽管他认为中美两国间的冲突，不会必然导致战争。中方如何看待这个问题，2014年习近平主席在接受《世界邮报》专访时就强调："都应该努力避免陷入'修昔底德陷阱'。强国只能追求霸权的主张不适用于中国，中国没有实施这种行动的基因。"2015年习近平主席访美的时候，又一次表示："世上本无'修昔底德陷阱'，但如果一些人一再发生战略误判，就可能自己给自己挖个'修昔底德陷阱'。"习近平主席一直强调，中美合作有利于两国和世界，而中美之间的对抗，对于两国和世界来讲肯定是一场灾难。中美关系的结构性矛盾如何解决？这个问题关系到中美关系未来的走向，这取决于中美之间的战略智慧。今天的互联网把两国之间的矛盾，通过政治意识形态输出得到了突出的体现。今天的中国不同于解体以前的苏联，也不同于缺乏完整政治军事主权的日本。中美两个国家之间的脱钩，对双方不会有好的影响。两国应该在各个方面做出努力，避免最坏情况的发生。中国面对美国的霸凌主义不畏惧，我们站在历史正确的一边，有定力、有底线应对一切，维护好国家的核心利益。

　　今天世界，美国网络外交主要的目标是针对中国。前些年就有美国的政要声称："有了互联网，对付中国就有了办法。""社会主义国家投入西方怀抱，从互联网开始。"从美国棱镜计划等可以看出，他们已经主动在互联网领域发起了对我国意识形态的进攻。在今天网络上，西方的政治价值观、自由主义的意识形态，已经发挥了很大的作用。他们通过某些议程的设置，挑起网络意识形态论争，煽动党群关系的对立，质疑社会主义制度的合法性。在所谓新闻自由，言论自由精神包装的话语蛊惑下，有一些党员领导干部没有认清问题的严重性，以为不过是说说而已。要清醒地认识到，网络作为当今社会最重要的舆论场，在引爆颜色革命中已经发挥了重大作用。如果对意识形态的论争不高度重视的话，就会导致在面对意识形态进攻的时候，处于被动挨打的局面，使得党和政府的形象遭到抹黑，党心民意就会受到很大的影响。

　　外交舞台关乎国家形象，关乎社会制度，关乎礼仪之邦的睿智。这一次新冠肺炎疫情发生，在中国得到了比较好的控制，世界许多国家现在仍在蔓延，对国家治理体系和治理能力构成极大的考验。国家制度到底好或者不好，不能单纯地从所谓的教条去判断，判断国家制度的优劣，关键得看习近平总书记强调的这个标准："衡量一个社会制度是否科学、是否先进，主要看是否符合国情、是否有效管用、是否得到人民拥护。"习近平总书记的这一重要论述，对于我们正确判断这次疫情防控过程中，各国家社会制度的优劣起到了正确的指引作用。关键的是，中国在应对新冠肺炎疫情的过程中，充分体现了习近平总书记为核心的党中央，高度重视人民的生命安全和身体健康。

团结带领全国人民，以高度的责任感和勇于负责的精神，果断应对，全国各级各个方面，令行禁止，同心同德，向世界展现了中国社会主义制度集中力量办大事的制度优势。澳大利亚媒体发表文章称："中国共产党给我们上了一课。"随着全球越来越多的国家陷入新冠肺炎疫情，中国正在从抗疫转向复工复学，逐步恢复正常的工作生活秩序。习近平总书记明确提出，2020年的发展目标不变。中国之所以有如此底气，关键是中国具备了坚实的基础。中国已经成为世界上首屈一指的工业国，拥有世界最完整的工业生产体系，中国拥有当前世界上最强大的生产制造能力。这一次的复工复产过程中，我们的安排别具匠心，首先复工的是防疫和医疗物资的生产，其次是民生物资和粮食的生产，最后是国家的重点工程。新冠肺炎是冲击也是机遇，新冠肺炎疫情的应对让我们看明白，我们必须进一步调整经济结构，扭转经济脱实向虚的不良发展倾向，解决经济发展中的泡沫问题。

这一次新冠肺炎疫情在全球的蔓延，原来的投资者在不断暴跌的美元、黄金、原油等情况下，越来越发现，中国的经济形势在变得越来越好。可以说这一次的新冠肺炎疫情对整个世界是一个重大的考验，中美两国的力量对比开始发生了一定的变化，整体的形势朝着对中国有利的方向发展。前一段中国应对疫情，付出的代价不少，带来的损失也比较大，但从长远来看，我们及时地控制住了疫情，从而我们可以比较快地转变到正常的经济发展上来。这一次中国应对疫情所展现的高度的组织动员能力、迅速调动生产的能力、卓越的统帅领导力无不体现了社会主义制度的优越性。

在新冠肺炎疫情防控的开始，西方国家对中国抱有这样那样的看法，并没有太多的国家对中国表达坚定的支持。随着中国防控形势的向好，世界其他国家疫情防控面临的形势越来越严峻，西方有些国家开始改变了对中国的看法。在鲜活的事实面前，世界越来越多的国家给我们的防控成效以及制度的优势给予肯定和赞赏。从长期来看，中华民族伟大复兴不可阻挡！

所有这些，充分体现了习总书记强调的人类命运共同体理念的强大生命力，中国政府和人民对于世界上发生新冠肺炎疫情的其他国家所面临的严峻形势感同身受，特别是对于曾经给予中国及时帮助的国家更是关切。中国一直采取公开透明的方式向世卫组织和国际社会通报有关信息，分享中国的抗疫经验，并在国内形势向好的情况下，向伊朗、伊拉克、意大利等国派出了医疗支援队，为世界的抗疫大业作出中国的贡献，赢得了世界好评！

世界卫生组织总干事的谭德赛·阿达诺姆（Tandesse Adanom）2 月 15 日在德国慕尼黑表示，世界卫生组织宣布了中国发生的新冠肺炎疫情为国际关注的突发公共卫生事件，当前 99% 的确诊病例在中国，全球其他国家仅有 505 起病例。他表示中国采取措施从源头上遏制疫情蔓延，为世界赢得了时间，中国采取制止疫情蔓延的措施付出了巨大的代价和牺牲，减缓了世界其他地方蔓延的速度。他对中国政府和人民全力对抗疫情，为保护本国和世界人民不惜付出代价表示赞赏。他特别强调，各个国家都应该从疫情中获得教训，在现时段不能相互指责或者将疫情政治化。他认为，当今世界面临的最大的敌人并不是病毒，而是让我们相互敌视的污名化。

但是，个别国家在处理新冠肺炎疫情这个事关全球公共卫生安全问题上，存在国际合作当中的不健康心理。美国先前提出了拨款一亿美元。有关国家通过支持抗击新冠肺炎疫情的力度要展示美国强有力的领导力，但是，美国国务卿所宣布的捐助豪言一直到今天美国政府换届也没有得到充分的体现。美国不仅在全球对抗疫情当中作秀，之前的所作所为世人都已经看得比较明白。更有甚者，美国公然带头违反世卫组织建议，率先对中国宣布旅行禁令，甚至说一些美国政客散布所谓的阴谋论。持续不断抹黑中国的勾当这样一种做法，应该说离人类共同的文明标准越来越远。当然，凡事要一分为二看待，也有大多数美国卫生专家以及美国的公众，希望通过协作战胜疫情，但某些美国政客的言行同公众的诉求南辕北辙。近年来美国不断地挑战由其主导设立的国际秩序，单边主义成为当今国际和当今世界各国的担忧。美国这个世界的头号大国，参与国际合作的愿望最近几年越来越低，对包括联合国、世贸组织等的支持越来越弱，给全球治理带来的负面影响越来越大。美国在当前局面下的言行，进一步让人们认识到美国的真面目，其实，也再次提醒各国，在相互依存的世界，各国只有加强合作，才能应对挑战。

世卫组织于2021年1月派出的国际专家组于14日抵达武汉，同中方专家组组成的联合专家组共同开展新冠病毒肺炎全球溯源中国部分的工作，2月12日完成了中国部分的工作。世界卫生组织关于病毒溯源问题专家组的调查初步意见发表以后，美国国家安全顾问沙利文（Suliuan）在2021年2月13日发表声明，对世卫专家组在中国的沟通方式以及获取结果的过程表示关切。美国国家安全顾问把自己的地缘政治意图不加掩饰地表现出来，被美国《纽约时报》引用的美国专家达扎克（Dazak）、丹麦专家菲舍尔（Fischer），分别发推特愤怒表达自己的谈话被歪曲，斥责《纽约时报》无耻。中国不管是在疫情防控工作还是在配合世卫专家组病毒溯源工作，都做得相当出色。体现了中国坚持开放透明的态度，对于溯源工作给予了大力支持和协助。美国有关官员以及《纽约时报》戴着意识形态的眼镜来歪曲事实，利用各种传播方式误导美国民众。

三、讲好中国故事，提升国际话语权

在互联网越来越普遍的今天，传播力的大小决定了话语权的大小，有了话语权就有可能具有更多主动权。

（一）话语权关乎国家形象

在国际传播当中，话语其实就是一种思维的符号和交际工具，传播者与受众之间有意义的交流离不开特定的话语符号，通过特定的话语符号传递交流主体的价值观念。一个国家的话语权大小，主要是指这个国家在国际事务中话语的有效性和影响力，并不仅仅是指是否享有说话的权利。话语所包含的内容比较复杂，一般来说，我们往往理解的话语，主要是指话语的内容和质量。话语的影响力需要以高质量的内容作为支撑，特别体现在国际议题设置能力和传播能力上。国际议题设置能力和传播能力强的国家，往往能够塑造和引导舆论，更好地掌握话语的主动权。单纯的空洞的概念和宣传是苍白的，在国际舆论当中，有效的话语必须要与事实和生动实践联系在一起。话语影响力取决于话语的认同和反馈，只有赢得受众的认同，影响力才会逐步地增强。当今中国越来越走近世界舞台的中央，客观地讲，越来越多的国际人士对中国的发展进步抱有好奇，希望了解中国，探究中国在这么短的时间内快速发展的原因。中国今

天的影响力越来越大，中国的声音传播得也越来越广。但是，今天从总体上看，西强我弱的舆论态势没有完全被打破，在国际舆论场，中国的话语权和话语的影响力仍有待提高。国际舆论场中是多元的和多视角的，不同背景的受众所获得的信息差别很大，单纯依靠官方以及外交的传播不足以达到更好的场合。现在的当今世界更加关注在许多重要议题上中国的政策主张和中国的应对举措，希望避免二手信息而获得第一手信息，以便更好沟通民心民意。

当今世界，正在经历百年未有之大变局，在新的时代，有一些人的思想仍然停留在旧的时代，用传统的旧的眼光裁剪新的事物，极力维护单边主义和自己的霸权地位。多边主义与单边主义等的较量在国际舆论场中越来越显得突出。向世界阐明中国的发展，出发点就是为了让人民过上幸福美好的生活，同时是为了让世界变得更好、发展得更好。国际话语权的获得需要沟通民心民意，这样才能更多地获得理解信任，这就要求，不断地更新观念和创新方法，讲好中国故事。

在国际舆论场中有关中国的第一手信息还比较缺乏，中国丰富的发展实践和多彩文化，在当今的国际舆论场中还没有得到充分的展现，不能很好地满足国际上对中国了解的渴望需求。在新的时代条件下，我们必须要敏锐地把握世界的发展变化，结合中国实际，主动发出自己的声音，推动国际舆论更真实了解中国，反映中国的发展方向。改革开放的中国越来越自信，更喜欢通过平等友好的方式与国际对话，对外传播交流中，要运用好自己的麦克风，更要运用别人的麦克风来达到我们自己的目的。要积极地参与讨论有关议题，主动地传播思想，争取受众在许多问题上对我们的理解尊重，从而实现认同。以中国传统文化中的谦虚包容精神为基础，通过接地气的通俗易懂的话语表达，要把中国发生的事很好传播到国外，同时把国外的事情客观地传播到国内，从而形成国内与国外信息的双向互动。

讲好中国故事，提升国际话语权。1949 年中华人民共和国成立已经有七十多年，特别是改革开放四十多年，中国创造了经济快速发展和社会长期稳定两大奇迹，赢得了世界有识之士的赞叹。但是，也有一些西方的政客和有关媒体，对中国抱有这样那样的误解甚至是偏见。在这一次的新冠肺炎疫情防控过程中，中国政府和人民通过自己的行为，向世界展示了中国作为负责任大国的形象。但是在此期间也出现了一些这样那样的杂音，这些问题警示我们，有做好事的心和做好事的行为是远远不够的。党的十八大以来，习近平总书记特别强调对外传播工作的重要性，我们在对外传播方面还有差距和不足。对外传播的最佳渠道是互联网，传播的最好方式就是通过各种网络传播手段讲好中国的故事，传播好中国声音。最近几年我们在这方面的工作中取得了一定的成绩，但如何把故事的内容和讲故事的方法有机结合在一起，从而使得我们在国际交往中享有一定的国际话语权，让世界对中国发展的认同有一个更大的提高，向世界充分展现一个全面的、真实的、立体的中国，改变西方某些人对中国的不正确看法。

（二）中国的国际形象塑造。

党的十八大以来，习近平总书记身体力行，在首脑外交的国际舞台上，讲好中国故事，传播中国声音，赢得了世界舆论的称赞。中国领导人和有关学者在多个场合提出了在许多重大国际问题上中国的政策主张和中国的倡议，突出表现了在新的时代对经济全球化、多边主义等的坚定支持。

在国际舞台上及时回应外界对中国有关发展问题的关切，解疑释惑树立中国国家形象。中国的对外传播方式上更加多样，传播手段也越来越转向多种媒体的融合，突破了传统的单一的传播方式。在对外传播中，既有面向全世界一般意义上的面上传播，也有针对某一个国家某一个地区的精准传播，务求取得传播实效。

在对外传播的过程中，要善于维护国家的主权、安全、发展利益，特别是在信息快速传递的互联网时代，有关政府机构特别是外交机构，在有关外交场合态度要鲜明、立场要坚定，体现大国外交的风范，塑造中国在国际舞台上的良好形象。

对外传播能力的提高是一项长期的系统工程，随着中国的不断发展，展示给外国的形象也在不断变化。外部世界对中国的认知和判断是通过中国自身的话语和行为方式作为主要载体的，有关机构和媒体必须准确地把握当今世界发展的大势，探索适合中国国情又能体现世情的传播方法，增强对外传播的针对性和实效性，不断地提高对外传播的感召力、穿透力，在传播实践中不断地提升中国话语的影响力。要与时俱进，善于运用网络时代的话语体系，不断创新话语表达方式，增强对外文化传播中的亲和力。在抗击新冠肺炎疫情的今天，中国的疫情防控和疾病救治取得了举世瞩目的成绩，但是国外的部分媒体和公众对中国的抗击疫情抱有这样那样的一些疑问也属正常，毕竟这是人类自第二次世界大战以来遇到的最重大的全球事件。要善于运用合适的形式，在国际的舆论场讲好中国的抗疫故事，以及中国在防控疫情过程中我们所取得的成效和采取的方法，通过防控疫情再一次证明，中国倡导的"构建人类命运共同体"的理念的正确性。

网络意识形态话语的构建。中国特色社会主义进入新时代，反映时代精神的意识形态体现了时代发展的呼唤，是时代发展的必然要求。习近平总书记高度重视网络意识形态建设，将网络意识形态主导权、国家主权和国家政权紧密联系在一起，充分体现了掌控网络意识形态领导权的重要性。掌握网络意识形态的主导权，就必须要掌控网络意识形态的话语权，没有话语权也就没有网络意识形态的主导权。

关于网络意识形态同意识形态之间的关系许多学者都有探讨。网络意识形态是意识形态的特殊表现形式，同以往的意识形态相比较而言，网络意识形态同传统的意识形态在本质上是一致的。凡是意识形态，不管他们的表现形式如何，都反映的是不同群体的利益诉求，是社会存在在思想观念上的一种反映，表现为观念思想体系、理论体系和价值体系的存在样态，不过网络意识形态同传统的意识形态相比，又有它的特殊性。其特殊表现在，在信息化的时代，人们的生产、生活以及思维方式，都在从现实世界向虚拟的空间拓展，网络空间成为人们须臾离不开的新的空间场所，成了一种新的社会存在，虚拟空间事实上已经变成了现实社会重构的组成部分。

网络空间的形成发展，不管是在主客体、载体、媒介机制等各方面又有其特殊性。网络意识形态与意识形态是特殊性与普遍性的关系。网络意识形态的一个很重要体现，跟网络的须臾不可分。网络意识形态的基本内涵和价值，说到底是具有普遍性的意识形态在网络时代的社会条件下的一种特殊表达。

网络意识形态并不等于网络本身，网络意识形态之所以能够存在，就在于它体现了具有普遍意义的意识形态独具的特征和价值。网络意识形态的根本的价值所在，并不在于网络，而是在于网络空间成为意识形态发挥作用的特定场所，是在网络空间中进一步印证了意识形态本身具有的普遍性的存在价值。意识形态的普遍性价值与网络意识形态的特殊性是辩证统一的。在信息化高速发展的时代，我们要掌握网络意识形态的话语权，一方面不能离开意识形态，另一方面要跟网络紧密结合，在意识形态与网络连接中，进一步突出了网络意识形态的话语体系。因此，不管意识形态还是网络意识形态，本质上都是马克思主义所讲的社会意识在人们头脑中的反映，只不过它是网络社会与现实社会、网络主体与现实的社会主体相互融合相互渗透的背景下，借助数字化、信息化的网络媒介系统而进行的知识、精神的共生共享活动形成的有机体系，表现为一系列在网络社会中具有特定意义的符号以及特定表达，是提升话语体系、思想体系和价值体系的总和。

网络意识形态并未脱离意识形态本身的本质内涵和基本功能，是意识形态在网络时代发生衍生的一种新范畴核心样态。网络成为意识形态生成发展的一个新的空间，因而在主体、媒介、表现形式上具有了特殊性，是技术属性、政治属性的观念价值体现，它的核心是价值观念的理论体系，因此网络意识形态本身也是对特定的社会发展阶段的利益关系作出的价值判断的反映，是由一定社会经济基础所决定，并对经济基础起反作用的观念体系，反映了网络主体在特定的社会发展阶段的观念话语思想和价值。

无论是意识形态还是网络意识形态，他们的载体其实都是语言和符号，都需要借助话语体系呈现、表达和传播。马克思早就指出了这一点。意识形态和语言话语联系在一起，它们密不可分。一定的意识形态需要通过一定的形式来表达，也就是说借助一定的语言形式，把观点思想充分展现出来，把握网络意识形态就是要把握网络意识形态表达的形式，也就是说话语体系，对此必须有充分的认识和了解，否则很难发挥网络意识形态的作用。

意识形态是对社会存在的反映，反映了统治阶级的利益，是统治阶级指导思想的规范表达。网络意识形态的阐释话语必须要围绕着意识形态的本质展开，中国特色网络意识形态的话语体系构建必须要具有鲜明的时代特色、民族特色、制度特色以及文化传承。话语构建一定要立足特定的社会历史发展阶段，表达统治阶级的利益，体现时代特征和一定社会发展阶段党和国家的价值目标。

要从中国作为世界上最大的发展中国家和我国正处于社会主义初级阶段这样一个基本国情出发，回应社会主要矛盾的新变化，服务于人民日益增长的美好生活需要的实现来构建网络意识形态的话语。网络意识形态的话语构建一定反映我国社会主义的本质特征及其时代要求。党的十九大报告提出："建设具有强大凝聚力和引领力的社会主义意识形态。"网络意识形态话语的表达，一定要反映最广大人民群众的共同的利益和价值追求，要充分体现中华民族从站起来、富起来到强起来的历史飞跃中人民对于未来美好愿望，充分呈现新时代党的执政规律、社会主义建设规律和人类社会发展规律的要求。系统回答中国要建设什么样的社会主义、怎样建设社会主义的根本问题。网络意识形态话语的构建，离开了社会主义的发展方向，就会走到邪路上去。

网络意识形态话语的构建，是服务于意识形态阵地的争夺和建设，如果说意识形态话语脱离阵地建设的目标，说得再多也难以达到应有的目的。作为网络意识形态最本质特征的中国特色社会主义，社会主义核心价值观集中表达了社会主义意识形态的本质要求，充分回答了举什么旗、走什么路，以什么样的精神面貌朝着什么样的目标前进的根本问题。核心价值观建设关乎国家、社会、公民个体的根本利益诉求和核心价值追求。在构建网络意识形态中处于核心的地位，充分体现了意识形态的科学性、先进性、合理性，从根本上体现了统治阶级是否成熟、制度是否先进的大问题。

要重视网络话语表达。网络意识形态的话语体系生长于网络空间，特定的网络与社会形成了千丝万缕的联系，而网络的变化发展层出不穷，网络化的语言与信息沟通，以及所宣扬的价值观内容对于网络参与者特别是网络受众具有重要作用。网络意识形态的阵地建设必须要立足网络文化的发展和网络思维的要求，相关单位以及理论研究者、实务工作者必须要不断与时俱进，把互联网的开放性、即时性、创新性、数字化的思维特点等在工作中充分地展现出来。在网络发展中，价值表达越来越多元化，利益的分化是价值表达多元化的基础，网络时代多元价值观在意识形态的网络的传播中得到了更广泛的扩散，通过网络所表达的多元价值取向，在不同的社会群体中会造成不同的影响。思想体系、行为规范、道德观念、价值判断在表达中的分歧或者冲突，在网络受众层面也会面临艰巨挑战，这充分体现了在多元价值表达中主流价值表达的引领作用。

网络意识形态话语表达方式的多样性，网络平台和不同的社交媒体带来的表达多样化，让网络意识形态阵地建设变得越来越复杂。不同的信息交流平台话语的表达呈现是不同的，在具体的网络空间传播中，表情话语、动画表达、视频表达等形式，在网络空间中促进了意识形态等内容的进一步传播，具有形象生动、多样表达的特点。网络话语在不断地发展，但是规范话语表达的规则表现得相对滞后，这是正常的。话语的表达规则必须建立在话语体系的发展基础上，先有多样表达后有规则这是一个常态。网络意识形态话语体系是以网络为载体发展起来的，网络表达的独特结构和独特思维方式赋予了网络意识形态的不同表达方式，传播媒介的不同对于话语规则的构建又提出了不同的要求，在话语体系建设中，词汇的网络化、表达方式的多样化以及规则的滞后性中，对于如何引领社会主义文化的发展方向就变得越来越重要。在网络意识形态阵地的建设中，要特别注重价值观的表达，价值观的阐释以及价值观的整合和传承。价值是由人们对待满足他们需要的外界物的关系中产生的，主要体现在主客体的存在及其属性的关系中。话语的基本功能就在于表达，直观地表达价值观的认知以及伴随着功能表达而不能离开的普遍的社会价值观念，表达是以价值观的认同为前提的。

传播国家的形象，单靠政府部门远远不够，需要依靠各行各业和社会的广大的群体参与到对外传播中。要构建"大外宣"格局，需要做到以下几个结合：官方与民间相结合，中央和地方相结合，外宣部门和实际工作部门相结合，机构和个人相结合。通过努力，形成全方位、多元化、立体式对外传播体系，形成全社会、宽领域、多角度的完整叙事，加强对外传播知识和技能的普及，改革人才培养模式，形成最大的传播合力。

国际传播中我们一定要认识到，传播的对象是国外的受众，在对外传播中讲好中国故事不能自说自话，必须要考虑外国受众的喜怒哀乐，找到他们的痛点和关心点。要推进表达方式的创新，用新的概念和范畴，把我们要讲的跟国外受众想听的有机结合起来，这样才能增强文化传播的亲和力。要避免宏大的叙事，要善于从老百姓的小事讲起，用国外受众喜闻乐见的方式和途径把真实的中国讲明白，让世界从一个一个的具体事例中，感受中国人民为什么坚持"四个自信"。在新的时代，需要把一个真实的中国介绍给世界，同时把一个不断变化的世界介绍给中国，让中国与世界更好地联系在一起，共同促进世界的和平、合作与发展。

国家形象的建构要靠我们的行动，特别是在国际事务中，中国为推动构建人类命运共同体做出不懈努力。2020年是中国人民抗日战争暨世界反法西斯战争胜利75周年，联合国成立75周年，是中国军队参加联合国维和行动30周年。中国自改革开放以来随着国家实力的不断增强，中国坚定不移走和平发展道路，以实际行动维护世界和平，促进共同发展，参加联合国维和行动。

1990 年 4 月，中国军队向联合国停战监督组织派遣 5 名军事观察员，拉开了中国军队参加联合国维和行动的序幕。1992 年 4 月，向联合国柬埔寨临时权力机构派出 400 名官兵组成的维和工程兵大队，这是中国第一次派遣成建制部队参加联合国维和行动。

到今天为止，中国已经是联合国第二大维和摊款国和会费国，是安理会常任理事国第一大出兵国。30 年来，中国军队践行联合国宪章宗旨和原则，先后参加 25 项联合国维和行动，累计派出维和官兵 4 万余人次，忠实履行维和使命。

当今世界正经历百年未有之大变局，但和平与发展仍是时代主题。面临的风险和挑战越来越多，但不管形势如何变幻，中国始终是世界和平的建设者，全球发展的贡献者，国际秩序的维护者，中国军队始终是世界和平与发展的正义力量。西方某些敌对组织、人士，对于中国的发展抱有这样或者那样的一些不正确的看法，我们希望用客观的事实让他们明白，中国在当今世界所扮演的角色，中国在维和行动当中付出了巨大的努力，而且做出了相当大的牺牲！那些唯恐天下不乱、见不得中国发展好的所谓的民主传教士们该清醒了，抛开意识形态的偏见，客观看待中国的国际地位，不再宣扬国强必霸的修昔底德陷阱，让世界变得更美好！

（三）今天的中国形象

中国始终坚持发展是硬道理，发展是解决一切问题的总钥匙。在复杂多变的国际形势下，中国是促进世界共同发展的坚定支持者，中国的发展对世界上其他国家不是威胁，而是各国发展的重要机遇。中国始终认为，世界好中国才能好，中国好世界才会更好。必须在思想理论战线，旗帜鲜明宣讲好习近平总书记所宣示的"四个不会改变"的庄严承诺。

"中国维护世界和平的决心不会改变。"中国主张走和平发展道路，这是由中国的文明特质和中国特色社会主义道路的本质所决定的，这不是权宜之计，更不是外交辞令。中华民族自古以来就热爱和平反对侵略和战争，中国的和平发展道路是来源于深厚渊源的中华文明，是从中国的历史、现实、未来的发展中得出的结论。如同习近平总书记所宣示的："无论中国发展到哪一步，中国永不称霸、永不扩张、永不谋求势力范围。"

"中国促进共同发展的决心不会改变。"中国是促进世界共同发展的坚定力量，是世界各国发展的重要机遇，中国希望世界各国搭上中国改革开放的发展快车。从 2008 年国际金融危机爆发到今天，中国经济增长对世界经济增长的贡献率始终保持在 30% 左右，中华人民共和国成立 70 多年来，中国经过艰苦卓绝的努力，在 2020 年解决了困扰中国千年的绝对贫困的问题，对全球的减贫贡献超过 70%，在"一带一路"倡议的指导下，中国通过互惠互利的平等合作，为世界各国发展带来了越来越多的机遇。

"中国打造伙伴关系的决心不会改变。"国家与国家之间要成为真朋友就必须要建立在相互尊重和平等相待的基础之上。中国始终坚持独立自主的和平外交政策，在和平共处五项原则基础上同世界各国发展友好合作，把建立伙伴关系确立为国家之间交往原则。中国的朋友圈不断扩大，到今天为止中国已经同100 多个国家和地区以及有关国际组织建立了不同形式的伙伴关系，形成了遍布全球伙伴关系网络，为我国的发展创造了有利的外部国际环境。要在互联网上阐明中国的和平外交政策，讲好中国故事以及中国政府的主张。还原事实真相，有针对性地批判别有用心的人对中国外交的污蔑。针对不同的外交对象，我们采取了不同的外交方针，形成不同的伙伴关系。中国希望同美国发展新型大国关系，同俄罗斯发展全面战略协作伙伴关系，同欧洲发展和平、增长、改革、文明伙伴关系，同金砖国家发展团结合作的伙伴关系。中国坚持把同发展中国家的团结合作作为中国外交的立足点，在发展中国家关系的处理上，我们坚持正确义利观，实现同同呼吸、共命运、齐发展。在周边国家关系的发展上，按照亲诚惠容理念，深化互利合作。在同非洲国家关系的发展上，秉持着真实亲诚政策的理念谋求发展。推动中国同拉美国家全面合作伙伴关系的新发展。

"中国支持多边主义的决心不会改变。"要维护和平、促进共同发展，必须要坚持多边主义立场。第二次世界大战以后，以联合国的建立为代表，中国一向支持联合国的事业，成为多边国际事务的积极参与者和贡献者。中国加入了几乎所有的普遍性政府间国际组织，加入了 500 多项国际公约，履行了国际承诺和国际义务。最近几年，单边主义、保护主义抬头，中国政府始终坚持反对单边主义，主张加强和完善以联合国为核心的全球治理体系，反对个别国家以本国利益优先为借口谋求霸权主义的行径。"坚定维护以联合国为核心的国际体系，坚定维护以联合国宪章宗旨和原则为基石的国际关系基本准则，坚定维护联合国权威和地位，坚定维护联合国在国际事务中的核心作用。"旗帜鲜明表达了中国政府捍卫多边主义反对单边主义的坚定立场。千百年来人类始终有一个梦想，那就是世界大同。构建人类命运共同体的理念赢得了越来越多国家和国际组织的认同，将会为人类的发展贡献中国智慧和中国力量。

今天的中国与世界已经发生了很大的变化，作为一个负责任的大国，我们要积极发声，敢于亮剑，针对网上网下的错误思潮，亮明中国的立场和原则。在国际政治领域同霸权主义和强权政治作斗争，在国际经济贸易领域同逆全球化和贸易保护主义作坚决的斗争，在国际思想文化领域同宣扬普世价值的做法作不懈斗争，尤其要同形形色色的所谓文明冲突论作斗争。唯有如此，我们倡导的"人类命运共同体"才能行稳致远。

美国的某些政客，在今天的时代仍然固守冷战思维，对于中国人民在中国共产党领导下开辟的发展道路说三道四，用谎言攻击中国，蛊惑人心，扰乱视听。他们把中国的改革开放视为改变中国社会制度的天赐良机，面对中国在国际国内所取得的举世公认的成绩，他们认为中国的发展远离了他们为中国设计的路线图，对于有9000多万的中国共产党在新冠肺炎疫情期间展现的强大领导力，他们开始变得惶惶然，逆历史潮流而动注定不会得逞。中国的发展命运牢牢掌握在中国人民的手中，某些人要挑起"新冷战"背离了全人类的共同利益，对世界和平发展稳定构成严重威胁。

新时代的中国特色社会主义在当今世界焕发的生机活力，得益于以习近平总书记为核心的党中央在实践中的理论创新，特别是习近平新时代中国特色社会主义思想的巨大伟力。在错综复杂的形势下，新时代青年要胸怀中华民族伟大复兴的战略全局和当今世界百年未有之大变局这两个大局，在网络虚拟世界中善于运用马克思主义的思想方法和工作方法，妥善应对风险挑战，在科学理论指引下，善于从危机中育新机、变局中开新局。

在网络宣传中，要坚定"四个自信"，对于坚持党的集中统一领导，这既是我们的重要经验，也是重要的建党原则，我们要理直气壮加以阐释，没有输理的地方。从改革开放初期的票证经济到今天的社会主义市场经济新发展，人民群众的美好生活需要正在不断得到满足，我们走在共同富裕的大路上，这本身就是对人类的最大贡献，我们正确判断形势变化，既不输入外国模式，也不输出中国模式，更不会要求别国复制中国的做法。我们通过把自己的事情做好，通过中国的发展给世界发展创造更多的机会，推动世界向着和平发展、合作共赢的时代前进。

意识形态安全同国家的海外安全密切相关，必须要高度重视海外安全，维护好国家的海外利益。我国企业在海外投资形成的资本规模越来越大，我国公民出境人数近些年不断增加。我国的海外资产总量，在2015年的时候已经达到了6.4亿美元。在境外设立企业约29700家，对外直接投资存量8826.4万美元。公民出境旅游人数与日俱增。国际安全形势错综复杂，在国际上基本不设防，遇到突发事件的时候没有更有效的手段。要不断提高海外安全保障能力和水平，保护海外我国公民和法人的安全，保护我国海外金融、石油、矿产、海运和其他商业利益。

今天的世界在新冠肺炎疫情的大背景下，全球增长动能不足、全球经济治理滞后、全球发展失衡，这三大根本性矛盾依然比较突出。反全球化思潮和保护主义情绪升温，加剧了经济发展中的风险和不确定性。面对方兴未艾的第四次新工业革命，我们现在面临的世界问题这么多，挑战这么多，需要通过平等协商加强多边合作来应对，习近平认为："历史一再证明，封闭最终只能走进死胡同，只有开放合作，道路才能越走越宽。"①

早在2019年1月，习近平总书记就高瞻远瞩指出，"世界大变局加速深刻演变，全球动荡源和风险点增多。"② 我们必须要统筹国内国际两个大局、发展安全两件大事，防范各类风险连锁联动，维护国家的主权、安全和发展利益。中国人民是具有伟大创造精神的人民，中国人民是具有伟大奋斗精神的人民，中国人民是具有伟大团结精神的人民，中国人民是具有伟大梦想精神的人民。③习近平总书记在2018年的十三届全国人大一次会议上的讲话中，所提出的这四个方面高屋建瓴，发人深思，我们为有这样的民族和人民骄傲，这是我们坚定"四个自信"的底气，也是在风雨中奋勇向前的根本力量。中国不论发展到什么阶段，我们都始终坚持人民立场，坚持人民主体地位。用我们的奋斗、用我们的牺牲，解决好中国人民最关心、最直接、最现实的利益问题。

----

① 中共中央党史和文献研究院：《习近平关于防范风险挑战、应对突发事件论述摘编》，中央文献出版社2020年版，第118页。
② 《习近平谈治国理政》第3卷，外文出版社2020年版，第22页。
③ 习近平：《论党的宣传思想工作》，中央文献出版社2020年版，第296—298页。

四、制度优势与大国担当

四项基本原则合起来就是对社会主义的概括，提出四项基本原则的背景就是要反对资产阶级自由化。邓小平从两种制度根本不同的角度对社会主义制度的关键要素作了概括归纳，为中国特色社会主义制度的探索指明了方向！

（一）中国特色社会主义的制度优势

这次新冠肺炎疫情充分体现了中国共产党的领导，中国共产党的执政理念，向世界展示了中国共产党的执政形象。在以往的国际舆论中总有一些政治团体和戴着有色眼镜的个人，对中国的政党制度颇有微词。他们以西方国家的政党制度为标准，对中国的政党制度指手画脚，在一定程度上扰乱了一些青年学生的思想，特别是对历史和国情了解不够的青年人，一方面他们对国家的未来抱有美好的期待，另一方面他们面临很多的问题，在这种情况下特别需要正确的思想方法和正确的理论指导。

有一条路是社会主义道路，背后是社会主义制度，社会主义制度的魂是马克思主义的社会主义核心价值观。世界上有两条路、有两个制度供人选择。走哪一条路？如果看走过的国家数量，资本主义的路走得最多。一个国家选择什么样的制度问题，在当今世界，没有哪个国家可以成为其他国家的"教师爷"，对其他国家指手画脚。鞋合不合适穿鞋的人知道，一个国家的制度和法律体系是由这个国家的历史文化传统、社会性质以及现实的发展需要所决定的。正是有了不同的社会制度和不同的民族文化，我们所在的这个世界才变得越来越有生机和活力。

当今世界处于百年未有之大变局，面临的发展赤字、治理赤字等问题愈发严峻。国家之间的竞争也愈加深化，国家之间的竞争表面看是经济贸易竞争，深层次上看是制度竞争。制度稳则国家稳，制度强则国家强。

中国特色社会主义制度经历了从创立到不断完善的发展过程。以毛泽东同志为核心的党的第一代中央领导集体，为中国社会主义基本制度的确立奠定了坚实基础。确立了我国的国体和政体以及各项具体制度，为社会主义建设提供了有效的制度保障。遗憾的是，由于对社会主义的认识不够深入，社会主义的民主集中制度以及法律制度等的不健全，导致了在社会主义建设过程中走了一些弯路，甚至爆发了"文化大革命"那样严重的动乱，给党和国家事业造成了严重伤害。"文革"结束后，以邓小平同志为主要代表的中国共产党人，高度重视民主与法制建设，在1979年的理论工作务虚会上旗帜鲜明提出要坚持四项基本原则，并指出其中最核心的是要坚持中国共产党的领导。2011年胡锦涛同志在纪念中国共产党成立90周年大会上第一次提出"中国特色社会主义制度"，由此我们党对社会主义的认识从中国特色社会主义道路、中国特色社会主义理论发展到一个新的阶段。2013年党的十八届三中全会通过的《中共中央关于全面深化改革若干重大问题的决定》，将完善和发展中国特色社会主义制度、推进国家治理体系和治理能力现代化确立为全面深化改革的总目标。习近平总书记对全面深化改革的总目标的内涵作了全面深刻分析，具有重要的指导意义。

一个国家的制度之所以能赢的百姓信任和认同，关键在于这个制度要管用，并能在不同制度的较量中显示其比较优势。中国特色社会主义制度在中华人民共和国成立70多年、特别是改革开放40多年的发展历程中，以社会制度的巨大效能显示其无与伦比的显著制度优势。党的十九届四中全会从13个方面对此做了全面分析总结，以此观照中国改革开放40多年的经济持续高速发展、社会的长期稳定发展奇迹，就有了科学的解释，中国之治正是中国的发展密码，需要好好总结。"四个自信"特别是制度自信，不是空头说教，而是来自实打实的发展成就做支撑。

如何确保党和国家行稳致远，站在党和国家新的历史发展起点上，以习近平同志为核心的党中央谋划中国未来长远稳定发展大局，党的十九届四中全会的文件对"巩固和坚持什么，完善和发展什么"做出了科学谋划，指出了发展的方向和路线图。我们一定要好好学习领会，并把全会决定的重要精神和要求落实到高校课堂的教学中，落实到服务社会的宣讲中，真正把会议精神落地生根，发挥其服务国家发展、保障国家长治久安的实效。

中国特色社会主义道路探索的实践经验要长期坚持和发展下去，必须要系统总结提炼，把好的做法固化为制度的安排。理念和实践如果不能有效地转化为成熟的定型的制度，就很难持续的发挥作用。中国特色社会主义国家制度和法律制度是在长期实践中形成的，是人类制度文明史上的伟大奇迹。

改革开放以来，特别是党的十八大以来。在全面深化改革过程中，不断推动中国特色社会主义制度日趋定型，中国特色社会主义法治体系不断完善，在国家的事业取得历史性成就和发生历史性变革中，发挥了重大的制度保障作用。

网络文化霸权主义是以往的文化霸权主义的新样态，各种奇谈怪论说到底是服务于美国的经济政治等战略需求。他们往往采取实用主义的立场，背离了客观公正的国际道义，对于与美国有重大利益关系的国家，不管这些国家制度或者说压制反对派的做法多么不符合西方国家宣扬的价值标准，美国等国家依然维持同他们的关系，积极维护这些国家的政权，对他们的问题选择性地视而不见。因此，不管这些国家在有些问题上的调门喊得多高，说到底国家的利益是起根本性的决定作用的。如果看不到这一点，就会作出误判，容易被虚假的现象所迷惑。我们有本事把中国的事情办好，而且我们要把中国的故事讲好。我国的综合国力在不断提升，国际影响力也相应提高，整个世界更加关注中国，中国道路也成为人们关注和研究的对象，这为我们做好思想舆论工作提供了良好的机遇。

在今天的世界，我们不仅要把事情做好，而且要让全国人民乃至世界人民知道我们做了什么，我们对人类作出了什么样的贡献。对于其他人的抹黑造谣，我们要及时地加以纠正和澄清。如果以讹传讹，就会导致世人觉得我们输了理似的。要主动发声，让世界了解他们想知道的东西，让正确的声音先入为主，对于别有用心的人散布的谣言和谬论，不能听风就是雨，更不能默不作声，要据理反驳，让真理的声音压倒谬误的声音。

善于利用各种场合，做思想舆论工作，习近平总书记是我们的榜样。习近平总书记每次出访"都要讲中国道路的历史渊源和现实基础，讲中国梦的背景和内涵，讲中国和平发展的理念和主张，还在不少国家主流媒体发表署名文章"①。2020 年 4 月 26 日的英国《卫报》报道了英国 Opinium 的最新民调，在过去的两周内，尽管英国民众对于该国政府的应对新冠肺炎疫情的措施信任度持续下滑，但在同美国作比较的时候，52% 的受访者认为英国的能力远超美国，只有 14% 的英国人看好美国的应对。相较于中国，33% 的受访者认为中国应对疫情优于英国，认为英国优于中国的则占比为 26%。②

---

① 习近平：《论党的宣传思想工作》，中央文献出版社 2020 年版，第 121 页。
② 《英国民调：我们不如中国，但比美国强！》，环球网 https://3w.huanqiu.com/a/9b08ef/3xzuDkgIotY？agt＝232020-04-27（访问时间：2020 年 4 月 27 日）。

（二）网络意识形态斗争中正确处理马克思主义与传统文化的关系

在网络意识形态斗争中，由于各种社会文化思潮碰撞交锋，马克思主义在意识形态领域的主导地位面临一定的冲击。马克思主义中国化的过程也是马克思主义同中华民族优秀文化相结合的过程。中国共产党人作为以马克思主义为指导的政党，同时作为中国传统文化的继承者和发展者，如何在错综复杂的形势下，把优秀的传统文化与马克思主义有机结合在一起，就成为一个很重要的时代课题。光辉灿烂的中华传统文化绵延数千年，这是中华民族存在与发展的根和魂，也是中华民族在未来的发展中离不开的根本和基础。如何在延续继承传统文化的基础上，不断赋予新的要素，在中国特色社会主义新时代，实现中华民族伟大复兴是一个奋斗目标。一个重要的研究课题是，马克思主义传到中国已经上百年，中国已经发生广泛而深刻的变化，马克思主义传播的百年历史，其实也就是一个与中华文化密切交融的历史。马克思主义已成为中国历史文化中的一个重要组成部分，民族复兴的今天如何解决好这个问题，就成为重要的课题。从马克思主义的历史发展来看，马克思主义与时俱进，是随着社会历史条件的变化而不断发展的，马克思主义本身是在继承和发展了人类文明成果的基础上形成起来的，从文化交流的一般规律来看，一种文化进入另外一种文化范围，必须要吸收变通，与不同的文化相结合才能落地生根。马克思主义传播到中国，就必须与中华优秀传统文化在内的中国国情相结合，否则就难以发挥作用，也难以被中国人所接受。中华文化的传承与发展，本身也需要吸收人类创造的优秀成果，而马克思主义也是人类优秀文化成果代表，是最具代表性的文化发展结晶。马克思主义作为中国共产党的指导思想，也是中国特色社会主义道路的科学指导思想和方法论，只有坚持马克思主义的立场观点方法，我们才能认清和找到中国特色的社会主义道路，才能认清和解决人类当前所面临的重大问题。马克思主义理论本身具有普遍性和特殊性、共性和个性。

不管是从中国的传统文化来讲还是从马克思主义来讲，双方都具有融合的必要性，因为这是发展所必需的。所以说，习近平总书记提出了传统文化创造性转化和创新性发展的方法论，这不仅对于中国的传统文化，而且对于马克思主义的一般理论来讲都是有意义的。

马克思主义与中国传统文化互鉴互学。网络中有一种观点，认为马克思主义和以儒学学说为主干的中华优秀文化是两个对立的思想体系，两个思想体系没有可能相互学习吸收结合。很长时间以来这种观念影响比较深，那么如何在今天的时代看待这种观点，正确看待这种观点，就必须要从表面上深入事物内部去看，中华传统文化和马克思主义理论从性质上来看是两种不同的思想文化体系，这两种不同的思想文化体系有着不同的特点，但是正是因为双方有差异，反而更需要相互借鉴、相互弥补，就有了互鉴结合的这种可能。在人类历史的发展中，人类所创造出来的文化无非包括三个方面：一是正确处理人类和自然的关系，那是人类在改造自然和认识自然中形成发展起来的；二是人类认识和改造社会，那是人类在认识和改善人的社会生活过程中形成的；三是个体的人生方面，这就形成了人类三个方面的认识领域，也就是说，自然、社会和个体的人生，由此形成了自然科学、社会科学以及关于人生的学说理论，不管在哪个国家，理论学说总体上看无非也就是在这三个方面，当然，在不同的国家以及不同社会发展阶段，各有侧重而已。作为马克思主义的亲密战友恩格斯，对马克思的一生的贡献的评价，他特别强调了一个是唯物史观，另一个是剩余价值学说。其实，那两大发现主要回答的问题是认识和改造社会的问题，以科学社会主义理论为指导，正确认识资本主义必然灭亡、共产主义必然胜利的历史合理性。那么马克思主义传入以儒学为主的中国传统文化氛围中，面临的主要问题是，儒学更多是教人怎么来做人的学问。历代封建王朝，儒学成为显学，成为统治者实现其统治的主要工具，作为儒学更多地强调修身养性，修身其实也就是关于做人的学问，也就是说它跟马克思主义并无根本区别，作为马克思主义来讲，确实也讲到了作为人生的目的即人生的价值理想，这里面都有相关内容，而且从整个的思想体系来看，双方之间有差异才能相互补充，而且在具体的某些问题方面，马克思主义也好中国传统文化也好，又有相通之处，比方说每一个思想文化的追求大多是相似的，中国传统文化追求大同，马克思主义讲共产主义理想。中华文化和马克思主义都有其辩证法的要素，尽管中国传统文化中朴素的要素更多。而具体在人生追求当中，中华文化在漫长的历史当中，形成了先天下之忧而忧、后天下之乐而乐等关于人生的理想，马克思主义也特别强调把人类解放作为最高的人生理想追求，尽管那些方面的表述可能略有不同，但内容有相当多的相通性，可以相互补充相互学习。所以，早期的马克思主义者看到了马克思主义与中国的传统文化它们的差异性以及它们的一致性，比方说，毛泽东所写的《为人民服务》《纪念白求恩》《愚公移山》，我们一般称为"老三篇"。应该说这三篇文章更多地强调了中国共产党人的党员修养问题，而这个党员的修养问题的阐述，是跟中国的传统文化紧密联系的。毛泽东在这些文章当中，对有关内容的阐述并不是照搬马克思的言辞，而是运用到了中国传统文化当中的许多生动的因素，从而对共产党人传承人生理想价值观方面进行了更好地教育。革命年代的党员和群众接受了很好的思想洗礼，一直到今天都具有很大的教育意义。毛泽东把司马迁的名言"人固有一死，或重于泰山或轻于鸿毛"作为对以张思德同志为代表的党的先进分子的高度评价。毛泽东特别强调司马迁的这句话，并对此作了马克思主义的解释。他讲了为人民利益而死，就比泰山还重，替法西斯卖力替剥削人民和压迫人民的人去死，就轻于鸿毛，这就赋予了传统表达新的马克思主义的内容。这实现了从传统的人生观到马克思主义人生价值观的一个创造性的转化。你可以多品读毛泽东的文章，当中他有很多地方特别强调了中国共产党人的根本宗旨，也就是全心全意为人民服务，毛泽东总特别强调，共产党领导的八路军和新四军完全是为着人民解放，是彻底地为人民的利益而工作。所以说，从他的这些文章所表达的内容来看，坚持了马克思主义立场，又对中国的传统文化进行了创造性转化和创新性发展，从而做到了两方面之间的有机结合，起到了较好的教育效果。刘少奇的《论共产党员的修养》也是把马克思主义与中国传统文化相结合起来的一个典范，用中国传统文化当中的一些要素，比较好地结合到共产党员的教育和培训。党员的修养这个问题，只是一个例子，体现了一方面发展了马克思主义，另一方面对中华优秀传统文化进行了创造性地转换和发展。可以说，中国共产党不管是在革命、建设还是改革的时代，我们不断把马克思主义的基本原理和中国的优秀传统文化进行结合，从而实现了马克思主义在中国生根、不断发展壮大。特别是在网络时代，我们说各种各样的观点错综复杂，我们不能简单地搞成对立的两极，必须对这个问题高度地重视。

（三）各得其所，和而不同

有人有一个疑问，我们讲马克思主义与中国的优秀传统文化相结合，会不会存在一个问题，相互之间能否有你吃掉我或者我吃掉你的问题。应该讲，不同的思想观念之间的结合过程并不是一个你死我活的过程，他们之间的这种结合，其实是一个相互成就的过程。马克思主义经过结合变成了中国特色的马克思主义，而中华文化变成了马克思主义指导下的，适应了新的时代发展要求的中华传统文化，传统的文化中的消极的东西被扬弃，洋为中用，古为今用。中华传统文化的传承与发展本身，就是在多元文化的交融基础上不断发展的。我们讲的中华文化，其实是儒、释、道三家为主兼容其他的一些文化从而形成的中华传统文化。我们从中华传统文化这个发展的历史上来看，始终坚持了开放包容的态度，包括佛教在中国的生存发展，形成了具有中国特色的佛教体系和佛学理论。

在马克思主义传播到中国以后，马克思主义成为中国共产党的指导思想，这是由我们的社会性质和所走的道路决定的。今天我们要坚持马克思主义，并与中华传统文化相结合。双方之间的关系我们要正确处理，这两种文化不能相互疏离，更不能相互对立，而是要相互尊重相向而行，在同情理解中不断向上发展。在处理这两种文化关系的过程当中，我们一定要坚持马克思主义在意识形态领域中的指导地位，同时尊重中华传统文化作为中国人民的根和魂这一定位，促进双方的有机融合，形成具有中国特色的社会主义文化，为实现中华民族的伟大复兴发挥更大的作用。应该说这个问题在今天的网络时代，更有深究的必要。现在的互联网，充斥了对马克思主义种种错误理解。对于马克思主义有不同的观点，对中国的传统文化也有各种各样的观点和看法，我们需要在厘清二者关系的基础上，对类似的问题有一个正确的认知，否则在错综复杂的网络意识形态斗争中容易迷失方向。

（四）网络时代的中国梦

网络意识形态阵地建设基础，在于提高社会公众的思想道德文化水平，特别是社会大众的公民道德建设水平。新颁布的《新时代公民道德建设实施纲要》对此作了明确的规定。通过社会主义新时代公民道德建设的引领，不断培植文化自信的土壤，为建设文化强国打下坚实的基础，筑牢民族的根基。网络意识形态出现的问题其实是现实工作当中所出现的问题。网络空间的参与者都是现实社会生活当中的人。必须要持之以恒地加强社会主义核心价值观的教育宣传，不断增强社会大众对社会主义核心价值观的认知和认同。把社会主义核心价值观同日常生活紧密融合，就必须要把社会公德、职业道德、家庭美德、个人品德作为工作的着力点。在长期的教育实践中，使得这些基本道德要求成为人们血脉中的道德规范和行为准则，提高网络参与者的道德水准。为网络空间的道德建设，打下一个良好的基础。但是网络空间不同于现实空间，在现实生活当中，人们有严格的自律，但是到了网络空间人们的自律约束就变得相当弱。

在不同的历史传统文化语境中，对于中国梦的理解是不一样的。老子时代的小国寡民的梦想是最早的中国梦。到了孔子时代，强调天下为公的大同梦。随着历史的发展，近百年来，中国人始终怀抱着现代化的梦，在追寻中国现代化的过程中，中国人曾经向美国、英国学习过，也曾经以苏联为模板过。在学习的过程中，中国的先行者们发现照搬照抄是没有前途的，必须要综合世界各种现代化的模式优点，从而走出中国的现代化道路。对于中国的强国梦，以毛泽东为代表的中国共产党人打碎了一个旧世界，建立了人民当家作主的中华人民共和国。毛泽东认为，刚刚建立的新中国，一穷二白最适合画最新最美的图画，是实现中国梦的有利条件。中华人民共和国成立以后，基本上消灭了黄赌毒以及其他的肮脏犯罪。但是，对于中国梦的探索，因为经验不足，我们走了一段弯路。今天中国特色社会主义已经进入了新时代，中国梦的核心要义既不同于西方也不同于我们中华人民共和国成立以来对社会主义初步探索时期。今天的中国是中国历史发展的延续，体现为一个具有历史传承又有新的时代特点的中国发展道路。中国能否崛起为一个世界强国，处在不同发展阶段上的政治家曾经有过不同的判断。

英国前首相撒切尔夫人曾经认为，中国没有产生足以影响世界的思想体系，所以说中国不太可能成为一个世界强国。中国社会科学院赵汀阳教授也认为如果中国的知识体系不能参与世界的知识体系的建构，产生不了新的世界普遍知识体系则不能称为知识生产大国，一个国家即使在物质生产上有巨大的发展，但仍然是一个小国。学者们认为，中国要成为一个在世界上负责任的大国必须发展一套自己的概念体系、话语理论体系，否则中国精神就很难参与到不断发展的世界文化的重构中。中国文化应该意味着，我们必须以中国的方式，为中国构建一种社会的理念、一种生活理念、一套价值观念体系，构建一种中国对于世界的理念。复旦大学张维为教授在《中国震撼》一书中指出，中国的崛起是一个有着5000年历史文明的伟大文明的崛起。讨论一个文明型国家的崛起，他认为中国作为文明型国家的崛起的广度、深度和力度，在人类历史上都是未曾有过的。

中国梦在世界经济一体化、经济全球化的大趋势中，中华文化面临着多样化的世界问题。在文化发展的历史关头，每一种文化发展到一定阶段后，都习惯于回归自己的文化源头，正如老子所说的"反者道之动"。西方文化的发展基本遵循同样的发展规律，也往往有回归，回归参照古希腊和希伯来文化以寻求新的发展动力与方向。

费孝通先生早就研究了文化自觉，他把文化自觉归纳为16个字："各美其美，美人之美，美美与共，天下大同。"按照他的理解，只有具备这样的一种文化自觉，我们才有可能建设多元共处共生的全球文化和全球社会。按照费孝通先生概括的文化自觉，任何一个民族，任何一种文化，都可以在坐标轴上找到自己的位置。作为时间轴中的纵轴，是结合过去与现在的条件要求，从传统的创造中向未来展开。作为将来文化展开的一个新的起点，作为空间中的横轴，是指在当前的语境下，找到一个民族文化的自我定位。

习近平总书记指出传统文化的创新性发展和创造性转化。费孝通先生所讲的文化自觉，不是说要转变方向真正地回到过去文化，回归不是要复归，并不是主张全盘西化或者全盘他化，今天的中国，有些人说的文化回归，复古的倾向比较强比较夸张，甚至有人主张"圣贤是文化之本，文化由历代圣贤创造"，这些观点都不符合马克思主义的基本原理，马克思主义的历史唯物主义理论认为，物质和精神财富都是由最广大的人民群众所创造的，人民群众才是社会发展的根本动力。在文化的发展中，有些人不加质疑地追随西方现代化的理论，对西方学者已经揭示的西方现代化进程中的危机视而不见，甚至有人为了论证西方理论的正确，实现西方社会思想在中国的实践无所不用其极，这些都需要引起人们的高度重视，也应成为改革开放以来推动文化自觉的一个很重要内容。

在当今变革开放的世界，我们只有充分地理解多种不同的文化，才有可能在这样一个多元文化的世界里找到自己的位置。在和其他文化竞争合作的过程中和平共处，各展风采，共同发展。经济文化的发展并不是一个同化的过程，当然更不是一个征服和吞并的过程，不同语境中的文化，通过相互竞争、相互补充、相互转化，最终形成适合各个国家自身特点的文化。

后 记

　　本书是山东省社会科学规划项目的结项成果，本课题项目的完成是前一阶段工作的总结，围绕着网络思想斗争问题的研究也进入了新的阶段。处于百年未有之大变局，网络意识形态领域的斗争阵地建设愈发受到重视。以习近平同志为核心的党中央高瞻远瞩，问题看得准，采取的措施富有针对性。新形势新挑战给新时代的马克思主义者带来了新的机遇，我们的工作大有可为。做好新形势下的网络思想斗争阵地建设工作，需要进一步加强大数据、区块链等对于网络思想斗争影响的研究，不断与时俱进。如果不能做到与新技术的有机结合，我们就会在激烈的斗争中处于下风。要未雨绸缪做好谋划，方能立于不败之地。

　　在本书的成文过程中，参考了本领域中的诸多研究成果，文中均已列明出处，各位学者的成果对我有很多启发，在此向各位学者表示感谢。

　　感谢我的夫人和女儿，她们的爱一直是我前进的动力！

　　本书的写作得到了鲁东大学马克思主义学院邢亮院长的指导和大力支持，在此表示衷心感谢！

　　最后，再次感谢鲁东大学马克思主义学院的出版资助！

郭同峰

2021 年 4 月 8 日

于鲁东大学